두근두근
나의 **진로** · 나의 **진학**

엄마, 아빠도 쉽게 보고 지도할 수 있는 **진로진학 가이드**

두근두근 나의 진로 나의 진학

이강석 · 류경신 · 이성옥 · 이남현 · 김경미 지음

씨앤톡
See&Talk

부모님! 자녀에게 진정 바라는 것이 무엇인가요?

명문대 합격이신가요?

진로를 명문대 가기위한 것쯤이라고 생각하시는 분은 없으시겠죠?

모든 부모님이 간절히 원하는 것

그것은 진정 자녀가 행복해지길 바라는 마음 일 것입니다.

천직(天職)이란 = 물질적 혜택 + 그 자체로의 만족감

자녀에게 꿈을 찾아 주세요!!!

자녀에게 예측 가능한 미래를 선물해 주세요!!!

자녀에게 공부를 해야 하는 이유와 목적을 만들어 주세요!!!

이 책에는 학교와 가정, 지역사회에서의 진로지도사례가 생생하게

담겨져 있습니다.

자녀지도에 많은 도움이 되기를 진심으로 바랍니다.

- 2014년 7월 연구실에서 이강석

사방에 길이 펼쳐져 있다. 넓은 길, 좁은 길, 가야할 길, 가지 말아야 할 길 그리고 갈림길, 사색이 필요한 오솔길, 분주한 등굣길과 출근길 등……

프로스트는 '가지 않은 길'에 대한 시를 남겼다. 성경에는 '마땅히 행할 길을 아이에게 가르치라(잠언 22:6)'는 구절이 있다. 공자는 '군자는 대로행(大路行)이라, 큰 길로 다니라.'고 말했다.

어느 길로 가야하며, 가지 않은 길에는 무엇이 기다렸을지, 마땅히 행할 길은 무엇이고, 큰 길은 무엇을 의미하는가? 아이들을 대할 때 뿐 아니라, 내 삶에 중요한 일을 결정함에 있어서도 항상 고민하는 일이다. 고민하는 아이들에게 하나씩 걸음을 놓을 길을 마련하려는 마음으로 진로 수업을 하고 있다. 그 수업을 그대로 옮겨놓았다.

이 책이 같은 고민을 하는 가족, 선생님, 부모님을 인도하는 길잡이가 되길 바란다. 나는 오늘도 내 사랑하는 가족과 동료들에게 감사하며, 바른 길로 가자고 손잡고 싶다. 진로(進路)가 진로(眞路)다.

- 류경신

꿈도 목표도 없이 망망대해를 표류하는 학생들을 종종 만나곤 한다.

공부를 잘하던, 못하던 상관없이 자신이 가야할 바를 알지 못해 방황하는 학생들을 볼 때마다 얼마나 안타까운 마음이 드는지 모른다.

진로란 단지 학생들의 진학이나 직업을 찾아주는 것이 아니다! 한 개인이 일생동안 일과 관련해서 경험하고 거쳐 가는 모든 체험을 의미한다. 그렇기에 더욱 진로교육은 의미가 있다. 무엇보다 우리 아이들이 자신을 이해하고, 세상을 이해하여 자신이 이 세상에 온 목적과 이유를 찾아가길

소망하는 마음을 모아 이 책을 쓰게 되었다. 나는 이 땅의 아이들이 올바른 방향과 적당한 속도로 자신의 꿈과 목표에 도달하는 사람이 되길 간절히 바란다. 더불어 지금 이 순간에도 학생들이 꿈과 목표를 찾을 수 있도록 일선에서 등대가 되어 빛을 비춰주고 계신 진로교사와 학부모들에게도 작으나마 이 책이 힘이 되고, 수업의 단초가 되길 바래본다.

언제나 든든한 지원사격을 아낌없이 주고 있는 영원한 내편 김 영병과 나의 두 자녀, 그리고 가족들과 이 기쁨을 나누고 싶다.

- 이성옥

어디로 달려가고 있는지 그 방향을 모르는 채 그저 남보다 빨리 달리기에만 매달려 있는 청소년들의 모습에 마음이 아팠다.

자신이 살아갈 인생의 큰 그림을 그리며 즐겁게 한 조각 한 조각 퍼즐을 채워 가야하는 청소년기를 입시와 성적이라는 무거운 짐에 빼앗겨버린 학생들.

나아갈 방향을 잃어버리고 방황하는 그들에게 등대가 되어주고 싶은 간절한 마음을 이 책에 담았다.

자신이 하고 싶은 직업을 정하고 그 직업을 얻기 위해 어느 대학을 진학해야 하는지를 정하는 편협한 진로진학 교육에서 벗어나서 고 김수환 추기경의 책 제목처럼 '무엇이 될까보다 어떻게 살 것인가'를 꿈꾸게 하는 진로진학 교육이 이 책으로부터 시작되기를 소망한다.

그리고 곁에서 든든한 삶의 버팀목이 되어주는 가족에게 사랑과 감사를 전한다.

- 이남현

학생은 자신이 왜 공부를 해야 하는지 몰라 학습에 흥미를 잃고 그런 자녀를 보면서 부모는 가슴앓이를 한다. 주변에 흔히 볼 수 있는 사례이지만 그렇다고 뚜렷한 해답을 내리기 어렵다.

부모는 자녀가 하고 싶은 것을 여러 이유를 들어 반대하고 아이는 자신의 꿈이 사라졌다며 무기력해진 모습으로 매일 새로운 하루를 견뎌내고 있는 것이다.

부모가 진정 원하는 것은 내 자녀가 행복한 삶을 사는 것이다. 자녀가 행복한 삶을 살기를 바란다면 부모의 가치관과 잣대로 자녀를 재지 말기 바란다. 아이가 무엇을 잘 하는지, 어떤 것에 흥미를 느끼는지 앞으로 어떤 삶을 살고자 하는지에 대해 먼저 진지하게 고민하고 대화하기를 진심으로 부탁한다.

아이의 진로에 대한 시작은 아이로부터 시작해야 함을 잊지 말자. 내가 원하는 대로 아이가 따라주지 않는다고 한탄하며 비난하지 말자.

이 책을 통해서 내 자녀가 자신의 적성과 흥미, 능력과 가치관에 맞는 행복한 진로를 찾아 누구보다도 당당하게 삶을 당당하게 살아갈 수 있도록 도움을 줄 수 있었으면 한다.

항상 부족한 나를 믿어주고 끊임없이 도전할 수 있도록 응원해주는 가족과 주위 분들에게 감사함을 전하고 싶다.

- 김경미

함께 집필한 꿈키 연구소 연구원들과 씨엔톡 이진곤 사장님에게 감사의 말씀 전하고 싶다.

- 이강석, 이성옥, 류경신, 김경미, 이남현 일동

물질문명의 급속한 발달로 삶의 환경도 무척 빠르게 변화하고 있다. 이에 따라 그 변화에 맞춰 살기가 무척 어렵다. 부모의 슬하에 있을 때는 부모에 의지해서 살아가지만, 학령기를 마치고 나면 스스로 자기 삶을 책임져야만 한다. 하지만 그때 가서 그런 문제를 해결하기란 이미 늦다. 따라서 이들을 안내할 무언가가 필요하다.

수많은 직업이 사라지고 다시 수많은 새로운 직업이 생기는 요즘은 그것을 미리 예측하고 미래의 길을 준비해야 한다. 막상 그 상황이 도래했을 때 그 길을 모색하려면 다른 이들은 벌써 저만큼 앞서고 있을 것이다.

이러한 시대에 이 책 〈두근두근 나의 진로 · 나의 진학〉는 아주 훌륭한 안내서이자 지침서가 될 것이다. 이 책은 공허한 이론에 그치는 것이 아니라, 필자들이 현장을 발로 뛰며 얻은 정보들과 무엇보다도 청소년들에 대한 깊은 애정을 결합하여 이룬 성과물이기 때문이다.

이 책은 자신의 능력이나 적성을 아는 방법, 자신의 적성에 맞는 진로를 선택할 수 있는 방법과 다양한 직업군에 대하여 자세히 안내하고 있다.

막연하게 알고 있었던 자신의 능력이나 적성을 알고 미래를 준비하는 것, 그것은 보다 미래를 잘 준비하는 것이며, 남보다 앞서 갈 수 있는 발판을 마련하는 것이다. 자신을 바로 알고 세상의 변화를 알고, 그 변화에 맞추어 미래를 준비한다면 다른 사람들보다 쉽고 빨리 그 변화에 적응하며 성공적으로 살아갈 수 있다. 그 준비를 시작해야 할 시점이 바로 지금이다. 그런 면에서 이 책은 미래에 대한 불안을 안고 있는 청소년들에게 좋은 안내 역할을 하리라 기대한다.

    - **최복현** (〈삶이 그대를 속일지라도〉, 〈어린왕자의 사람을 사랑하는 법〉 저자)

chapter 1

나!
이런 사람이야

진로 수업을 시작하며

Ⅰ. 새 학기, 진로 수업의 첫인상

메러비안의 법칙에 따르면 첫인상을 결정짓는 세 가지 요소 중에서 시각적 이미지가 55%, 청각적 이미지가 38%, 언어적 이미지가 7%를 차지한다고 한다.

그렇다면 첫인상을 결정짓는 시간은 얼마일까? 결론부터 말하자면 단 3초!!!

놀라운 연구결과를 통해 첫인상은 더 말할 나위 없이 중요하다는 것을 알 수 있다. 상호작용을 하기 전 기대나 고정관념에 의한 판단이 처음 만나서 대화하고 무언가를 같이 해보는 과정에서 형성되는 인상보다 더 크게 영향을 받는다. 심리학에서는 이를 '초두효과'라고 하며 불과 3초 안에 결정된 첫인상은 머릿속에 굳어져 60번을 만나고 나서야 겨우 바뀔 수 있다고 한다. 마치 새학기 새로운 친구들과 선생님에게 보여지는 서로의 첫인상은 1년의 학교생활을 어떻게 보내느냐를 결정하는 것처럼 보인다.

선생님들은 양질의 수업을 제공하려는 노력 못지않게 학생들과 만나는 첫인상에서 흥미와 집중도, 공감과 나아가서는 존경심을 받는 것까지 좌우된다는 사실을 간과하지 않아야한다. 그렇다면 구체적으로 첫인상에 영향을 미치는 요소들은 어떤 것이 있는지 살펴보자.

1. 얼굴과 표정

외모가 70% 이상을 차지 한다는 말이 있다. 혹시 외모가 자신 없다고 판단하고 미리 좌절하는 것은 금물이다. 왜냐하면 외모보다 표정이 더 강렬한 인상을 심어주기 때문이다. 특히 학생들은 외모로 나이나 인상을 판단하기보다 표정이 밝고 따뜻한 선생님에게 관심을 느끼며 선생님의 말에 귀를 기울인다는 사실을 명심하고 당당하지만 부드럽고 따뜻한 미소로 이야기하자.

2. 목소리

외모와 마찬가지로 목소리는 선천적인 것이다. 얼굴이 표정으로 변화를 줄 수 있듯이 선천적인 목소리도 변화를 줄 수 있다. 말은 또박또박하게 하고 속도를 천천히 하며 너무 높은 목소리보다 나지막히 소리를 내면 큰 변화를 느낄 수 있다. 게다가 친근한 말과 더불어 아이들을 존중하는 언어를 구사한다면 좋은 목소리보다 오히려 더 나은 첫인상을 줄 수 있다.

3. 기타

최근 들어 선생님들이 편안하고 실용적인 복장으로 아이들과 만난다. 학생들과 더불어 생활하기 위해서 필요하다고 볼 수도 있지만, 첫 시간 만큼은 격식을 갖춰 입고 아이들과 만나는 것은 매우 큰 의미가 있다.

요새 아이들은 시각적인 자극을 많이 받아서인지 유난히 복장과 헤어스타일에 민감하다. 조금만 화장이 짙거나 복장이 화려해도 반응이 다양하고 솔직하게 즉각적으로 나온다. 첫 시간 진로 수업의 길잡이를 위해 만나는 아이들에게 단정하고 청결하며 격식을 갖춘 모습은 학생들이 선생님을 대할 때 좀 더 존경심과 위엄을 느끼게 한다는 사실을 잊지 않아야 할 것이다.

Ⅱ. 수업 내용

첫인상으로 아이들의 마음을 사로잡았다면 그 다음 수업에 흥미를 갖게 하기 위해 필요한 것은 무엇일까? 선생님에 대한 호기심을 풀어나가는 방법부터 살펴보면서 진로 수업에 관심을 갖게 할 방법을 살펴보자.

1. 자기소개

학생들을 처음 만났을 때 호기심을 갖고 쳐다보는 모습은 언제나 설렌다. '과연 진로는 무엇이고 선생님은 어떤 분일까?' 알고 싶은 마음이 눈 속에 확연히 드러난다. 이럴 때 선생님의 소개가 재미있다면 그 효과는 클 것이다. 자신의 이력을 아이들에게 보여주면 마치 굉장한 사람과 수업을 하게 된다는 기대감에 부풀어 수업의 몰입도는 배가 된다.

그 중 학생들이 재미있어 하는 방식 세 가지를 소개해본다.

1) 진진가 게임

선생님의 이력 중 진짜와 가짜를 가려내는 것이다. 될수록 진짜와 가짜 모두 그럴싸하고 멋지게 구성해서 구분하기 어려울 때 매우 효과가 크다. 자신의 상황(형제, 취미, 전공 등)에 대해 진짜 3가지, 가짜 1가지를 학생들에게 이야기 해주고 어떤 것이 가짜인지 찾아 맞추게 하는 게임이다. 이 때 왜 가짜라고 생각했는지도 질문하여 들어보면 훨씬 더 재미있다.

- 질문예시
  - 대학을 3번 졸업했다.

    (대부분의 학생들은 거짓이라고 생각한다. 대학 졸업 후 방송대 등을 2번 편입, 졸업한 경우를 이야기 해주면 학생들은 신기해한다.)

  - 아래 사항은 필자의 진진가 질문이다. 맞출 수 있는 지 도전해볼 것!!

진실이 아닌 것은 ?
① 2012년 12월 교도소에서 나왔다.
② 20년 동안 똑같은 몸무게를 유지했다.
③ 인터넷 방송 경력이 있다.
④ 배우 고현정과 떼려야 뗄 수 없는 사이이다.
⑤ EBS 방송 출연 후 반짝 스타가 되었다.

2) 인터뷰 소개

　학생들에게 미리 질문을 제시하고 그 중 몇 가지만 물어볼 수 있다고 말하는 것이다. 대답이 30초 이상이 넘어가면 중단한다고 규칙을 미리 정하고 진행하면 재미있다. 개인적인 질문이라 하더라도 진로에 관련된 질문으로 준비하는 것이 바람직하다.

- 질문예시
  - 이름과 직업
  - 자랑스러운 일
  - 실패 경험과 깨달은 점
  - 과거의 직업
  - 학창시절 좋아했던 것
  - 장점 3가지
  - 단점 3가지
  - 잘하는 것 3가지
  - 못하는 것 3가지 등 준비 (모래시계 플래시로 시간제한 30초)

3) 유명인사식 소개

　먼저 유명 인사 몇 명의 어린 시절 사진을 학생들에게 보여주며 맞추도록 한다. 그리고 마지막으로 선생님의 어린 시절 사진을 보여 주어 마치 유명 인사의 과거 사진인 것처럼 짐작하게 한 후 최근 사진을 보여주면서 누구인지를 맞추도록 한다. 이 때 아이들과의 거리감이 무너지면서 훨씬 친근함을 느끼는 효과를 얻게 된다.

2. 진로 수업의 의미와 목적

　진로 수업의 목적을 교과서적으로 정의하여 학생들에게 알려주는 것은 매우 재미가 없다. 항상 학생들 스스로 생각하고 답을 찾아가도록 해주는 것은 진로의 첫걸음이다. 먼저 학생들에게 진로란 무엇인지를 물어보자. 학생들이 말한 것은 모두 맞는다고 인정한 뒤 아래와 같이 퀴즈를 내서 다음 시간까지 답을 찾아오라는 숙제를 내보자.

　Q: 시속 8km 자전거와 시속 100km 자동차와 시속 300km 기차가 달린다.
　　어느 것이 이길까?

　답을 자신한다는 학생들이 너도 나도 손을 들지만, 일단 멈추게 하고 다음 진도로 넘어가도록 한다.

3. 선생님과 아이들의 역할

　앞으로 진로 수업은 학생들에게 많은 질문을 던지고 생각하게 하는 수업임을 강조한다. 이를 통해 학생들은 더욱 호기심을 가지고 수업에 임할 것이다. 이 때, 학생들에게 더 많은 궁금증을 심어준다.

　과연 그럼 선생님은 진로 수업에서 무엇을 말하는 것일까? 학생들에게 착시현상을 일으키는 여러 사진을 보여준다. 학생들은 사진을 보며 매우 흥미를 느낀다. 자세히 보면 다른 방향이나 각도에서 숨겨진 것을 발견해가면서 학생들은 감탄을 자아낸다. 다양한 그림을 보여주면서 학생들에게 말한다.

　"진로 수업을 통해 여러분들의 숨겨진 가능성, 잘 보이지 않지만 열심히 보면 보이는 미래의 모습을 찾아내는 것이 선생님의 역할이다. 앞으로 선생님이 여러분들의 미래 모습을 찾을 수 있도록 열심히 도울 것이다. 같이 잘 해 나갈 수 있도록 노력해 보자.”

“여러분들이 지금은 자신의 모습을 정확히 알 수는 없을 것이다. 지금 당장 눈에 보여 지는 현상(성적이나 외모 등)으로 자신을 판단하지 말고 다양한 모습을 찾도록 노력해야 한다. 방향을 바꾸고 관점을 바꾸면 여러분 자신 안에 또 다른 새로운 모습이 숨어있는 것이다. 자신을 자세히 들여다보는 노력을 게을리 하지 말자. 그런데 이것이 생각보다 쉽지는 않다. 그래서 선생님이 도와주려고 한다. 앞으로 수업을 해 나가면서 여러분들의 모습을 함께 찾아가보도록 하자. 잘 할 수 있겠지?”

학생들의 관심과 공감을 이끌어냈다면, 다짐서 또는 서약서를 나눠주면서 수업을 함께하는 동안의 약속들을 함께 나누는 것이 중요하다. 서약서에 꼭 서명을 해야 하냐며 신체포기 각서인지를 봐야 한다는 농담을 하는 학생들도 간혹 볼 수 있으며, 함부로 서명해서는 안 된다고 말하는 등 짓궂게 구는 학생들이 있다. 그렇더라도 여유 있게 웃으며, 진로의 중요성을 아는 친구라면 선생님과 약속을 할 것이고, 수업에 참가할 자격이 있는 아이라며 격려해주는 것이 좋다. 마치 선서하듯이 엄숙하게 소리 내어 읽어보는 것도 좋다.

진로 수업을 진행하는 선생님으로서, 이 첫 수업은 선생님과의 수업 내용이 앞으로 얼마나 알차고 의미 있는 수업이 될지에 대한 서막이며, 동시에 아이들 미래에 큰 영향을 줄 수 있는 중요한 시간임을 잊지 말아야 한다.

서 약 서

〈 진로수업시간에 지켜야할 약속 〉

나 _________는

목표 1. 자신이 원하는 일을 찾아보자.
• 자신이 잘하고 좋아하는 일을 찾기 위해 적극적으로 수업에 참여하고 발표하기
• 평소에 직업에 대한 관심 갖기.

목표 2. 바르고 고운 말 사용하자.
• 친구들에게 상처 주는 말 하지 않기
• 욕하지 않기
• 친구들 말 비난하지 않기
• 고개를 끄덕이며 '오~ 그렇구나.' 대답하기 .

목표 3. 친구의 하고 싶은 일 찾는 것 도와주자.
• 친구들의 다양한 의견을 잘 들어주고 존중해 주기.
• 모둠 활동에 열심히 참여하고 모둠 구성원끼리 싸우지 않기.
• 참고 기다려주기.

목표 4. 진로수업이 끝나면 주변정리를 잘 하자.

목표 5. 나만의 약속

나는 서약서를 지킬 것을 약속합니다.

_________초등학교 ____학년 ____반   성명:_________ (서명)

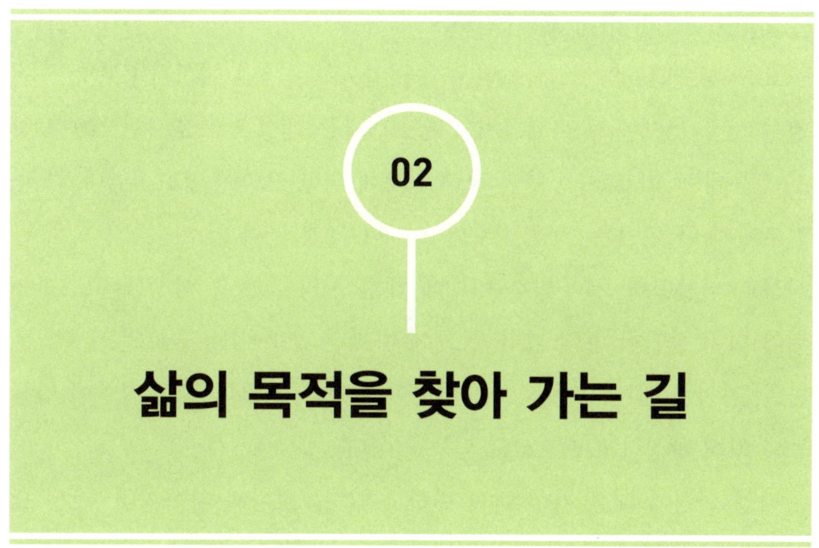

Ⅰ. 진로의 의미

　진로(進路)의 사전적 정의는 '앞으로 나아갈 길'이다. 그렇다면, 진로에 있어서 가장 중요한 것은 무엇일까? 사람은 자신의 진로에 대한 고민과 선택을 해야 한다. 그 때 전제 되어야 하는 것이 '방향'이다. 내 삶에서 진로의 방향을 어디로 정해놓아야 할지를 결정하는 것이다.

　앞서 제시한 퀴즈를 통해서 우리의 나아갈 길의 방향을 먼저 찾는 것이 진로 수업의 가장 처음이자 중요한 일임을 알게 한다. 빨리 가는 것보다 방향을 찾는 것이 중요하다는 것을 강조하는 것, 이것이 진로 수업의 첫걸음이다.

1. 청소년들의 최대 고민, 진로

요즘 청소년들의 최대 고민은 무엇일까? 2013년 여성가족부와 통계청이 전국 15세에서 24세까지의 청소년들을 대상으로 조사한 '2013 청소년 통계'에 따르면, 공부와 장래 진로에 대한 고민이 압도적이다. 특히, 진로에 대한 고민은 10년 전보다 20%나 크게 늘어 청소년들의 최대 관심사로 떠올랐다. 불투명한 미래에 대한 전망을 들은 학생들은 고민을 뛰어 넘어 불안함이 더 크다. 통계에 따르면 공부에 대한 고민은 줄어든 반면, 직업에 대한 고민은 20% 가까이 늘었다. 진로와 장래 직업이 학생들의 최대 관심사로 떠오르고 있는 것이다.

직업 선택에 대한 기준 역시 변하고 있다. '보람과 자아성취' 같은 요인은 10년 전보다 감소한 반면, '수입(보수)'이라는 응답은 늘었다. 이를 통해 청년 실업이 청소년들의 직업 선택의 기준까지 바꾸고 있는 것으로 분석된다. 그러나 이런 고민을 하소연할 수 있는 기회는 여전히 제한적이다. 현실은 청소년의 절반에 육박하는 46%가 친구들과 나눈다고 답했고, 스스로 해결한다는 응답도 무려 22%에 달했다.

2. 진로 수업의 목적

보통 학생들이 생각하는 '진로'란 무엇인가?를 물어보면 대부분 '미래', '직업 찾기', 또는 '꿈'이라고 대답한다. 물론 틀린 답은 아니지만 정확히 알지 못하고 어렴풋이 알고 있는 것이다. 진로는 이 모두를 아우르는 개인이 평생에 나아가는 모든 길을 의미한다. 그 길 안에는 고민과 선택, 역경과 행복 등 경험해야 하는 많은 일들이 있다.

진로는 삶의 대부분을 포함하고 있기 때문에 여러 가지를 제시할 수 있어야 하는 데, 지금은 검사와 해석을 통한 자기탐색이 대부분을 차지하고 있고, 다양한 직업명을 아는 것에 국한되어 있다. 이를 바로 잡기 위해서는 학생들에게 정확한 진로의 의미와 진로 수업의 목적을 알려줘야 한다.

'존재하는 것에는 의미가 있다'는 말이 있는데 존엄한 존재로 세상에 태어난 아이들이 원대한 이상과 아름다운 꿈을 꾸며 행복하게 사는 인생을 설계하지 못한 채, 공부에 시들어 가고 성적으로 진로를 정하며, 안정된 직업을 갖기 위해 스펙을 쌓는 것이 현실이다.

그러나 스펙을 쌓고 사회적으로 안정된 진로를 찾아 노력해서 남들이 부러워하는 직업을 갖게 된다해도 결과까지 해피엔딩으로 끝나는 것은 아니다. 최근 조사에 따르면 신입사원 10명 중 3.2명이 입사 1년 내에 회사를 떠나는 것으로 조사됐다. 기업 인사담당자 378명을 대상으로 '입사 1년 이내 신입사원 중 조기 퇴사자 여부'를 조사한 결과 83.6%가 '있다'고 답했다. 조기퇴사자의 비율은 전체 입사자의 3분의 1에 해당하는 평균 32%이다. 그중 평균 '3개월'(25%) 이내에 한다는 응답이 가장 많아 눈길을 끌었다. 이어 '1개월'(18.4%), '6개월'(18.4%), '2개월'(15.2%), '12개월'(7%), '4개월'(3.8%) 등의 순이었다. 평균 4.3개월 만에 퇴사하는 셈으로 신입사원의 다수가 업무에 적응하기도 전에 회사를 그만 두는 것으로 확인됐다. 조기 퇴사자들은 주로 '직무와 적성 불일치'(40.5%, 복수응답)를 이유로 밝혔다. 신입 사원들이 회사를 선택할 때 연봉을 중요한 기준으로 삼는 경향이 많지만 적성도 무시할 수 없는 것임을 알 수 있다. 이들에게 끈기가 부족한 신세대라며 그들을 탓하고 손가락질을 할 것인가? 아니면 예전과 많이 달라진 문화와 환경에 길러진 아이들을 이해하고 제대로 인도해야 할 것인가? 안정된 삶을 선택하라고 종용하기 보다, 아이들 스스로 존재의 이유와 고유한 능력을 찾아내는 시간을 주는 것이 필요하다.

진로 수업에서 아이들에게 중점적으로 말해야 하는 것은 자기 자신을 아는 것에서 출발해야한다. 농부의 마음과 적성을 가지고 태어난 아이에게 남들과 경쟁하며 더 높고 모두가 부러워할만한 삶을 추구하라며 회색 건물 빽빽한 도시 속 사무실이나 기계 앞에 앉혀둔다면 어떻게 될까? 감성이 뛰어나고 그 감성을 표현해내는 능력이 뛰어난 아이에게 그저 무미건조하게 느껴지지 않을까?

진로 수업의 가장 중요한 것은 진정한 자기 이해와 더불어, 자기 적성에 맞아서 몰입도가 높아 더 잘 할 수 있는 것들을 찾아 가도록 돕는 것이다.

Ⅱ. 꿈과 직업

학생들에게 꿈을 물으면 대부분 직업을 이야기한다.

1. 너의 꿈은 무엇이니?

꿈이야 말로 진로와 떼려야 뗄 수 없는 것이다. 꿈이 있어야 삶의 의미와 목적과 방향을 잡을 수 있다. 그러나 아이들에게 꿈을 물으면 대답은 한결같이 "의사요.", "연예인이요.", "공무원이요." 그리고 "아직 잘 모르겠어요." 이다. 어쩌면 '아직 모르겠다, 또는 아직 정하지 않았다'고 말하는 아이들의 고민이 정답일 수도 있다. 그들이 말하는 의사와 연예인, 공무원은 직업이지 꿈일 수는 없다. 만약 직업이 꿈이 된다면 이미 의사가 되고 연예인이 된 사람은 꿈이 이루어졌으니 꿈을 이룬 사람이 아니라 꿈을 잃은 사람이 될 수도 있다.

직업은 단지 진로의 일부분으로 행복한 삶을 이루기 위한 수단으로 하나의 일부분임을 알아야 한다.

2. 꿈

꿈을 꾸는 아이들에게 꿈은 꼭 이루어진다는 명제를 가르치는 것은 어찌보면 허무할 수 있다. 꿈을 갖는 것 자체가 이미 꿈을 이루어가는 길의 중요한 첫걸음인데 반드시 이루어지는 것에 초점을 맞추는 것은 위험하다.

꿈은 직업이나 자신을 표현하는 어떤 타이틀이 아니라 스스로가 행복하다 생각하고 귀하게 여기는 것, 하고 싶은 것을 하며 살아가는 것이다. 꿈은 이기적이고 개인적인 것이 아니라 함께 더불어 살아가는 세상에서 서로 행복하기 위해서 선한 영향력을 끼치는 삶을 살기 위한 노력이 뒷받침 되어야 한다.

체 게바라는 "현실주의자이되, 가슴 속엔 불가능한 꿈을 가지자"라고 말했다. 그의 꿈은 너무 크고 넓어서 그의 현실에서는 이루어지기가 불가능해 보였을지라도 그의 꿈은 그가 이룬 것 뿐 아니라 지금도 여러 사람을 통해 실현되어 나가고 있다. 이렇듯 꿈은 성장하고 커지며 단 하나로 정의할 수 없는, 한 개인이 찾아가야 하는 것임을 알아야 한다.

III. 꿈을 이루어가는 사람들

추상적으로 꿈만을 이야기하면 가슴 속 불꽃이 피어올랐다가 꺼져버리기 일쑤다. 학생들에게 자신의 꿈은 실제로 이루어 나가는 유명 인사들의 예를 보여주는 것은 꿈을 구체화하기에 매우 좋다.

러시아의 미녀새 이신바예바의 이야기는 진로를 이해하는 데 좋은 예가 된다. 그녀는 세계 최고의 체조선수가 꿈이었으나, 계속 자라나는 키 때문에 장대높이뛰기선수로 진로를 변경해야 했고, 많은 기록을 세우며 성장해 나갔다. 자신이 생각하고 계획한대로 되지 않는다고 해서 좌절하며 꿈을 포기한 것이 아니라, 여러 가지 진로 결정의 다른 부분임을 이해하게 하는 좋은 예라 할 수 있다. 선수시절을 마감한다해도 그녀의 꿈과 도전은 계속될 수 있음을 짐작할 수 있다.

진로 이야기에서 빼놓고는 말할 수 없는 인물로는 안철수씨가 있다. 성공가도를 달리던 의사였다가 컴퓨터회사 CEO로, 다시 대학교수에서 정치인으로 나아가는 안철수씨는 한 TV프로그램에 나와 이렇게 말하였다.

"효율성이라는 입장에서 보면 나는 우리나라에서 가장 비효율적인 사람이다. 의사로서 했던 일이 CEO로서는 쓸모가 없고 또 백신 개발자로 했던 공부는 경영에는 쓸모가 없었다"고 털어놨다. 하지만, 그는 이렇게 덧붙였다.

"인생에 있어 효율성이 전부가 아니다. 자기에게 맞는 분야를 찾기 위해 쓰는 시간은 값진 것이다. 어쩌면 자기 자신에게 줄 수 있는 가장 큰 선물은 자기에게 기회를 주는 것이다. 자기가 어떤 사람인가, 자기가 어떤 일을 정말로 잘 할 수 있고, 어떤 일을 하면 정말 재미있다고 느끼는 사람인지 그 기회를 자기에게 주는 게 가장 큰 선물이고 기회인 것이다."

그의 말대로 비효율적인 길을 걸어온 사람으로 비쳐질 수 있지만 끊임없이 꿈을 성장시키고 새로운 길을 나아가는 좋은 롤모델이 될 수 있었다.

　진로수업은 한 가지의 직업을 선택하여 구체적인 진로계획을 세우는 것보다 자신을 알고, 어디서도 자신의 길을 찾을 수 있도록 자존감과 지혜를 일깨워 왔던 사람들을 통해 이해를 돕는 것이 필요하다. 이 수업 후에는 학생들이 꿈에 대한 인식이 많이 달라져서 '나의 꿈 그리기 활동'이 매우 풍성해짐을 발견할 수 있다.

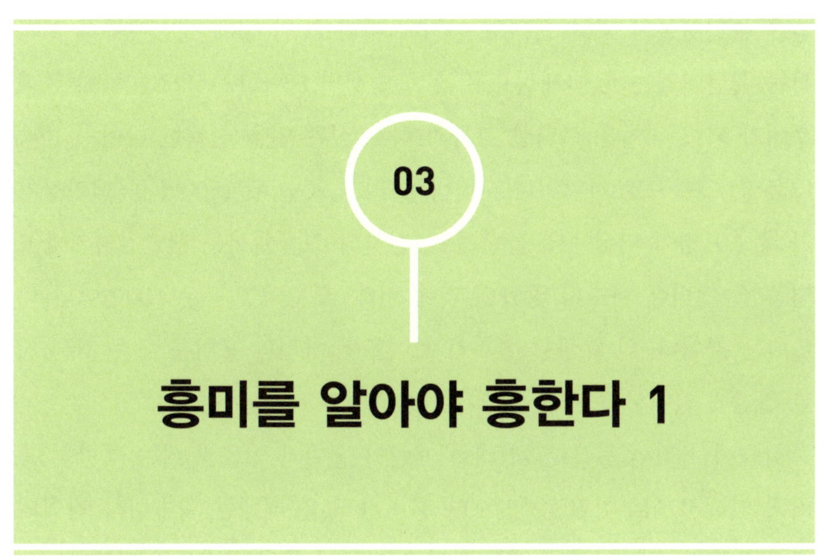

흥미를 알아야 흥한다 1

Ⅰ. 흥미와 홀랜드 이론

흥미(興味, interest)는 어떤 대상·활동·경험 등에 대해서 계속적으로 그것에 몰두하거나 아니면 그것을 그만두려고 하는 행동경향이다. 이것은 그 강도(强度)가 사람마다 제각기 다른 것이 특징이다. 또 다른 의미의 흥미란, 어떤 대상과 활동 경험 등에 대해서 지속적으로 가지는 긍정의 느낌과 생각이라고 하기도 하다.

진로와 직업선택을 할 때, 흥미를 고려하는 것이 얼마나 중요한지를 알려주는 실험이 있었다. 1960년에, 스롤리의 블로토닉 연구소에서 아이비리그 졸업생 1,500명 대상으로 한 가지 재미있는 실험을 하였다. 그 실험은 졸업생들이 직업 선택의 동기에 따라 20년 뒤에 성공여부를 평가하는 실험이었는데, 전체적으로 총 졸업생의 83%(1245명)는 돈에 동기부여가 되어 직업을 선택한 그룹과 하고 싶은 일을 선택한 나머지 17%(255명) 그룹으로 나뉘었다고 한다. 그리고 20년 뒤 1500명 중 백만장자가 총 101명이 나왔는데 놀랍게도, 전자의 그룹에서는 백만장자가 101명중 한 명밖에 나오지 않았던 것에 비해, 후자의 그룹은 100명이나 나왔다는 것이다. 위의 실험 결과가 보여주듯 자신의 흥미를 아는 것은 진로 결정에 있어서 중요한 사항이다.

학습이나 작업 등은 그에 대한 개인의 흥미가 있을 때에는 자발적 동기에 의해서 이루어질 수 있으나 흥미가 없을 때에는 학습이나 작업의 효과를 증진시킬 수 없기 때문에 많은 연구의 관심의 대상이 되었다.

흥미를 측정할 수 있는 여러 가지 심리검사가 발달되어 있으나 그중에서 대표적인 흥미검사는 홀랜드 흥미검사이다. 광범위한 직업선택 이론(theory of career choice)연구의 창시자로 잘 알려져 있는 John L. Holland는 존스 홉킨스 대학교에서 재직했던 미국의 심리학자로서, 오마하대학교 석사학위를, 미네소타 대학에서 박사학위를 받았다. Holland 박사의 이론은 많은 실제적 경험적 연구를 통하여 직업인들 나름대로의 성격 특징이 다르다는 사실에 근거하여 만들어진 이론으로 칼 융의 심리유형론을 바탕으로 한 성격유형검사(MBTI)가 대인관계에서의 개인의 성향을 말해주는 검사라면, 홀랜드의 검사는 한 개인의 직업선호도를 나타낸다.

이 검사는 진로심리학자인 존 L. 홀랜드의 진로이론에 따라 세상의 모든 직업과 사람들의 직업적 성격을 사회형(S) · 탐구형(I) · 예술형(A) · 기업형(E) · 현실형(R) · 관습형(C) 등 6가지 유형으로 나눈다. Holland 이론은 개인과 환경의 일치를 지향하는 이론으로, 개인-환경 간에 상호관계가 존재한다는, 즉 개인이 환경에 영향을 미치고, 환경이 개인에게 영향을 미친다는 기본적인 가정에 근원을 두고 있다. 또한, 직업적 흥미는 일반적으로 성격의 일부분으로 여기고 있기 때문에 개인의 직업적 흥미를 설명하는것은 개인의 성격에 대한 설명이라고 가정하여 한 직업군에 있는 사람들은 유사한 성격과 비슷한 개인사를 가지고 있을 것이라고 하였다. 이는 매우 간결하고 직관적인 가정에 기초를 두고 있기 때문에 직업심리검사에 강력한 영향을 미쳐왔다.

1. 홀랜드 5가지 가정

홀랜드 이론은 다음과 같이 5가지 가정을 기초로 하고 있다.

첫째, 대부분의 사람들은 6가지 유형 중 하나로 분류가 가능하다.

둘째, 6가지 종류에는 각기 고유한 환경이 있다. 즉, 일반적으로 각 환경은 그 성격유형에 일치하는 사람들이 머물고 있고, 사람들이 집단을 형성할 때 확실한 유형의 사람들이 지배하는 환경을 만든다.

셋째, 사람들은 각자 자신의 능력과 기술을 발휘하고 태도와 가치를 표현하며 자신에게 맞는 역할을 수행할 수 있는 환경을 찾는다.

넷째, 개인의 행동은 성격과 환경의 상호작용에 의해서 결정된다. 즉, 사람의 성격과 그 사람의 작업환경에 대한 지식은 진로선택, 직업변경,

직업성취 등에 관해서 중요한 결과를 예측가능하게 한다.

마지막으로 5가지 주요개념(일관성, 차별성, 정체성, 일치성, 계측성)을 가정하고 있다.

1) 일관성

근접한 유형끼리 일관성이 있다고 해석한다. 일관성있는 흥미유형을 보이는 사람들은 대체로 안정된 직업 경력을 가진다. 그들은 직업목표와 직업성취가 분명한 사람들이다.

2) 차별성

한 개의 유형에는 유사성이 많이 나타나지만 다른 유형에는 별로 유사성이 나타나지 않는다는 것이다. 따라서, 모든 유형에 똑같은 유사성을 나타내는 사람은 특징이 없거나 그 특징이 잘 규정되지 않았다고 할 수 있다. 흥미검사 점수가 모든 유형에 유사하게 나타나는 경우이다.

3) 정체성

개인 정체성은 개인의 목표, 흥미, 재능에 대한 명확하고 견고한 청사진을 말한다. 환경 정체성은 조직이 분명하고 통합된 목적, 목표, 업무를 가지고 있음을 말한다. 반대되는 직업 목표를 가진 사람들이 정체성이 낮게 나타난다.

4) 일치성

사람은 자신의 유형과 비슷하거나 정체성이 있는 환경유형에서 일하거나 생활할 때 일치성이 높아지게 된다.

5) 계측성

홀랜드에 의하여 유형들 내 유형들 간의 관계는 육각형 모형에 따라 정리될 수 있는데, 육각형 모형에서 유형들 간의 거리는 그것들 사이의 이론적인 관계에 반비례한다.

2. 홀랜드 6가지 유형과 특징

위에서 언급한 홀랜드 이론과 가정에 의해 나누어진 여섯 가지 유형은 아래와 같이 설명된다.

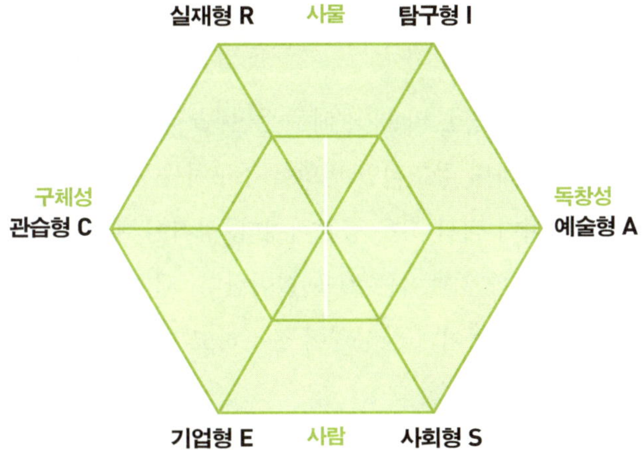

1) 실재형 Realistic

현실적이고 사실적인 직무를 좋아한다. 기계, 정비, 비행기 조종, 전자, 조사, 농업 등의 직업에 종사한다. 상상력과 언어능력이 부족하고

말수가 적으며, 사교기술은 부족하지만 야외에서 활동하는 것을 좋아
한다. 비교적 솔직하며 감정표현에는 서툰 편이다. 대체적으로 기계
적, 운동적인 능력은 있으나 대인관계 능력은 부족한 편이다.

2) 탐구형 Investigative

과학, 수학을 잘하고 지능이 우수한 편이다. 집중력이 높은 연구나
탐구활동에 열중하는 것을 좋아하고 분석적, 논리적, 탐구적, 지적 호
기심이 강한 반면 인기에 관심이 없고 지도력과 설득력이 부족한 면
이 있다. 비판적, 독립적이며 철저하고 합리적이다. 책읽기를 좋아하
며 한 가지 주제를 두고 깊이 있게 관찰하고 탐구하기를 즐겨한다. 자
연과학자, 수학자, 의학자와 같은 분야를 선호한다.

3) 예술형 Artistic

작곡가, 연주가, 문인, 미술가, 배우 등 예술적 직업을 선호한다. 반
복과 복사를 싫어하며 창조적인 변화를 추구하는 경향이 강하다. 감성
적, 이상주의적이며 직관 혹은 충동적이다. 성격이 예민하고 자유분방
하여 규칙과 규범에 얽매이는 것을 싫어한다. 체계성과 정확성, 현실
성이 부족하고 주관적이며 상상력이 풍부하고 개성이 강한 것이 특징
이다.

4) 사회형 Social

교사, 카운셀러, 그리고 선교사 등 종교 교역자에 많은 유형이다. 사
람을 좋아하며 사람들과 함께 있으려 한다. 사람들에게 친절하고 베풀
기를 좋아하며 이해심이 많은 편이다. 공감적 이해가 잘 되며 감정이

풍부하여 남을 돕는 직업을 선호한다. 관계 지향적이며 사회성, 대인 관계 능력이 좋아서 일할 때는 협조적이나 분석력과 논리적 과학성이 부족하다.

5) 기업형 Enterprising

세일즈맨, 사업가, 매니저, 텔레비젼 PD, 정치가 등에 많은 유형이다. 언변과 리더십이 좋아서 사람들을 지도, 관리, 통솔하는 일을 좋아한다. 말을 가장 잘하는 유형으로 설득력이 있다. 모험적, 경쟁적, 열성적, 외향적이며 승부욕이 강하다. 야망이 있고, 지배적, 과시적, 진취적, energetic, 긍정적인 반면 체계적이며 과학적 능력이 부족한 편이다.

6) 관습형 Conventional

사서, 회계, 은행원, 행정관료, 서기 등 정확성과 꼼꼼함을 요구하는 직업을 선호한다. 매사 조심스럽고, 일의 질서와 규칙을 준수하며, 근검하고, 지구력이 강하고, 실용적이고 효율성을 중시한다. 변화를 싫어하고 보수적이 성향이 있다. 인내와 자기통제가 강한 반면, 융통성과 상상력은 부족하다.

III. 홀랜드 검사하기

정확한 결과와 진단을 위해서는 제대로 된 검사를 실시하는 것이 좋으나, 학교에서는 시간적 제약으로 인하여 대부분 약식 검사를 실시한다. 제대로 된 검사를 받으려면 아래 홈페이지에 들어가서 활용해보자.

- 한국가이던스 (초, 중, 고 구분)
- 워크넷 → 직업정보. 심리검사 → 직업심리검사 (청소년용)
- 커리어넷 → 진로심리검사 → 심리검사

만약 학생들의 검사결과가 특징적인 성향이 두드러지지 않고 점수가 비슷하거나 낮은 점수대에 비슷하게 분포되었을 경우에는 아래와 같은 경우에 해당되기도 한다.

① 해당 검사에 성의껏 응하지 않았다
② 검사결과에 대한 두려움이나 불안으로 솔직하게 답변하지 않았다
③ 자신의 성향에 대해서 제대로 답변할 수 없다, 각 답변마다 헷갈리거나 고민이 될 만큼 확신이 없다
④ 실제 각 성향의 색깔이 약하고, 특징적인 성향을 구하기 어렵다

초등학생들은 진로 인식의 시기이고 아직 많은 것에 흥미가 분산되거나 아니면 많은 경험이 없기 때문에 결과가 정확하게 나오기 쉽지 않다. 그래서 자존감이나 여러 교육 환경에 따라 흥미 검사의 결과도 영향을 받을 수 있다. 여러 학생들의 검사 결과를 본 경험상, 초, 중학생은 육각형이 찌그러지지 않고 점수가 비슷한 육각형이 나온다. 자존감과 자신감이 큰 학생의 육각형이 크고, 그렇지 못한 학생은 작은 육각형을 갖는 것으로 보인다. 육각형이 한 쪽으로 치우친 아이들은 대부분 예, 체능이나 공부 등에서 칭찬 받고 두각을 보인 경험에 의존하는 것으로도 짐작할 수 있다.

한편 중학생들은 진로 탐색기다. 물론 이 진로 탐색시기에는 고등학

생들도 포함이 된다. 그런데 중학교 때는 사춘기가 시작이 되면서 초등학교 때는 하루에도 몇 번씩 변하던 직업이나 꿈들이 현실감각을 갖게 되어 자기가 해야 될 것과 하고 싶지만 할 수 없는 것과 하면 안 될 것들의 생각 사이에서 자주 갈등을 한다. 그래서 중학생들한테 "너는 꿈이 뭐야?" "너는 진로가 뭐야?"라고 물으면 학생들이 간단명료하게 대답한다. "몰라요" "잘 생각 안 해봤어요." "없어요."라고 이야기 하는 것은 그만큼 진로 인식의 시기를 거치면서 탐색을 하는데 부족함을 보여주는 예라 할 수 있다. 중학생들이 꿈이 없는 것처럼 보이지만 실제로 머릿속으로는 굉장히 역동적으로 자기진로에 대해서 생각하고 있다. 다만 자신의 진로에 대한 생각과 흥미가 너무 허무맹랑하다고 말할까봐, 선생님이나 부모님들이나 가족들한테 무시를 당할까 봐, 인정받지 못할까봐, 아예 얘기하기를 꺼리는 경우도 있다. 그래서 흥미 검사의 육각형이 초등학생과 비슷하게 나오는 경향이 있다.

고등학생들은 비교적 자신을 객관적으로 이해하고 긍정적인 자아개념을 형성하게 된다. 그래서 초등학생이나 중학생보다 자기 자신을 객관적으로 볼 수 있는 시각이 있다고 볼 수 있다. 그래서 초, 중학생보다 홀랜드의 육각형이 뽀족하게 이루어지는 것을 볼 수 있다.

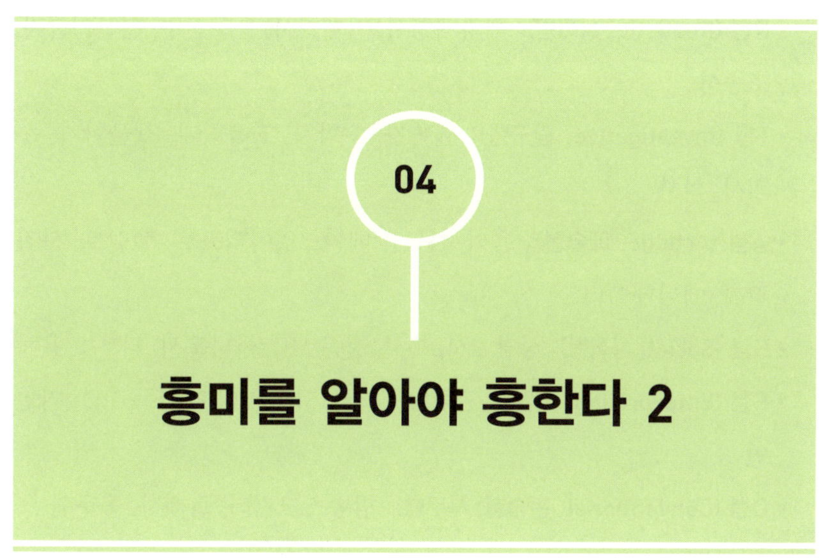

흥미를 알아야 흥한다 2

Ⅰ. 6가지 유형의 대표 직업인 알아보기

지난 시간에 6가지 유형에 대한 특징과 자신의 유형을 알아보았다. 학생들에게 유형별 특징을 다시 한 번 상기시켜주고, 각 유형별 특징에 맞는 직업은 어떤 것이 있는지 생각해보도록 한 후 정확하게 이해했는지 이야기를 들어본다. 간혹, 학생들이 6가지 유형의 이름의 의미를 몰라 물어보는 경우가 있다. 이럴 때를 대비하여 사전적 의미를 알려주거나 쉬운 말로 바꿔 설명해주는 것이 좋다.

예 관습: 오랫동안 지켜 내려와 그 사회 성원들이 널리 인정하는 질서나 풍습.

- R형 (Realistic, **실재형**): 제과제빵사, 기계기사, 운동선수, 전산기술자, 조종사
- I형 (Investigative, **탐구형**): 철학자, 수학자, 교육학자, 생물학자, 수의사, 의사
- A형 (Artistic, **예술형**): 음악평론가, 메이크업아티스트, 탤런트, 사진작가, 에니메이터
- S형 (Social, **사회형**): 상담교사, 목사, 전문 MC, 아나운서, 피부 미용사
- E형 (Enterprising, **기업형, 진취형**): 기자, 뮤직비디오 감독, PD, 기업인
- C형 (Conventional, **관습형, 사무형**): 방송스크립터, 회계사, 공무원

Ⅱ. 활동수업 내용

각 유형별로 대표되는 직업인과 유명 인사들을 보여 주며 그들의 여러 특징을 나누며 학생들의 이해를 돕는다. 그 외에 홀랜드 유형을 더욱 잘 이해할 수 있는 방법을 살펴보자.

- R형 (Realistic, **현실형, 현장형**): 운동선수 박지성
- I형 (Investigative, **탐구형**): 의사 & 교수 & 많은 저서 안철수
- A형 (Artistic, **예술형**): 패션디자이너 앙드레김
- S형 (Social, **사회형**): 국민 MC 유재석
- E형 (Enterprising, **기업형, 진취형**): 역대 대통령
- C형 (Conventional, **관습형, 사무형**): 공무원에서 UN 사무총장 반기문

그러나, 각 유형별 인물들이 반드시 한 가지 유형으로만 나뉘는 것은 아니다. 홀랜드는 한 사람이 보통 3가지 성향과 능력을 복합적으로 갖고 있다고 강조한다. 예를 들어 남을 가르치고, 안내하고, 돕는 분야의 경력이 있고 여기에 진취적 성향을 갖고 있다면 '사회형 경력 + 진취형 성향'에 해당되는 유치원 원장, 사회복지사, 바리스타, 목사, 해외여행가이드, 아로마 테라피스트 등을 차기 직종까지 고려해볼 수 있다는 식이다. 위의 예로 들은 R형 박지성선수에게는 C형의 계획에 맞춰 철저히 행동하는 면이 있고, 패션디자이너 앙드레김은 회사를 경영하고 패션쇼를 진행하며, 모델들을 자신이 원하는 방향으로 이끌어가는 진취적인 면도 있다. 안철수씨 또한, 어린 시절 꿈도 없이 수동적인 진로를 선택했으나, 지금은 정치인으로서 진취적인 모습과 사회형의 모습을 보여주고 있다. 대통령들도 탐구적인 면이 강한 대통령, 예술을 사랑하고 독려하는 대통령, 꼼꼼한 일처리를 선호하는 대통령등 다양한 유형을 소유하고 있음을 주지시켜서 아이들이 홀랜드 유형에 대해 제대로 알게 도와야 한다.

1. 인기 방송의 캐릭터 나누기

학생들에게 홀랜드 유형을 재미있게 알려주기 위해서는 여러 가지 노력이 필요하다. 그 중 하나가 인기 방송의 캐릭터를 유형별로 나누는 것이다.

각 시기마다 유행하는 드라마가 있다. 드라마는 이야기를 재미있게 만들기 위해서 다양한 캐릭터들을 만든다. 아이들이 거의 대부분 봤을 법한 드라마를 선정하여 캐릭터들을 분석해보자. 홀랜드 유형의 장점인 매우 간결하고 명쾌한 6가지 유형은 얼마든지 드라마에서 찾을 수 있다.

얼마 전, 세간의 화제작이었던 '해를 품은 달'에서나 '신사의 품격'등에서도 우리는 쉽게 홀랜드 6가지 유형을 찾을 수 있다.

 해를 품은 달

- R형 운: 동작이 날렵하고 칼을 잘 다루며, 말 수가 적은 무사.

- I형 허염: 매우 학구적이나 고지식하고 융통성 없다.

- A형 양명: 유유자적한 풍류남아, 겉으로는 허허실실 하지만 내면은 자유로운 영혼

- S형 연우: 무언가를 배움도 다른 사람에게 도움이 될까해서 배운다는 따뜻한 사람

- E형 이훤: 어린 나이지만, 신하들을 꼼짝 못하게 하는 언변과 카리스마를 가진 인물

- C형 형선: 오랜 세월 동안 훤의 일거수 일투족을 도우며, 때로는 훤의 실수도 막아서는 인물

위의 캐릭터들은 모두 각각의 특징을 가지고 있다. 각각의 특징을 말해주는 영상과 함께 아이들에게 어떤 특징을 가지고 있는지 설명과 의견을 들어도 좋다. 영상이 준비하기 힘들면 캐릭터들의 사진을 올려놓고 아이들과 어떤 특징이 있는지 나누며 이야기를 끌어내는 것도 나쁘지 않지만, 몰입도나 이해를 높이기 위해 위해서 조금만 수고하자.

2. 조별 활동

조별 활동은 매우 많은 시간과 노력을 요하기도 한다. 특히 각 조별 대항전이 되기 때문에 때로는 학생들끼리 의견 조율을 위한 진통의 시간도

필요하고 더러는 의견이 맞지 않아 싸움을 해서 조별 활동이 엉망이 되기도 한다. 하지만 이 모든 것이 교육의 일부분임을 명심하고 시도한다면 개별활동보다 더 많은 것을 깨달을 수 있는 기회를 줄 수 있다.

예 ① 유형별 패션쇼: 이 활동은 직업과 연결 지어 진행한다. 각 유형별 대표 직업을 생각해서 미리 준비한 전지, 색매직펜, 기타 소품 등을 이용해 패션쇼를 진행하도록 한다. 시간이 많이 소요되고 협소한 장소를 활용하거나 타 장소 이용이 쉽지 않아 철저한 사전 준비와 학교의 협조가 필요하다.

② 유형별 선거운동: 이 때에는 선거를 위한 노래, 구호, 선거물품 등을 스스로 만들어오도록 전 시간에 공지한 후 발표를 한다.

※주의사항: 조별 대항 평가사항을 미리 아이들에게 공지하여 수업시간의 소란함으로 타 학급에 방해가 되거나 운영시간이 초과되는 것을 미리 예방해야 한다.

3. 개인 활동

학생들에게 자신의 유형을 충분히 이해시킨 후, 개인 활동을 시켜보자. 이 활동을 위해서는 각 유형별 특징을 다양하게 설명하고 예시를 들어주어야 한다. 예를 들면, 학생들에게 각 유형의 이름보다 대표할 만한 이름을 아래와 같이 제시해주자. 저학년일수록 더욱 효과가 좋다.

- **R형 (Realistic, 실재형)**: 뚝딱이, 신체활동이 활발하며 기계나 사물을 잘 다룬다.
- **I형 (Investigative, 탐구형)**: 똑똑이, 궁금이, 새로운 것을 배우는 것을 좋아한다.

- **A형** (**Artistic**, **예술형**): 멋쟁이, 아름다움을 추구하고 예민한 감수성을 가졌다.
- **S형** (**Social**, **사회형**): 사랑의 수호천사, 친절이, 사람을 좋아하고 함께하며 협조적이다.
- **E형** (**Enterprising**, **기업형**): 으뜸이, 이끔이, 경쟁을 즐기며 자기 뜻대로 활동하기 원한다.
- **C형** (**Conventional**, **관습형**, **사무형**): 꼼꼼이, 계획적이며 실수가 적은 실속파

위와 같이 선생님이 각 유형의 별명이나 특징을 자세히 설명할 때 여러 단어를 예로 들어야 아이들이 모방을 하거나 응용하여 자신을 표현할 수 있다. 아이들에게 각 유형을 설명하고 대표할 만한 사물로 표현하라고 하면 R형 아이들은 공구나 운동기구와 공을 그리기도 한고, I형 아이들은 과학시간에 나오는 실험도구나 책을 그리고, A형 아이들은 멋진 액세서리나 옷을 그리기도 한다. 그리고 S형 아이들은 간호사나 천사를 그리기도 하며, 입을 그려 수다떠는 것을 상징하기도 하며 E형은 엄지손가락을 그리고 대장이 치켜든 깃발을 그리기도 하고, C형은 눈금자나 시계를 그려서 자신들의 꼼꼼함을 나타내기도 한다. 학생들이 각 유형을 하나의 사물로 나타내는 것을 어려워 한다면, 유형을 대표하는 단어나 그림을 그려서 꾸며보도록 한다. 첨부된 자료를 참고하라고 하면 아이들이 쉽게 접근한다. 이때 유의할 점은 학생들의 각 유형별 특징을 자유롭게 표현하는 수준은 천차만별임을 명심해야한다.

진로 유형	성격 특성	관련 직업
R 유형 실재형 Realistic	· 장난감이나 가구를 가지고 놀기를 좋아한다. · 무뚝뚝하고 말이 적은 편이다. · 축구, 농구 등의 운동을 잘한다. · 집안의 가전제품들에 관심이 많고 고장 나면 나서서 잘 고친다. · 조용히 앉아서 지내기보다 뛰어 놀기를 좋아한다.	제과제빵사 기계기사 방송기사 전산기술자 컴퓨터 기사 조종사
I 유형 탐구형 Investigative	· 책읽기를 좋아한다. · 지적 호기심이 많다. · 질문이 많은 사람이다. · 집중력이 강하다. · 논리적으로 따지기를 잘한다. · 혼자 있기를 좋아한다. · 대체로 공부를 잘한다. · 여러 자료를 탐색해 보고 신중하게 결정 내리기를 좋아한다.	철학자 수학자 약사 교육학자 생물학자 수의사 의사 번역가
A 유형 예술형 Artistic	· 예술적인 영역에서 뛰어나다. · 엉뚱하고 기발한 생각을 많이 한다. · 감정적이고 변덕스럽다. · 규칙을 지키는 것이 어렵다. · 감정이 예민한 편이다. · 간섭받기를 매우 싫어한다. · 정확하고 꼼꼼하게 일을 처리하는 것이 어렵다. · 다소 산만해 보일 수 있다.	음악평론가 무용가 메이크업아티스트 탤런트 사진작가 성우 에니메이터
S 유형 사회형 Social	· 따뜻하고 인정이 많고 착한 사람이다. · 봉사정신이 강해서 다른 사람을 돕거나 돌보는 일을 좋아한다. · 친구들과 어울리기를 좋아하고 친구들이 많다. · 타인의 마음을 잘 이해해주는 사람이다. · 혼자서 지내기보다 늘 다른 사람과 함께 하려고 한다. · 동정심이 많고 다른 사람의 감정에 민감하게 반응한다.	상담교사 목사 전문 MC 아나운서 피부 미용사

E유형 기업형 Enterprising	· 남 앞에 나서기를 좋아한다. · 표현력과 리더쉽이 뛰어나다. · 경쟁이나 놀이에서 꼭 이겨야 한다. · 친구들 사이에서 대장 역할을 하며 활발하게 어울려 논다. · 놀이나 모임에서 사회자가 되기를 더 원한다. · 다른 사람과 의견, 아이디어를 나누며 토론하여 결정 내리기를 좋아한다. · 보상에 민감하다.	기자 보험판매원 영업사원 뮤직비디오 감독 PD 기업경영인
C유형 관습형 Conventional	· 꼼꼼하고 철두철미하여, 좀처럼 실수를 하지 않고 빈틈없는 사람이다. · 학교 준비물을 빠뜨리지 않고 가져간다. · 공부를 할 때도 계획을 세워 계획대로 진행한다. · 용돈을 절약하여 저축을 한다. · 맡은 일에 끝까지 책임을 다한다. · 좀처럼 지각하지 않는다. · 방청소를 깔끔히 잘 한다. · 구조화하고 정리하고 마무리 짓는 것을 좋아한다. · 한 번에 하나의 과제를 계획한대로 실행하는 것을 좋아한다.	방송스크립터 회계사 컴퓨터　게임프로 그래머 정보검색 공무원

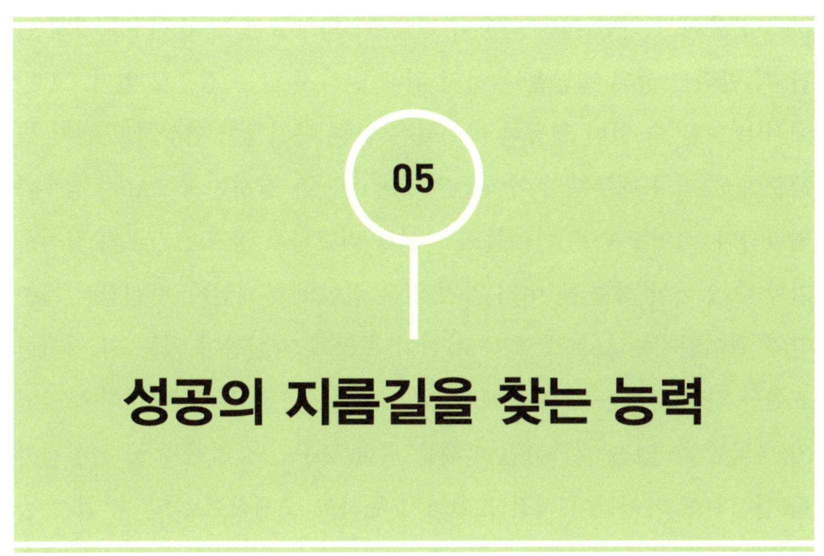

성공의 지름길을 찾는 능력

Ⅰ. 적성의 의미와 중요성

성인을 대상으로 진로 컨설팅을 하는 경우, 때론 단호하게 잘하는 것을 먼저 택하라고 말하는 경우가 있다. 좋아하는 것과 잘하는 것의 차이가 크다면, 잘하는 것을 택하는 것이 빠른 성공의 방법이라고 생각하기 때문이다. 그리고 대안으로 좋아하는 것은 취미로 하거나, 여유가 생겼을 때에 본격적으로 발전시킬 수 있다는 논리이다. 그러나 자라는 아이들의 가능성을 보는 진로선생님은 현실적이고 단호한 대답보다는 아이들이 스스로 선택하고 생각하게 하는 것이 우선임을 알아야 한다.

그렇다면 수업시간에 학생들에게 자신의 장점이나 자신 있는 것을 말하거나 쓰라고 하면 어떤 반응이 많을까? 학생들은 또래 친구들에게 잘난 척 한다는 등의 비난을 피하기 위해 말하지 않는 경우도 있다. 그 반에서 비교할 수 없이 월등한 아이들은 다른 아이들이 인정하고 먼저 말해준다. 그러나 대부분의 아이들은 정말 무엇을 잘하는지 모르는 경우가 허다하다. 적어도 다른 아이들과 자신을 비교하지 않고 스스로의 장점을 말할 수 있어야 하는 데(여러 가지 많은 경험의 부재인지, 자신감과 자존감의 결여인지는 모르겠지만) 자신이 무엇에 자신감이 있는 지 정확한 표현을 하지 못하는 것은 문제가 있다. 이에 스스로 잘 하는 것이 무엇인지 파악할 수 있는 객관적인 이해를 위한 도구인 심리검사 중 적성검사를 실시하여 아이들이 직접 표현하지 못하고 구체적으로 알 수 없는 능력을 알게 하자.

1. 적성의 의미

적성(aptitude, 敵性)의 사전적 의미는 '어떤 일에 알맞은 성질이나 적응 능력. 또는 그와 같은 소질이나 성격'이다. 이렇듯, 평소 우리가 사용하는 '적성'이란 단어의 의미는 능력과 기질 등을 아우르는 말로 정의되지만, 교육학에서 적성이란, '일정한 훈련에 의해 숙달될 수 있는 능력', 또는 '적절한 기회가 주어질 경우, 특정분야의 기능이나 지식을 획득할 수 있는 능력'이라고 한다. 말하자면 적성은 능력과 같은 뜻으로 볼 수 있다. 그렇다면 진로교육에서의 적성은 무엇이라고 표현할까? 이는 '특정 영역(학업, 업무 등)에서 능력을 발휘하는 잠재적인 가능성'을 말한다. 교육학이나 진로에서의 적성은 자라는 아이들에게 그 의미를 마치 타고난 능력이라고 정의하지 않고, 훈련이나 경험 등을 통해 시간이 지나면서 발전시킬 수 있다는 가능성을 열어두는 의미로 이해할 수 있다.

2. 적성의 중요성

2차시에도 언급한 적성의 중요성을 다시 짚어보자. 요즘 들어 신입 사원 중 조기 퇴사한 퇴사자들은 주로 '직무와 적성 불일치'(40.5%, 복수 응답)를 이유로 밝히며 퇴사한 것으로 나타났다. 신입 사원들이 회사를 선택할 때는 연봉을 중요한 기준으로 삼지만 퇴사 시에는 적성이 대부분의 사유임을 알 수 있다. 많은 경험과 직업 체험을 통해서 적성 뿐 아니라 흥미 등 자기에 대한 탐색을 자세히 알아가면 좋을 테지만 현실적으로는 매우 어려운 상황이다. 이러한 현실 때문에 직업심리검사 등을 실시하여 직로 및 직업을 탐색하고 결정짓기도 한다.

직업심리검사 중 적성검사는 검사 방법에 따라 언어성 검사와 비언어성 검사로 나뉜다. 언어성 검사는 일반적인 지필검사, 언어적인 방법을 통해서 본인을 표현해 주는 검사이며 우리나라에서 행하는 대부분의 검사에 해당된다. 장점은 문항 형식을 짧은 시간에 풀어 대량의 검사가 가능한 것이며, 단점은 언어의 인지가 분명해야 검사가 가능해서 언어의 인지력이 확립 되지 않은 영유아들 또는 장애우들 같은 경우에는 정확한 검사가 어렵다는 데 있다. 비언어성 검사로는 그림, 도형 등을 이용한 행동적이고 과학적인 객관적 검사가 있다.

우리나라 대표 진로 사이트에는 커리어넷과 워크넷이 있다. 이 진로 사이트의 적성검사는 다중지능검사를 바탕으로 이루어졌다. 이 곳에서는 초등학생들은 적성보다는 진로 흥미검사나 진로 인식을 위한 검사로 구분되어있고 능력을 알 수 있는 검사는 중·고등학생부터 가능하다. 이 사이트에서 무료로 제공하는 진로적성검사를 학생들에게 직접 실시하도록 권유하자.

II. 다중지능이론

미래의 성공 정도를 예측하는 기능을 갖고 있는 적성의 개념은 그 개념이나 실제 문항 구성에서 능력, 지능, 학업 성취도와 유사하게 또는 혼동되어 사용된다. 미국을 예로 들면 중고등학생용 적성 검사인 일반적성검사(GATB: The General Aptitude Test Battery)의 어휘, 수 추리, 공간관계의 세 개의 소검사 중 하위 영역의 점수를 합해 지능지수나 학업 적성지수를 산출하기도 한다. 그렇지만, 지능은 모든 분야의 학습을 하는 데 요구되는 일반적인 학습 능력을 의미하며, 적성은 특정 분야에 대한 학습 능력을 의미한다고 볼 수 있다.

그럼에도 불구하고 다중지능검사를 적성검사라고 하는 이유는 무엇일까?

1. 다중지능이란?

우리는 일반적으로 지능을 말할 때 아이큐(IQ)로 표현한다. 아이큐(IQ)가 높으면 머리가 좋고 아이큐(IQ)가 낮으면 머리가 나쁘다는 식으로 해석한다. 아이큐(IQ)검사의 원래 목적은 1883년에 프랑스에서 의무교육제도를 실시하면서 정규과정에 적응하지 못한 학생을 미리 가려내기 위한 것 이었는데 오늘 날에 와서는 지능검사의 대명사가 되어 버렸다. 아이큐(IQ)가 높으면 기억력이 좋다는 평가는 편견이지만 현실은 그렇게 인식한다. 문제는 이 검사가 인간의 지적 능력 중 극히 일부분만을 체크한다는 것이다. 그 일부분이 낮게 나오면 지능이 낮은 사람으로 평가되고 높으면 지능이 높은 사람으로 평가된다. 게다가 사람들은 인간의 모든 지적 활동에 전반적으로 영향을 미치는 단일한 지능이 있다고 보는 단일지능개념을 가지고 있었다.

1983년 다중지능이론을 제기한 가드너는 지능의 고전적 관점에 정면으로 도전했다. 가드너는 단일지능은 논리적 추론능력에 불과하다고 반박하며 처음 7가지 지능(대인관계지능과 자기성찰지능을 분리하지 않음)을 주장했다. 사람들은 처음 적성이라 하지 않고 지능이라고 한 것에 대해 가드너는 이렇게 대답했다. "나는 의도적으로 사람들을 자극하려고 했다. 만약 인간에게 7가지의 능력이 있다고 말하면 관심을 갖지 않았겠지만, 그것을 '지능'이라 부름으로써 지능이 한 가지 종류밖에 없다고 생각하는 사람들에게까지 전혀 지능이라고 생각하지 않았던 것을 강조하는 셈이다." 그러나, 단순히 적성을 지능으로 표현한 것이 아니라 지능임을 입증하기 위해 노력하기도 하였다.

다중지능의 종류는 아래와 같다.

1. **언어지능**: 말, 글, 듣기, 의미표현에 대한 감수성, 민감성 등 자신을 표현하는 능력

2. **음악지능**: 멜로디, 리듬으로 자신을 표현하는 능력, 음악적 반성 및 참여 능력

3. **논리수학지능**: 논리적 문제나 방정식을 풀어가는 정신적 과정의 능력. 숫자, 기호, 규칙, 법칙을 이해하는 능력

4. **공간지능**: 3차원의 세계를 잘 변형시키는 능력. 도형, 그림, 지도 등 방향을 인지하는 능력

5. **신체운동지능**: 춤, 운동, 동작, 균형, 민첩성, 태도 등을 조절할 수 있는 능력

6. **대인관계지능**: 타인과 교류하며 감정, 의도, 욕구 등을 이해하는 능력

7. **자기이해지능**: 자기 내면의 동기, 욕구, 감정 등을 이해하는 능력

8. **자연친화지능**: 자연현상에 대한 유형을 규정, 동물과 식물의 인식과 분류에 민감한 능력

2. 다중이론의 핵심내용

첫째, 이 이론은 어떤 사람에게 맞는 한 가지 지능을 결정하기 위하여 제시된 이론은 아니다. 모든 개개인은 여덟 가지 지능을 모두 가지고 있다. 하나의 인지적 기능에 관한 이론으로서 모든 개개인이 정도의 차이가 나겠지만 이 여덟 가지 지능을 모두 갖고 있다고 보며, 여덟 가지 지능이 합해져서 독특한 방식을 가진 한 사람을 형성한다는 것이다. 예를 들어 강호동은 신체-운동적 지능이 매우 우수하지만 그 것이 유일한 지능이 아니다. 그는 다른 사람의 심리를 잘 읽어 낼 수 있는 대인관계 지능이나, 자신이 위기에 처했을 때 자신을 이해하고 통제할 수 있는 자기이해 지능, 더 나아가 예능 프로그램에서 상대에게 듣고 싶은 말을 이끌어내기 위해 날카롭게 질문을 던지는 논리-수학적 지능이 남들보다 뛰어나다고 말할 수도 있다.

둘째, 모든 사람은 각각의 지능을 적절한 어떤 수준까지 개발시킬 수 있다. 가드너는 사실상 모든 사람들이, 만약 적절한 여건(용기, 좋은 내용, 좋은 교육)만 주어진다면, 비교적 높은 수준의 성취를 할 수 있다고 주장하였다. 가드너가 예로 든 것은 Suzuki Talent Education Program이다. 이 프로그램의 창시자이자 바이올리니스트, 교육자, 철학자, 인간주의자인 Shinichi Suzuki는 지난 반세기 동안 자국(自國)에서뿐만 아니라 세계적으로 음악 교육에 영향을 끼쳐왔다. 특히, 그는 "음악적 재능은 타고난 것이 아니라 계발될 수 있다"는 믿음을 가졌고, 누구든지 적절하게

교육을 받으면 음악적 능력을 향상시킬 수 있다고 주장하였고, 이를 실천함으로써 증명하였다. 아마, 특기·적성 교육의 성공을 보여준 가장 시범적인 예라고 할 수 있다.

셋째, 여덟 가지 지능들은 여러 가지 복잡한 방식으로 함께 작용한다. 지능들은 항상 서로 교류하면서 작용한다. 예를 들어, 요리를 한다고 할 때에, 먼저 요리법을 읽어야 하고(언어적 지능), 이 때 요리를 몇 단계로 나눌 때도 있고(논리-수학적 지능), 가족의 모든 사람의 취향을 고려해야 하며(대인관계 지능), 뿐만 아니라 자신만이 잘 창출해내는 맛을 자아내게 해야 한다(자기이해 지능). 다중지능 이론에서는 각 지능의 특성을 살펴보고 이를 효율적으로 학습하는 방법을 모색하고자 하는 것이지 이들을 각각으로 분리하여 어떤 특출한 하나만을 집중적으로 계발하자는 것은 아니다. 왜냐하면 이들 여러 지능들은 서로 협응(協應)하여 작용하기 때문이다.

넷째, 각 지능 영역 내에서도 그 지능을 향상시킬 수 있는 많은 방법들이 있다는 것이다. 어떤 지능 영역에 있어서도 지능적이라고 간주되어질 수 있는 한 가지 표준화된 특성은 없다. 어떤 사람은 읽지는 못하지만, 이야기를 참 잘하거나 다양한 어휘를 갖고 있는 경우도 있다. 운동장에서 달리기는 못하지만, 빠르게 움직이는 배드민턴을 잘하는 사람도 있다. 다중지능 이론은 개개인이 가진 독특한 지능을 발휘할 수 있도록 다양하고 풍부한 방법을 추구할 뿐만 아니라 각 지능들 사이의 관계를 통한 지능 향상 방법을 추구한다.

III. 다중지능과 진로 선택

적성이 진로선택에 매우 중요하다는 것은 여러 번 강조했다. 그렇다면, 적성을 알 수 있는 다중지능검사는 과연 진로 선택에 얼마나 도움이 될까? 다중지능이 학생들에게 긍정적으로 미치는 영향은 바로 위의 핵심개념에 있다. 잘하는 것이 없다고 생각하여 자신감 없는 학생들에게도 노력하면 강점지능은 더 강해지고 약점지능도 적절한 수준까지 도달이 가능하다는 희망을 줄 수 있기 때문이다. 또, 이 다양한 지능의 조합으로 수많은 재능의 발현이 이뤄진다고 할 수 있다.

자신의 여러 능력 중 강점 지능에 관련한 진로 선택의 중요성을 나타내는 자료 중 최근 EBS 다큐 프라임 '아이의 사생활 4부 - 다중지능'편을 예로 들 수 있다. 자신의 직업에서 성공한 사람들과 불만을 가지고 있는 사람들에게 다중지능 검사를 실시하여 그 결과를 밝힌 부분은 우리에게 시사 하는 바가 크다.

성공, 만족한 사람들	관련 강점 지능	약점 지능
가수 윤하	음악지능, 언어지능, 자기이해지능	공간지능
디자이너 이상봉	공간지능, 언어지능, 자기이해지능	논리 수학 지능
발레리나 박세은	신체운동지능, 대인관계지능, 자기이해지능	논리 수학 지능
의사 송명근	논리수학지능, 자연친화지능, 자기이해지능	대인 관계 지능

위 표에 나타난 대로 디자이너 이상봉씨는 무대에 필요한 공간지능이 가장 높고, 남들 앞에서 디자인에 대해 설명할 수 있는 언어지능도 높았다.

송명근 박사는 수학에 필요한 논리수학지능이 높았고, 생명의 소중함을 느끼는 즉, 의사에 필요한 자연친화지능도 높았다. 그리고 발레리나 박세은씨 역시 무대에 서는 특성답게 신체운동지능이 높고, 청중과 교류할 수 있는 대인관계지능이 상위 강점에 들어가 있다. 가수 윤하의 경우에도 싱어송 라이터답게 언어지능이 상위강점에 들어가 있다.

또 주목할 점은 성공한 사람들은 모두 자기이해지능을 강점지능으로 가지고 있다. 이것은 자기가 잘하는 것을 알고 그 길을 걷는다는 것이다. 자신의 장점, 단점, 강점, 약점을 정확히 이해하고 장점을 살리는 길을 걸으니 경쟁에서 유리할 수 있고 힘들 때는 스스로를 다잡을 수 있는 힘이 있는 것이다. 그래서 더 일관되고 지속적으로 자신이 원하는 일에 몰두할 수 있다고 한다. 예를 들어, 운동을 좋아하는 사람 중에서도 운동이 재미있어서 그냥 하는 사람이 있는 반면 가끔씩 내가 왜 이 운동을 해야 하는지 그 이유를 생각하는 사람이 있다. 이유를 생각하는 사람은 자신이 운동을 해야 하는 목표가 더 굳건하게 세워질 것이고, 장애물이나 힘든 일이 생길 때마다 절망하기보다는 더 지속적으로 몰두할 수 있기 때문에 다른 사람들보다 어려운 상황에서도 끊임없이 자신이 가고 있는 방향을 생각하며 좋은 결과를 내기 위해 고민하고 최선의 노력을 한다.

현 직업에 불만인 사람들	관련 강점 지능	원하는 직업
의대 1년 이 **	자기이해지능	방송작가

영어교사 안**	자연친화지능	수의사
도 정책연구원 오 **	공간지능	쇼 호스트

　반면, 위의 표에서 드러난 대로 그렇지 못한 경우의 사람들은 다른 사람들에게 인정받는 좋은 직업을 가지고 있어도 불만이 있어 전직을 하고 싶은 마음이 있음을 알 수 있다. 아쉽게도 현 직업에 불만인 사람들이 희망하는 직업은 그들의 강점지능과 일치하는 것을 볼 수 있다. 만약에 이들이 어린 시절 자신의 적성과 진로에 대해서 정확하게 알았더라면 지금처럼 좋은 직업을 가지고도 불만스러워 하지 않았을 것이다. 그만큼 진로 탐색과 직업 선택 시 적성의 중요성이 크다는 것을 알 수 있다.

　위에서 말한 내용의 이해를 돕기 위해 앞에서 소개한 EBS 의 다큐 프라임 '아이의 사생활 4부 – 다중지능'편은 활용하기에 매우 좋은 자료이기 때문에 동영상등을 설명하기에 좋은 단위로 편집해서 학생들에게 보여주면 좋으니 참고하기 바란다.

다중지능 유형별 활동

Ⅰ. 생활 속의 다중지능 찾기

이어령 교수는 '젊음의 탄생'이라는 책을 통해 이렇게 말하고 있다. "360명이 360도의 다른 방향으로 달리면 360명 모두가 일등이 될 수 있지요. 이것이야말로 '넘버 원'이 아니라 '온리 원'의 독창성을 확증하는 경주입니다."

학생들과 함께 지내다 보면 정말 생각지도 않은 말을 하거나, 능력을 보여주는 경우가 많다. 그럴 때마다 그것을 보고 끄집어내주고 싶지 않은 교사가 있을까라는 생각이 든다. 따라서, 뛰어난 점을 보면 지나치지 않고 말해주는 것은 교사의 의무이자 특권이다. 어느 날, 말이 없어 생각을 잘 모르겠던 아이가 그림을 통해 자신의 생각을 표현하는 능력을 알게 되거나, 사람들 앞에 서서 말하는 걸 부끄러워하던 아이가 춤을 출 때는 부끄러움은 온데 간데 없이 춤을 추기도 한다. 이렇듯 검사지를 통해서만 아이들을 파악하는 것이 아니라, 다양한 형태의 수업을 통하면 아이들의 보물을 예상치 않게 끄집어 낼 수 있게 한다. 수업 시간 아이들의 특징을 눈여겨 보며 그들의 다중지능을 찾아보자. 때로는 게시판에 붙어있는 그림이나 작품을 보면 뛰어난 아이들을 살펴볼 수 있다. 그때마다 아이들을 칭찬하고 격려하자. 아래 특징을 학생들에게 설명하며 자신들의 다중지능 검사 결과와 비교하도록 하면 어려운 검사결과를 이해하고 자신감 없던 학생들까지도 자신의 강점을 받아들이는 데 도움이 된다.

다중지능의 설명이 긍정적인 이유는 적절한 수준으로 발달시킬 수 있다는 가능성에 있다.

이를 설명하기 위해 아이들에 근육이 잘 발달된 멋진 사진을 보여주자. 우리의 근육과 그 사람의 근육이 보기에는 큰 차이가 있지만, 우리도 그와 같은 근육을 갖고 있지만 발달시키지 않았을 뿐이다.

다중지능도 근육과 같아서 적절한 수준으로 발달시킬 수 있음을 설명하기에 좋다.

아래는 각각의 다중지능의 특징을 가진 아이들의 모습을 나누어 설명한 것이다.

1. 언어지능의 아이들

① 질문을 자주한다. 특히 '왜?'라고 묻는 유형의 질문을 자주한다.

② 수업시간에 말하기를 즐긴다.

③ 다양한 어휘력을 가지고 있다.

④ 외국어를 배우기 좋아 한다.

⑤ 새로운 언어, 특히 유행어나 말투를 쉽게 배운다 .

⑥ 단어 게임, 말장난, 시 낭송, 말로 다른 사람 웃기는 일 등을 즐긴다.

⑦ 책 등을 읽는 것을 즐긴다.

⑧ 다양한 종류의 글쓰기를 즐긴다.

2. 논리수학지능의 아이들

① 다양한 퍼즐 게임을 즐긴다.

② 수를 가지고 논다. 암산이나 계산을 잘 한다.

③ 사물의 작용과 운동 원리에 호기심이 많다.

④ 규칙에 바탕을 둔 활동 성향을 가진다.

⑤ '만일 ~라면'이라는 식의 논리에 관심이 있다.

⑥ 사물을 모으고 분류하는 것을 좋아한다.

3. 음악지능의 아이들

① 자주 노래를 흥얼거린다.

② 리듬에 따라 박자를 맞추거나 몸을 흔든다.

③ 소리들을 쉽게 구별한다.

④ 음에 대한 감각이 좋다.

⑤ 음악적 경험을 원하고 즐긴다.

4. 공간지능의 아이들

① 그림 그리기를 즐긴다.

② 시각적인 세부 묘사에 뛰어나다.

③ 사물을 분해와 조립하기를 좋아한다.

④ 낙서를 좋아한다.

⑤ 퍼즐 놀이를 즐긴다.

⑥ 이미지로 장소를 기억한다.

5. 신체운동지능의 아이들

① 신체적으로 좋은 균형 감각을 갖고 있다.

② 손과 눈의 협응 관계가 좋다.

③ 리듬 감각이 있다.

④ 어떤 문제를 직접 몸으로 접해 보고 해결하려는 경향이 있다.

⑤ 공, 구슬, 바늘 따위의 도구와 물체를 다루고 조절하는 데 빠르고 쉽게 적응한다.

6. 대인관계지능의 아이들

① 선생님에게 먼저 다가와 인사한다.

② 또래들 사이에서 인기가 높다.

③ 또래나 나이가 더 많은 사람이나 똑같이 잘 사귄다.

④ 리더십을 보여 준다.

⑤ 다른 사람과 협동하여 일하는 데 능숙하다.

⑥ 다른 사람의 느낌에 민감하다.

⑦ 중개인이나 카운슬러 역할을 자주 한다.

7. 자기이해지능의 아이들

① 일기를 쓸 때 자신에 대한 반성과 깨달음이 좋다.

② 감정 전달에 뛰어나다.

③ 스스로의 강점과 약점을 명확히 인식한다.

④ 자신의 능력을 확신한다.

⑤ 적절한 목표를 설정한다.

8. 자연친화지능의 아이들

① 화분 등의 관리에 남다른 열정이 있다.

② 동식물의 습성과 생리에 깊은 관심을 보인다.

③ 인공적인 환경보다 자연적인 환경을 선호하는 편이다.

④ 자연물의 관찰에 상당한 시간을 할애한다.

⑤ 곤충, 파충류 등에 대한 혐오감이 상대적으로 덜하다.

⑥ 새, 꽃, 나무 등 동식물에 지속적으로 관심이 많다.

II. 다양한 다중지능 활동

수업 시간 활동을 통해 학생들의 특징을 알 수 있는 방법이 있다.

1. 칭찬 스티커 붙여주기

반 친구들은 함께 많은 시간을 보내기 때문에 누구보다 서로를 잘 알 수 있다. 아이들이 직접 반 아이들의 좋은 점에 칭찬 스티커를 붙여주도록 한다.

<table>
<tr><td>활동지 1</td><td colspan="3" align="center"><h1>친구야 말해줘~!</h1></td></tr>
<tr><td>학년반</td><td></td><td>이름</td><td></td></tr>
</table>

질문, 특히 '왜?'라고 묻는 유형의 질문을 자주한다.	
수업시간에 말하기를 즐긴다.	
새로운 언어, 특히 유행어나 말투를 쉽게 배운다 .	
책 등을 읽는 것을 즐긴다.	
다양한 종류의 글쓰기를 즐긴다.	
다양한 퍼즐 게임을 즐긴다.	
수를 가지고 논다. 암산이나 계산을 잘 한다.	
사물의 작용과 운동 원리에 호기심이 많다.	
사물을 모으고 분류하는 것을 좋아한다.	
'만일 ~라면'이라는 식의 논리에 관심이 있다.	
자주 노래를 흥얼거린다.	
리듬에 따라 박자를 맞추거나 몸을 흔든다.	
소리들을 쉽게 구별한다.	
음에 대한 감각이 좋다.	
음악적 경험을 원하고 즐긴다.	
그림 그리기를 즐긴다.	
낙서를 좋아한다.	

퍼즐 놀이를 즐긴다.	
시각적인 세부 묘사에 뛰어나다.	
사물을 분해와 조립하기를 좋아한다.	
신체적 좋은 균형 감각을 갖고 있다.	
몸으로 먼저 해결하려고 한다.	
공이나 여러 도구와 물체를 잘 다룬다.	
달리기나 줄넘기를 잘한다.	
행동이 재빠르다.	
다른 사람의 감정을 잘 이해해준다.	
친구들 사이에서 인기가 높다.	
친구나 선생님에게 인사를 잘한다.	
모임이나 활동에서 리더가 된다.	
싸움이 나면 잘 말린다.	
자신감이 있어 보인다.	
끈기있게 과제를 잘 한다.	
좋고 싫은 것이 분명하다.	
생각이 깊어보인다.	
어른스러워 보인다.	
동물이나 식물 등에 관심이 많다.	
화분 등을 잘 가꾼다.	
과학실습을 좋아한다.	
곤충에 대해서 잘 안다.	
애완동물을 키우고 싶어한다.	

① 첨부한 활동지 1을 아이들에게 배부한다.

② 먼저 이름을 적게 하고 각자 항목을 잘 읽어보게 한다.

③ 8가지 색깔의 작은 스티커를 각각 10개씩 나눠준다. 이 때 시중에
파는 스티커를 사용해도 좋지만 시트지를 잘라 아이들에게 나눠주
면 경제적이다 길게 잘라 아래와 같이 10개가 되도록 가위선으로
나누어 아이들 스스로 뜯기 쉽게 자르면 된다.

④ 롤링 페이퍼처럼 자신의 활동지를 모둠 별로 앉았을 때는 자신의
모둠 먼저 돌려 해당하는 곳에 붙여 주도록 한다. 다음은 모둠끼리
차례대로 바꾸도록 한다. 이때 소란스러워지지 않도록 모둠의 순서
를 정해 바꾸도록 하자.

⑤ 끝난 후 다양한 색깔의 스티커를 많이 붙여 준 아이들을 골라 다른
사람들을 칭찬을 한 학생이라고 칭찬하거나 상을 준다.

⑥ 한 항목이 유난히 길게 붙여진 아이들은 그 부분에서 뛰어난 아이
라고 각각 칭찬 해준다.

⑦ 다른 아이들이 붙이지 않은 유일하거나 소수인 항목에 스티커를
받은 아이와 그 스티커를 붙여 준 아이들에게 이유를 묻고 둘 다
칭찬한다.

2. 내 다중지능 (or 장점) 팔아요~~

1번 활동을 하고 난 후나, 활동지1을 활용할 수 있는 수업이다. 물론 1
번 활동과 상관없이 단독으로 가능하다. 자신의 장점이라고 생각되는 것

을 활동지2 에 적어 진행한다. 장점으로 자신을 표현하기 어려울 때, 활
동지1을 참고로 적게 한다.

<table>
<tr><td colspan="3">

장점 사고팔기 목록 작성하기</td></tr>
<tr><td rowspan="2">
**내가 팔
장점 목록**</td><td colspan="2">1.

2.

3.

4.</td></tr>
<tr><td></td><td></td></tr>
</table>

내가 팔 **장점 목록**	1. 2. 3. 4.	
내가 사고 싶은 **친구의** **장점 목록과** **사고 싶은 이유**	장점 목록	1. 2.
	사고 싶은 이유	1. 2.

① 스스로 생각하는 장점을 종이에 쓴다. 1인당 5개까지 팔 수 있다. 자신이 생각하고 있는 장점이나 남이 현재 하고 싶지만 하지 못하는 것을 자신이 하고 있음을 쓴다.

　(예: 곤충 키우기, 동물 키우기, 영어말하기 등)

② 각자 종이에 설명도 쓰고 가격도 정하여 상품을 만든다.

③ 다른 학생의 장점을 듣고 자신에게 필요한 상품을 산다. 이때 한 제품을 여러 명이 살 수 있다.

④ 이때 사는 학생은 꼭 필요한 세 가지만 살 수 있고, 그 상품을 구입한 이유를 적는다.

⑤ 가장 많이 상품을 판매한 학생에게는 좋은 재능을 가졌으니 매사에 감사하며 좋은 일에 사용하라고 칭찬하자. 또, 구입한 이유가 좋은 학생들을 선정하여 그이유가 아름다우니 꼭 그 재능이 네게도 생길 거라고 말해주고 상을 준다.

3. 다중지능 아바타 키우기

첨부한 활동지 3,4를 보고 학생들에게 직접 자신의 아바타나 자신을 닮은 친구라고 생각하는 대상을 찾아 거기에 맞는 적당한 이름과 표현을 하도록 하자. 이 활동을 위해서는 아이들의 다양한 능력이 발현될 수 있도록 여러 예를 보여주는 것이 좋다. 이 수업은 칭찬스티커 수업에 비해 조용하고 편하게 진행할 수 있지만, 활동적인 아이들은 대충하거나 다른 아이들을 방해할 수도 있다.

학년   반   이름

나와 관련이 있는 지능은 무엇인지 ○를 해보세요.

- 언어지능   – 논리수학지능   – 공간지능   – 신체운동지능
- 음악지능   – 자기이해지능   – 인간관계지능   – 자연관찰지능

- 별명

- 강점지능

- 잘 하는 것

- 어울리는 직업

- 어떻게 키우지?

학년   반   이름

나와 관련이 있는 지능은 무엇인지 ○를 해보세요.

- 언어지능   – 논리수학지능   – 공간지능   – 신체운동지능
- 음악지능   – 자기이해지능   – 인간관계지능   – 자연관찰지능

- 별명

- 강점지능

- 잘 하는 것

- 어울리는 직업

- 어떻게 키우지?

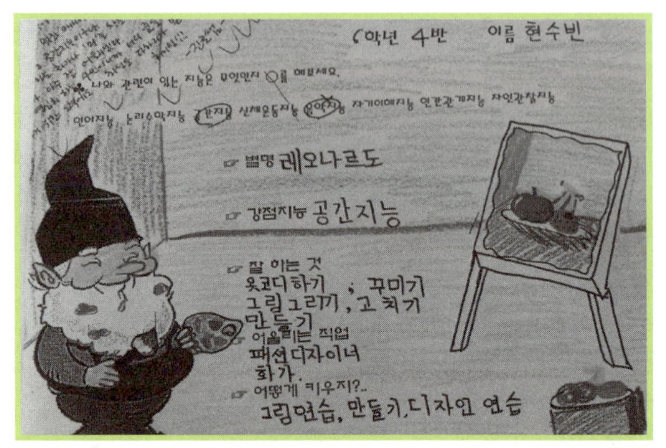

III. 다중지능과 직업의 세계

직업탐색 시간에 따로 다루겠지만, 다중지능에 관련한 여러 직업을 찾아보게 하는 것이 호기심을 유발하여 다음 직업탐색에 적극적인 자세를 갖게 한다. 아래 직업을 학생들에게 알려주고 직접 관심이 가는 직업이나 궁금한 직업에 표시하고 스스로 커리어 넷이나 워크넷 등을 통해 알아보도록 권하자.

다중지능 영역	관련 직업
신체운동지능	안무가, 무용가, 엔지니어, 운동선수, 스포츠 해설가, 체육학자, 외과 의사, 공학자, 물리 치료사, 레크리에이션 지도자, 배우, 무용 교사, 체육 교사, 보석 세공인, 군인, 스포츠 에이전트, 경락 마사지사, 발레리나, 산악인, 치어 리더, 경찰, 체육관 관장, 경호원, 뮤지컬 배우, 조각가, 도예가, 사회 체육 지도자, 건축가, 정비 기술자, 카레이서, 파일럿 등
대인관계지능	사회학자, 학교 교장, 정치가, 종교 지도자, 사회 운동가, 웨딩 플래너, 사회단체 위원, 기업 경영자, 호텔 경영자, 정신과 의사, 카운슬러, 법조인, 배우, 이벤트 사업가, 외교관, 정치가, 호텔리어, 방송 프로듀서, 간호사, 사회 복지사, 교사, 개인 사업가 (상업, 중소기업), 회사원 (인사관련), 영업 사원, 개그맨, 유치원이나 어린이집 교사, 경찰관, 비서, 가정 방문 학습지 교사, 승무원, 판매원, 선교사, 상담원, 마케팅 조사원, 컨설턴트, 펀드 매니저, 교육 사업가, 관광 가이드 등
자기이해지능	신학자, 심리학자, 작가, 발명가, 정신 분석학자, 성직자, 작곡가, 기업가, 예술인, 심리 치료사, 심령술사, 역술인, 자기 인식 훈련 프로그램 지도자 등
자연친화지능	유전 공학자, 식물학자, 생물학자, 수의사, 농화학자, 조류학자, 천문학자, 고고학자, 한의사, 의사, 약사, 환경 운동가, 농장 운영자, 조리사, 동물 조련사, 요리 평론가, 식물도감 제작자, 원예가, 약초 연구가, 화원 경영자, 생명 공학자, 생물 교사, 지구 과학 교사, 동물원 관련 직종 등
언어지능	작가, 사서, 방송인, 기자, 언어학자, 연설가, 변호사, 영업 사원, 정치가, 설교자, 학원 강사, 외교관, 성우, 번역가, 통역사, 문학 평론가, 방송 프로듀서, 판매원, 개그맨, 경영자, 아나운서, 시인, 리포터 등

논리수학지능	엔지니어, 수학자, 물리학자, 과학자, 은행원, 컴퓨터 프로그래머, 구매 대리인, 생활 설계사, 공인 회계사, 회계 감시원, 회사원(경리, 회계 업무), 탐정, 의사, 수학 교사, 과학 교사, 법조인, 정보기관원 등
음악지능	음악가(성악가, 연주가, 작곡가, 지휘자 등), 음악 치료사, 음향 기술자, 음악 평론가, 피아노 조율사, DJ, 가수, 댄서, 음악 교사, 음반 제작자, 영화 음악 작곡가, 반주자, 음악 공연 연출가 등
공간지능	조각가, 항해사, 디자이너(인테리어, 게임, 헤어, 웹, 무대, 컴퓨터 그래픽 등의 분야), 엔지니어, 화가, 건축가, 설계사, 사진사, 파일럿, 코디네이터, 애니메이터, 공예사, 미술 교사, 탐험가, 택시 운전사, 화장품 관련 직업, 동화 작가, 요리사, 외과 의사, 치과 의사, 큐레이터, 서예가, 일러스트레이터 등

자신의 상위 강점지능 3개에 해당되는 직업군을 읽게 한 후, 먼저 관심이 있는 직업과 모르는 직업을 구분하도록 한다. 자기탐색 시간이므로 직업에 대한 심도 깊은 설명은 삼가고 간단하게 진행하면 좋다. 대신에 아이들이 물어보는 직업들 중에 어려운 말들이나 생소한 단어들은 설명할 준비가 필요하다. 예를 들어 보석세공인, 인사 관련인, 법조인, 큐페이터, 일러스트레이터, 구매 대리인, 음향 기술자 등의 단어들을 설명할 수 있도록 해야 한다. 그리고 이 관련 직업들이 왜 각 지능에 해당되는 지 다중지능의 특징과 연결 지어 간략하게 설명하여 아이들의 다중지능 이해도를 높이도록 하자.

07

에고그램, MBTI 성격유형 알기

Ⅰ. 성격과 진로 결정

어떤 사람이 문제가 되는 행동을 할 때 흔히 "저 친구는 성격이 문제야"라고 말한다. 그것이 일시적이지 않거나, 특정한 사람이나 상황에서뿐만이 아니라 반복적으로 관찰될 때, 그의 태도가 누구를 만나든 사람들과 어울리는 데 문제가 될 때 성격이 문제라는 표현을 쓴다.

그런데 일반적으로 성격에 대해 이야기하면서 A형이라서 소심하다거나 AB형이라서 까칠하다는 등 타고난 혈액형을 강조하기도 하고, "가정교육을 어떻게 받았기에 성질이 저 모양이야?"라며 자라면서 겪은 경험을 중요시하기도 한다.

좋은 성격은 '우월한 유전자'를 물려받았다는 부러움을 사며, '좋은 집안에서 잘 자라난 인격체'로 부모까지 칭찬받는다. 그러나 나쁜 성격일 경우 체질과 경험에 모두 문제가 있다고 여기는데 도대체 무엇이 먼저인지 궁금해진다. '닭이 먼저인지, 달걀이 먼저인지' 같이 답을 찾기 어려운 문제일 수록 이와 관련해서 생각해 볼 점이 많다.

- 성격은 타고날까, 만들어질까? (청소년을 위한 정신의학 에세이, 2012.6.30, 해냄)

1. 성격의 정의

성격이란 일반적으로 개인이 가지고 있는 고유의 성질이나 품성 또는 어떤 사물이나 현상의 본질이나 본성이라고 정의한다.

R.B.커텔은 성격이란 주어진 상황에서 그가 어떠한 행동을 할 것인가를 우리들에게 예상케 하는 것이라고 하였다. 그리고 B.노트컷은 성격을 주로 개인이 그 자신답게 그가 속해 있는 집단 내에서 특별하게 다른 사람으로부터 구별되는 행동에 관련된 것이라고 하였다. 이렇게 보면, 성격은 개개인을 구별하는 생득적(生得的)·습관적인 것으로서 비교적 안정된 정신·신체적인 기초구조를 형성하는 중핵체라고 볼 수 있다. 그러나 H.월런은 성격의 정의를 내릴 때 3개의 좌표를 정해야 한다고 하였다. 즉, 첫째는 상황과 사물, 둘째는 생리적 균형, 셋째는 때(時)이며, 이 3자 중에서 어느 하나가 유력하더라도 다른 요소를 제외하고는 논할 수 없다고 주장하였다.

이상과 같은 여러 학설 이외에 최근 특히 학자들이 지지하는 것으로는 G.W.올포트와 M.A.메이의 학설이 있다. 올포트는 성격이란 개인의 환경에 대한 고유한 적응을 규정하는 정신 물리적 조직으로서의 개인 내의 역동적 체제라고 하였다. 여기서 정신물리적 조직이란, 고대인이 생각한 것과 같이 성격을 단순한 정신으로 보지 않으며, 정신과 신체와의 통일적 조직체로서 파악되어야 한다는 것을 의미한다. 그것은 신체 및 정신적 제요소의 단순한 가산적(加算的) 총화로서가 아니라 끊임없이 변화, 발전하는 역학적 관점에서 고찰해야 할 역동적 체제이다. 그것은 변동 그 자체가 아니라 그 배후에서 그것을 지배하는 것임을 의미한다.

한편 메이는 성격의 사회적 측면을 강조한다. 즉, 성격이란 사회에서의 개인의 역할 및 상태를 규정하는 모든 성질의 통합이라고 하였다. 성격은 다른 사람에게 어떤 자극을 주고 어떻게 평가되느냐의 사회적 효과에 지나지 않는다고 본 것이다. 그러므로 이러한 사고방식에 입각하면 고도(孤島)에서 혼자 사는 사람에게는 성격이란 생각할 수 없는 것이 된다. 인간은 사회적 동물로서 다른 사람과 밀접한 인간관계에 있으므로 이 학설은 확실히 일면의 진리를 내포하고 있다고 할 수 있으나 성격의 주체성이 무시되어 있는 것이 단점이다.

올포트는 생리학적·심리학적 관점에 입각하여 유전적 측면을 중시하는 데 대해 메이는 사회학적·심리학적 관점에 입각하여 환경의 영향에 중점을 두고 있다. 그러나 성격의 올바른 개념은 양자의 어느 한쪽에 있는 것이 아니라 양자가 통합한 곳에 있다고 보는 것이 타당하다. 즉, 성격은 자신과 아울러 다른 사람으로부터 주어진 자신과의 양면에서 고찰해야 할 것이다.

– 두산백과

2. 성격과 진로 결정

성격을 좋고 나쁘다로 구분한다면 우리는 어떤 성격이 좋다고 자신

있게 말할 수 있을까? 같은 사람을 보면서도 처음 만났을 때 친근하게 먼저 말을 건네는 사람을 좋다고 하는 사람도 있고, 불편하게 말이 쓸데없이 많아 대하기 싫다고 하는 사람도 있다. 조금 지저분한 것을 불편하게 생각하지 않는 사람도 있고, 주변을 깨끗이 정리해야 다른 사람에게도 미덕이 된다고 보는 사람이 있다. 이렇게 사람들은 어떤 상황에 처했을 때 판단하는 생각과 행동이 다르다. 이처럼 성격은 각자 다르다고 표현하는 것이 옳다.

그렇다면, 성격은 진로 결정에 어떤 영향을 미칠까? 아무리 흥미와 적성이 일치해도 성격에 따라 진로 결정이 다를 수 있다. 예를 들어, 노래에 대한 흥미와 노래 부르는 것 뿐 아니라 작사. 작곡에 까지 대단한 능력을 보인다고 해도 많은 사람들 앞에 서는 것이 불편하고 힘든 사람이라면 극복해야 할 문제들이 많이 있을 것이다. 이런 사람은 곡을 만드는 것에 집중하거나, 방송출연을 하지 않는 비밀에 싸인 가수가 될 수 있다. 반대로 노래 부르는 것과 사람과의 소통을 원하는 사람이라면, 가수이자 여러 프로그램을 통해 다양한 방면에서 활발히 활동하는 가수가 될 수 있다.

이렇게 자신이 선호하고 편안하게 생각하는 것을 표현하는 일련의 생각과 행동을 나타내는 성격의 다름을 통해 우리는 여러 방향의 진로를 모색하고 결정하게 될 것이다. 한편, 일하는 환경이나 사람과의 성격이 맞지 않아 다른 진로를 모색하기도 한다.

성격유형검사는 초등학생이나 중학생은 성장하면서 많은 영향을 받기 때문에 성격을 유형화하는 데는 무리가 있지만, 자신을 좀 더 객관화해서 볼 수 있고, 나와 다른 남을 이해하고 교우관계에 도움이 되며, 진로 결정을 하는 데 참고할 수 있기 때문에 검사를 한다. 성격검사의 종류로는 대표적으로 MBTI와 에고그램, 애니어그램 등이 있다. 여기서는

MBTI 와 에고그램을 다루고자 한다.

II. 에고그램과 5가지 성격유형

1. 에고그램이란?

에릭 번의 교류분석이론에 바탕을 두고 자아 상태를 부모(Parent) 의 자아상태, 성인(Adult)의 자아상태, 아이(Child)의 자아상태의 3가지로 나눈다. 그리고 P를 억제적인(Critical) CP와 양육적인(Nurturing) NP로 나누고, C를 자유로운(Free) FC와 순응한(Adapted) AC로 나눈다. 그리고 이 5개의 자아 상태의 에너지배분을 통해 개인의 인성, 성격을 알아보고 그래프로 표시한 것이 에고그램이다.

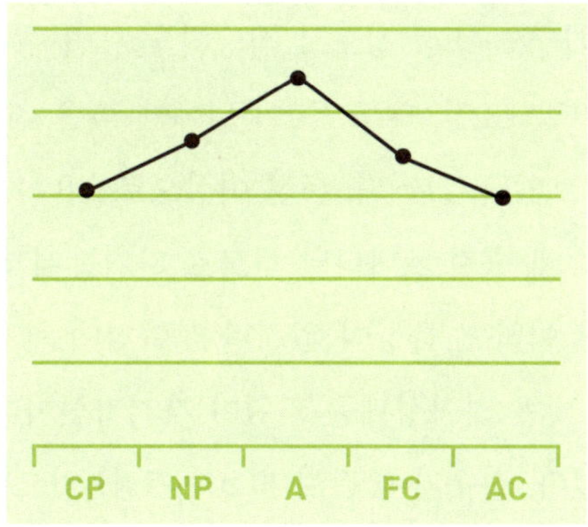

에고그램의 그래프는 그 사람의 삶의 방식에 대한 행동양식과 습관을 그래프로 표시한 것이다. 학생에게 에고그램 검사를 실시하고 지도할 때 그 학생의 행동을 이해할 수 있고 그 행동을 촉진시키거나 강화하는 등

의 동기부여를 해 줄 수 있다.

에고그램 진단 결과표를 잘 보기위해서는 다음 몇 가지 사항을 알아둘 필요가 있다. 각각의 자아상태에 따른 인생태도, 성격특성, 가치관, 감정, 인간관계 유형 등이 어떤 것인가를 알아둔다. 5가지 자아상태는 좋고 나쁜 것이 없고 생활 장면, 대인관계, 상황에 따라 각 자아의 에너지가 적절하게 나타나야 하므로 나타나는 강도, 정도가 어떠냐에 초점을 맞춰 해석을 한다. 단순히 높고 낮은 부분만 보는 것이 아니라 그래프의 곡선 상태(W형, M형, N형, 역N형 등)를 보면서 검사자의 가치관, 감정상태, 대인관계 유형 등을 파악하며 전인적으로 해석해야 한다.

2. 에고그램 검사 해석

일반적으로 간단하게 진단한 그래프 보는 법은 가장 높은 자아상태를 먼저 본 후 가장 낮은 자아상태도 살펴본다.

그래프의 점수가 35~45점 정도로 적당히 높으면 행동특성이 높은 편으로 자신의 행동(말, 표정, 태도 등)이 남에게 높은 자아상태 특성대로 나타나는 경향을 보인다. 그러나 45점 이상으로 지나치게 높으면 그 자아특성이 무의식중에 수시로 나타날 정도로 자기통제가 어렵게 된다. 그리고 점수가 20점 이하면 특성이 없거나 부족하여 행동에 옮기려 해도 나타나지 않는다. 낮은 자아상태를 키워야 자기자신이나 타인에게 그 특성을 사용할 수 있다. 점수가 중간지대(20~35점) 있으면 보통의 상태로 유효적절하게 컨트롤 할 수 있는 에너지(자원)로 해석하면 된다.

에고그램 각 자아상태의 높고 낮음의 일반적인 유형별 해석은 아래와 같다.

1) CP 자아상태

CP 자아상태가 적당히 높으면 인간의 도리, 예의, 책임감, 정의감, 규범준수, 인격중시, 목표성취 의식에 가치를 두고, 이상을 추구하는데 삶의 목표를 두는 사람들에게 적절하게 긴장감과정신력을 넣어주며 리더의 태도가 취하고 있다.

그러나 지나치게 높으면, 타인의 잘못된 행동을 보면 그냥 지나치지 못하고 잘못을 지적하고 훈계하려고 드는 비판 통제기능이 강한 사람으로 타인에게는 권위적인 태도를 취하고 자기에게 매우 엄격하다. 상대방의 기분상태나 마음을 무시하고 편견된 고집이나 자기주장을 상대에게 강요하는 경향이 있다. 마음이 약한 사람들에게는 긴장과 불안감을 느끼게 한다.

반대로 낮은 CP는 좋게 말하면 관용적인 사람이라 볼 수 있으나 심하게 말하면 지조가 없는 사람이라 할 수 있다. 자기원칙이 없어 타인에게 신뢰를 얻지 못하는 경우가 많다.

2) NP 자아상태

NP 자아상태가 적당히 높으면 타인의 고통이나 힘들어하는 것을 보면 같이 걱정하거나 보살핌, 관여, 걱정을 해주는 수용, 보호기능이 강한 사람이며, 타인의 입장에 서서 남의 심정을 잘 헤아려서 배려하고 입장을 잘 이해해준다. 자상하고 인정이 많으며 안정감을 준다. NP가 적당히 높은 사람과 같이 있으면 마음이 편안하고 긴장감이 없다. 원만한 인간관계를 갖으며 남을 배려하고 온정으로 대해주는 따뜻한 마음의 소유자다.

지나치게 높으면 상대방의 행동에 안심하지 못하고 지나치게 관여하여 잔소리와 과잉보호를 한다. 상대방에게 의존심, 게으름을 갖게 하고, 타인으로 부터는 만만한 사람으로 보이기 쉽다.

낮은 경우는 높은 NP의 특성과 반대로 생각하면 된다. 방임적, 무정한 태도를 취한다. 지나치게 낮은 NP는 상대방에게 근심걱정이 많고 연약한 모습을 보인다.

3) A 자아상태

A 자아상태가 적당히 높으면 모든 관계를 냉철하고 합리적으로 처리하는 판단력과, 컨트롤 기능이 강한 사람이며 책임감이 강하고 실수를 안 하는 편이다. 학습, 업무를 잘 처리하여 일이나 공부를 집중해서 하기 때문에 노력에 비해 성과를 크게 낸다.

지나치게 높으면 이기적이고 감정이 메마르고, 냉정함으로 남에게 차가운 느낌을 주고 낮으면, 심리적으로 불안정하고 신뢰감이 가지 않아 일을 맡기거나 같이 하기가 곤란하다.

4) FC 자아상태

FC 자아상태가 적당히 높으면 개방적이고 솔직한 사람이며, 감정 표현을 잘하며 적극적이고 실천력이 있다. 창의성, 유머가 있으며 사람들과 교류하기를 좋아하며 낙천적인 성격을 지니고 있다. 같이 있기에 부담이 없다. 반면, 지나치게 높으면 자기 편한대로, 자유롭게 행동하는 타입이다. 생각보다 행동이 우선인 자유분방한 행동과 과잉행동과 변화가 많은 감정을 나타낸다. CP가 많은 사람에게는 버르장머리가 없는 사람으로 평가 절하될 것이다.

낮으면 의기소침하게 되어 행동이 위축되고 우유부단하다. 행동력이 약해 사람과의 교류가 적어지고 일의 추진과 실천이 잘 되질 않는다. 소극적이고 망설임이 심하고 자포자기에 빠지기 쉽다.

5) AC 자아상태

AC 자아상태가 적당히 높으면 인내심과 협동심이 강하고 겸손한 마음과 희생적인 마음씨를 가졌고 자기절제를 잘한다. 보통 착한 사람, 좋은 사람으로 인정받는다. 조심성 있고 차분한 행동으로 조용한 분위기를 조성해서 안정감을 준다. 지나치게 높으면 FC와는 반대로 타인의식이 강해서 감정을 억압해서 스트레스를 잘 느끼기도 한다. 자기주장을 표현하지 못하고 남의 눈치를 보며 행동한다. 반대로 낮으면 겉으로는 부드러운 것 같아도 내면에는 억압된 강한 감정이 작용해서 독선적이고 자기고집에 빠지기 쉬워서 외롭게 자기만의 세계에 틀어박히기도 한다. 열등감, 자기위축감이 남에게 보여질 것 같은 불안이 역심리가 작용하여 엉뚱한 행동과 방종된 행동을 자의적으로 나타날 때도 있다.

III. MBTI 검사와 16가지 유형 이해

MBTI(Myers-Briggs Types Indicator) 검사는 융의 심리유형 이론을 근거로 연구, 개발된 비진단성 성격유형 검사이다.

MBTI 검사는 사람들은 저마다 다르지만 어떤 공통된 특징에 따라 묶을 수 있다는 기본 전제를 가지고, 아래와 같이 4가지 선호경향을 척도로 16가지 성격유형으로 나누고 있다.

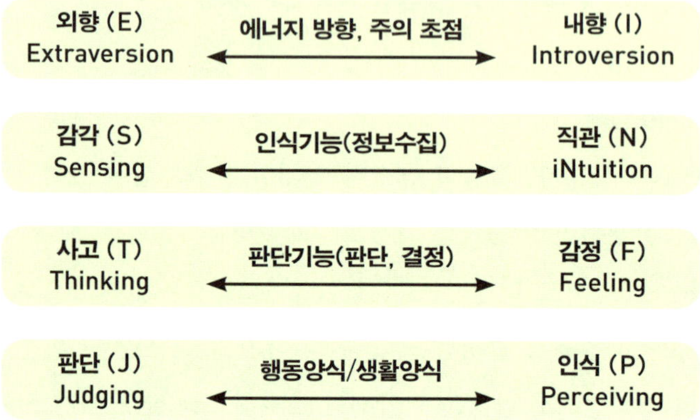

외향형의 사람들은 외부세계 사물의 에너지를 사용하고 내향형의 사람들은 내부 세계의 개념이나 아이디어에 에너지를 사용한다.

감각형은 오감을 통한 사실이나 사건을 더 잘 인식하며, 반대로 직관형의 사람들은 사실, 사건 이면의 의미나 관계, 가능성을 더 잘 인식한다.

사고형은 사고를 통한 논리적 근거를 바탕으로 판단을 하며 감정형의 사람들은 정서를 통한 사람과의 관계나 상황을 고려한 판단을 내린다.

판단형의 사람들은 외부 세계에 대하여 빨리 판단하고 결정하려는 경향이 있으며 인식형은 정보 자체에는 관심이 많고 새로운 변화에 적응을 잘 한다.

<table>
<tr><td colspan="4" align="center"><h1>Ego-gram(자아 그림) 점검표 – 청소년용</h1></td></tr>
<tr><td>학교명</td><td></td><td>학년반</td><td></td></tr>
<tr><td>이름</td><td></td><td>성별</td><td>(남, 여)</td></tr>
</table>

다음 질문에 대한 대답을 보기에서 골라 □에 점수를 기입하세요.
단, 현재하고 있는 그대로를 체크하세요.

〈예〉 언제나 그렇다(매우 긍정)　　5
　　　자주 그렇다(약간 긍정)　　4
　　　그저 그렇다(보통)　　　　3
　　　가끔 그렇다(보통)　　　　2
　　　거의 그렇지 않다(매우 부정)　1

1. 다른 사람이 길을 물으면 친절히 가르쳐 줍니까?　■□■■■
2. 당신은 무엇이든 단정하지 않으면 마음이 내키지 않는 편입니까?　□■■■■
3. 당신은 남의 표정을 보고 행동하는 버릇이 있습니까?　■■■■□
4. 당신은 화려한 것을 좋아합니까?　■■■□■
5. 당신은 여러 가지 책을 잘 보는 편입니까?　■■□■■
6. 다른 사람이 잘못된 짓을 했을 때 좀처럼 용서하지 못합니까?　□■■■■
7. 친구나 자신보다 나이가 적은 아이들을 칭찬하는 일이 흔합니까?　■□■■■
8. 모두 어울려 떠들어 대거나 노는 것을 좋아합니까?　■■■□■
9. 무엇이든 잘 되지 않아도 그다지 화를 내지 않습니까?　■■□■■
10. '아!', '좋다!', '멋지다!' 등의 감탄사를 잘 쓰는 편입니까?　■■■□■
11. 싫은 것을 싫다고 말하지 못하고 참는 일이 많습니까?　■■■■□
12. 남을 돌보는 일을 좋아합니까?　■□■■■
13. 무엇이든 착수하면 끝까지 하지 않고는 못배기는 편입니까?　□■■■■
14. 먹을 것, 입을 것이 없는 사람을 보면 도와줍니까?　■□■■■
15. 미신이나 점치는 것 등은 믿지 않는 편입니까?　■■■□■
16. 당신은 말하고 싶은 것을 사양하지 않고 말할 수 있습니까?　■■■□■
17. 속으로는 불만이지만 겉으로는 만족한 것처럼 행동합니까?　■■■■□
18. 부모의 비위를 맞추는 편입니까?　■■■■□
19. 공부나 일을 명확히 잘 처리해 나가는 편입니까?　■■□■■

20. 어머니나 아버지와 냉정하게 잘 대화를 합니까?

21. 당신은 사양을 잘하고 소극적인 편입니까?

22. 몸이 이상할 때 조심하거나 무리하지 않도록 합니까?

23. 남의 나쁜 점보다는 좋은 점을 보도록 합니까?

24. 자신을 책임감이 강한 사람이라고 생각합니까?

25. 남동생, 여동생, 또는 자신보다 나이가 적은 사람을 예뻐하는 편입니까?

26. 낙담한 사람이 있다면 위로하거나 격려합니까?

27. 당신은 싫은 것은 싫다고 말합니까?

28. 자신의 생각을 양보하지 않고 끝까지 주장합니까?

29. 슬픔이나 우울한 기분이 드는 일이 흔히 있습니까?

30. 친구에게 무엇이든 사주기를 좋아합니까?

31. 당신은 예의, 태도에 대해서 엄격한 훈련을 받았습니까?

32. 그림을 그리거나 노래를 부르거나 하는 것을 좋아합니까?

33. 무엇이든 모르는 것이 있으면 남에게 묻거나 상의합니까?

34. 당신의 부모가 했던 것처럼 화내거나 지적하거나 합니까?

35. 참된 당신의 생각보다는 부모나 남의 말에 영향받기 쉬운 편입니까?

36. 남에게 농담하거나 짓궂게 구는 것을 좋아합니까?

37. 무엇이든 할 때 이해득실(利害得失)을 잘 생각합니까?

38. 이성(異性)의 친구에게 자유롭게 말을 할 수 있습니까?

39. 항상 무리를 해서라도 남에게 잘 보이려고 노력합니까?

40. 도움을 요청 받으면 "내게 맡겨라"하고 그 일을 감당합니까?

41. 처음 당하는 일이라면 잘 조사해 본 후에 합니까?

42. 무엇이든 부탁받으면 곧 하지 않고 질질 끄는 버릇이 있습니까?

43. '잘못됐다', '…하지 않으면 안된다'라는 표현을 합니까?

44. 욕심나는 것은 갖지 않으면 마음이 언짢은 편입니까?

45. 누가 실패하면 책망하지 않고 용서합니까?

46. 무엇이든 결정할 때 여러 사람의 의견을 듣고 정합니까?

47. 당신은 열등감이 강한 편입니까?

48. 기쁘거나 슬플 때, 표정이나 몸짓으로 자유롭게 나타냅니까?

49. 당신은 시간이나 금전에 대해서 불확실한 것이 싫습니까?

50. 당신이 부모가 되었을 때, 아이를 엄격히 기르겠다고 생각합니까?

합 계

CP NP A FC AC

08

삶의 나침반, 가치관 알기

Ⅰ. 가치관의 의미와 다양한 가치관

매번 우리는 올바른 선택인지 아닌지를 판단하기에 매우 고심한다. 이를 저울질하기 위해 여러 가치의 우선순위를 정해야 하지만, 가치관은 문화권마다 다르고 문화권 내에서도 국가적으로도 다르고, 국가적으로는 집단끼리 다르고, 집단 내에서는 개개인도 생각이 다르다. 60억 인구가 갖는 60억 개의 가치관에서 양립할 수 없는 딱 하나의 답을 도출해낼 수 없다. 가치관이란 세상을 바라보는 시각을 가리키며 무엇을 더 비중 있게 바라보는 것으로까지 나아간다. 우리에겐 '보편적인 가치관'은 있을 수 있겠지만 동일한 가치관은 있을 수 없다. 가치관이란 우리가 어느 것에 더 값을 많이 처줄 수 있는 기준을 우리 스스로 설정하게 해주지만 그 자체로 옳다, 나쁘다의 판단은 내릴 수 없다.

왜 이러한 판단을 내릴 수 없을까? 이유는 판단을 할 사람이 우리들 밖에는 없기 때문이다. 그러나 우리의 가치관은 앞에서 말한 대로 모두가 다 다르기 때문이다. 간혹 종교에서 답을 찾으려고 하는 경우가 있지만, 이 또한 모든 이들에게 명쾌한 해답이 될 수 없다. 그럼에도 불구하고, 우리는 가치관의 확립에 신경 써야 한다. 자기가 무엇을 좋아하고 어떻게 살기를 원하는 가에 대해서 뚜렷한 주관을 가지고 있는 사람은 특별한 고민이나 갈등은 겪지 않고 자신의 행동을 결정할 수 있을 것이다. 반대로 그렇지 않다면, 매순간 고민하고 갈등하는데 많은 에너지와 시간을 소비하게 될 것이다. 자신에게 가장 중요한 것이 무엇인가를 인식하고, 자신이 가야할 방향을 선택하는 것은 삶을 의미 있게 하는데 꼭 필요하다. 따라서 어떤 가치관을 가지고 있는 지는 그 사람을 이해하고 평가하는데 매우 중요한 단서가 되기도 한다. 가치관은 개인적인 측면에서는 사소한 결정에서부터 학교 등의 진로 및 직업 선택, 배우자 선택의 기준이 되기도 하며 조직 측면에서는 조직의 목표 설정이나, 인재를 선발하는 과정에서 중요한 요인으로 작용한다.

1. 가치관의 정의

사전에 나와 있는 가치관은 인간이 자기를 포함한 세계나 그 속의 사상(事象)에 대하여 가지는 평가의 근본적 태도이다. 즉, 가치관이란 쉽게 말하여 옳은 것, 바람직한 것, 해야 할 것 또는 하지 말아야 할 것 등에 관한 일반적인 생각을 말한다.

가치관의 개념에는 개인적 가치관과 사회적 가치관이 있다. 개인적 가치관은 개인의 선호 의지에 따라 명백해지는데 반하여 사회적 가치관은 개인적 가치관이 보다 추상화될 수 있고 보다 범위가 넓어서 안정적이며 공식성(公式性)을 지닌 전체 사회 문화의 공약(公約)을 의미한다.

학생들에게 부모님과 교사는 좋든 싫든, 의도적이든 우연이든 가치관을 심어주게 된다. 가정과 학교교육에서 뿐 아니라, 평상시에 행동과 말을 통해 아이들은 자연스럽게 그들의 가치관을 배우게 된다. 그래서 어릴 때부터 좋은 가치관 형성에 우리는 많은 노력을 기울여야 한다.

2. 다양한 가치관

학생들은 여러 가치관들을 명확한 단어로 풀이한 설명을 들어본 적이 많지 않아 간단히 라도 짚어주는 것이 도움이 된다. 실제로 학생들에게 수업시간에 설명하기 위해 뜻과 함께 찾은 내용을 아래와 같이 살펴보겠다.

1) **진실을 말하는 〈정직성〉**: 강한 유혹 속에서도 정직 하려면 정직을 매일 부지런히 실천하는 것이 필요하다.

2) **약속을 지키는 〈신뢰성〉**: 시간을 잘 지키고 책임감 있게 일하는 것이다.

3) **타인을 배려하는 〈공정성〉**: 우리가 사람들에게 공평한 기회를 주고, 우리가 대접받고자 하는 대로 그들을 대접하는 것이다.

4) **머리가 아닌 마음의 표현인 〈동정심〉**: 누군가를 남에게 의존하게 만드는 것은 전혀 동정심을 나타내는 것이 아니다. 개인적 자유를 누리도록 타인들을 돕는데 사용될 수 있다.

5) **우리의 신념을 실현케 해주는 〈용기〉**: 도덕적 용기는 뭔가를 잃게 될 수 있는 상황에서도 진실을 말하고, 자신의 견해를 피력할 수 있는 힘을 우리에게 준다.

6) **약함이 아닌 강함을 나타내는 〈겸손〉**: 종종 겸손이 자부심의 부족이나 자기연민 혹은 소심함의 증거로 잘못 해석되는 것은 참으로 애석한 일이다.

7) **지혜의 원천 〈이성〉**: 이성이 부족하면 선택의 폭이 좁아지고 결국 지혜가 부족하게 된다.

8) **행동으로 드러나는 〈자기훈련〉**: 많은 실용적인 유익을 얻게 되는 것은 사실이지만, 더 고상한 목적에도 기여한다.

9) **장애물 보다 가능성을 먼저 보는 〈낙관주의〉**: 낙관주의가 삶의 고난을 무시하는 것과 혼동해서는 안 된다.

10) **나, 그리고 남에게 전념하는 〈헌신〉**: 약속을 열정과 최선의 노력으로 지키기 위해서 우리의 전부를 바치는 것을 의미한다.

11) **첫발을 내딛게 하는 〈진취적 정신〉**: 변화에 저항하는 우리의 태도를 극복하고 변명을 용서하지 않고, 뒤로 미루는 습관을 극복하는 것이다.

12) **물질적, 심리적으로 만족을 주는 〈일〉**: 일이란 의미 있게 사는 방법이며, 인정받기 위한 것이며, 놀라움을 위한 것이며, 삶을 위한 것이다.

13) **〈꾸준한 인내〉**: 최고가 된 사람들의 유일한 공통점은 꾸준하게 노력했다는 점이다.

14) **잘못을 인정하고 받아들이는 〈책임감〉**: 우리가 자신의 과거의 행동에 대해서 책임을 지지 않는다면, 미래에 대해서도 책임지지 않을 가능성이 크다.

15) **하나가 아닌 둘을 위한 〈협동심〉**: 협력을 위해서는 훌륭한 공동의 목표를 갖는 것이 필수적이다. 사실 협력을 촉진하는 가장 좋은 방법은 우리 모두에게 "공통점이 있음을 깨닫는 것"이다.

16) **다양한 관계에서 펼쳐지는 〈자기관리〉**: 뒤로 물러나 다른 누군가가 우리를 대신해서 결정을 내린다면, 관리자로서의 자신의 책임을 저버리는 것이다.

17) **타인을 응원해주는 〈격려〉**: 격려가 효과적인 것이 되기 위해서는 사실에 근거한 격려를 해야 한다.

18) **더 큰 용기를 필요로 하는 〈용서〉**: 다른 사람들을 용서하는 것이 중요한 것 처럼 우리 자신을 용서하는 것도 중요하다.

19) **자발적으로 수행하는 〈봉사〉**: 누군가에게 격려의 말 한마디를 건네는 것으로도 그들에게 봉사할 수 있다.

20) **마음의 선물 〈자선〉**: 진정한 자선은 물건을 나누어 주는 것이 아니라, 그들의 능력을 높여주는 것이다.

21) **비전을 제시하는 〈리더십〉**: 진정한 리더는 유산을 남긴다. 리더는 자신의 표준을 항상 지키는 사람이어야 한다.

22) **또 다른 길로 갈 수 있는 〈기회〉**: 모든 사람들은 기회를 통해 변화를 이룰 수 있다.

23) **바른 길로 인도하는 〈교육〉**: 교육에는 가르치는 것 이상이 관련되어 있다. 최고가되기를 원한다면, 가지고 있는 모든 것을 최고가 되는 데 쏟아 부어야 한다.

24) **이웃을 내 자신처럼 사랑하는 〈형제애〉**: 인종과 종교에 관계없이 서로를 지원하고, 이해하고, 유대관계를 맺어 더 존중하는 것도 포함한다.

- 불멸의 가치관, 딕 디보스

위의 가치관 이외에도 간단하게 진로 수업을 진행한다면, 아래와 같은 항목으로 아이들이 우선 시 하는 가치관들을 파악할 수도 있다.

① 화목한 가정생활 ② 자유로운 삶
③ 국가의 운명을 좌우하는 힘 ④ 우정
⑤ 즐거운 삶을 살 수 있는 자존감 ⑥ 사람의 마음을 움직일 수 있는 리더십
⑦ 모든 사람에게 인정받는 삶 ⑧ 건강하게 오래 사는 삶
⑨ 배운 것을 모두 기억하는 힘 ⑩ 신앙생활에 충실함
⑪ 평생 경제적으로 안정된 생활 ⑫ 정의가 실현되는 사회
⑬ 봉사하는 삶 ⑭ 세계적인 명성과 높은 인기
⑮ 진정한 삶의 의미를 앎 ⑯ 모든 사람이 행복한 사회
⑰ 좋은 직장 ⑱ 진실한 사랑을 경험하는 것
⑲ 직업적으로 성공하는 삶 ⑳ 열정을 가지고 도전하는 삶

더 나아가, 진로 수업을 진행하는 교사에게는 위의 일반적 가치관에서 직업의 가치관을 점검해야 한다. 자신의 적성과 흥미를 탐색한 후 여러 광범위한 직업의 세계를 탐색하기 전에 제대로 된 가치관을 선택하면 진로 결정을 더욱 간단하고 명료화 시킬 수 있다. 그러면 아래와 같이 진로 결정을 위한 직업 가치관에 대해서 알아보도록 하자.

II. 진로 결정을 위한 직업 가치관 이해

직업 가치관은 직업 의사 결정과 진로 및 직업상담시 참고자료로 활

용도가 매우 크다. 또, 희망직업이 가치관과 부합하는지 비교가 가능하여 스스로 직업을 탐색하는 데 참고가 된다. 이처럼 직업 가치관은 진로 의사 결정 측면에서 중요하게 작용한다.

1. 직업 가치관의 역할

첫째, 직업가치관은 직업을 결정하거나 판단의 기준이 된다. 직업 가치관으로 인해 하고자 하는 동기와 앞으로의 포부를 결정하고 인생의 만족을 어디에서 얻느냐를 결정한다. 삶의 목표 등 여러 가지 판단 기준을 제공하기 때문에 진로 선택 시 아이들의 흥미, 적성, 성격 등과 함께 직업 가치관을 고려해 볼 필요가 있다.

둘째, 직업 가치관은 직업 선택에 필요한 단서(자료)를 제공한다. 어떤 선택이나 모든 의사 결정에는 가치관이 작용한다. 마찬가지로 직업 선택이라는 의사결정도 개인의 가치관에 의해 이루어진다.

셋째, 직업 가치관은 학생들이 앞으로 갖게 될 직업 만족도에 큰 영향을 미친다. 여러 학자들에 따르면 개인은 자신의 욕구와 조화를 이룰 수 있는 직업 환경을 선택하려는 경향이 있고, 자신의 가치가 충족될 수 있는 직업 환경에서 근무할 때 높은 직업 만족도를 얻을 수 있다고 한다. 직업 만족도는 삶의 만족도와도 연결되기 때문에 가치관에 대한 중요성은 최근 들어 점점 증가하고 있는 추세이다.

2. 내적 가치와 외적 가치

위에 제시된 직업 가치관 기준은 내적가치와 외적가치로 구분해 볼 수 있고, 그 결과를 직업 흥미와 직업 적성(능력)과 관련지어 진로 선택에 활용할 수도 있다. 직업 가치관 중 성취, 봉사, 개별활동, 변화지향, 지식추구, 직업안정, 몸과 마음의 여유, 자율성, 실내활동 등은 내적가치로 구분이 되며 성취, 영향력 발휘, 지식추구, 금전적 보상, 인정, 애국 등은 외적가치로 볼 수 있다(성취, 지식추구와 같은 가치는 의미에 따라 내적 가치나 외적 가치로 분류될 수도 있다).

내적 가치를 중시하는 학생들은 대체로 자신의 직업을 통해 내적인 만족을 얻고자 하는 경향이 높다. 내적인 만족을 얻고자 하는 학생들은 자신이 좋아하는 일을 해야 만족을 느낄 수 있기 때문에 적성보다는 흥미를 기준으로 직업을 선택하는 게 좋다. 반면 영향력 발휘나 금전적 보상, 인정 등 외적인 가치를 중시하는 학생들은 대체로 주어진 일이나 직업에서의 수행이나 결과를 중요하게 여길 가능성이 높다. 즉 자신의 직업이나 맡은 일에서 능력을 발휘 하고 성취했을 때 만족을 느낄 가능성이 높다. 이러한 학생들은 흥미보다는 적성에 맞추어 직업을 선택하면 만족할 가능성이 훨씬 높다고 유추해 볼 수 있다.

'직업 가치관'이라는 요소는 직업 선택에 있어서 최종적인 선택을 내리는 데 중요한 역할을 하는 요소이다. 예를 들어 학생이 서로 다른 두 가지 분야에 유사할 정도의 관심을 갖고 있는 경우, 의사결정을 하는 기준은 자신이 어떤 가치관을 갖고 있느냐에 따라 최종 결정이 달라질 수 있는 것이다.

학생들에게 도덕적으로 올바른 가치관을 심어주는 것도 중요하지만 여러 가지 활동을 통해 자신만의 생각, 철학, 신념을 갖도록 부모와 함께 이야기를 나눠봐야 한다. 직업 가치관은 위에서 언급한 심리검사나 체크 리스트를 통해 알아볼 수도 있지만 책이나 영화 등 시청각 자료나 부모와 함께 이야기를 나누는 활동을 통해 자신만의 가치관을 형성하고 정립해 나갈 수 있다.

3. 직업 가치관 검사

 학생들의 직업 가치관을 파악할 수 있는 가장 직접적인 경로는 부모들이 자녀들을 지켜보고 소통하는 과정에서 볼 수 있겠지만, 이는 객관적으로 판단하기가 쉽지 않기 때문에 온라인상에서 제공하는 직업 가치관 검사를 이용하는 게 도움이 될 수 있다.

 커리어넷(www.careernet.re.kr)에서는 진로 선택 및 직업 만족에 있어서 가치가 중심적인 역할을 한다는 선행 연구 결과를 바탕으로 중·고등학생을 위한 직업가치관 검사를 개발하여 무료로 온라인상에서 실시가 가능하도록 서비스를 제공하고 있다. 능력 발휘, 다양성, 보수, 안정성, 사회적 인정, 지도력 발휘, 더불어 일함, 사회봉사, 발전성, 창의성, 자율성 등 12가지 직업가치관을 확인할 수 있으며 결과지에는 가장 높은 2개의 직업 가치관과 연관성이 있는 직업들을 제시한다.

 청소년 워크넷(www.work.go.kr/youth/)에서 제공하는 직업 가치관 검사는 성취, 봉사, 개별 활동, 직업안정, 변화지향, 몸과 마음의 여유, 영향력 발휘, 지식추구, 애국, 자율성, 금전적 보상, 인정, 실내 활동 등 13가지 가치관을 측정할 수 있다. 검사결과에서 가장 높은 점수의 가치관 3가지와 연관성 있는 직업 예시들을 결과지에 제시하고 있다.

다양한 가치관 활동

Ⅰ. 직업 가치관

1. 직업가치관 항목별 의미

앞 시간에 언급한 직업 가치관은 아래와 같은 항목으로 구성되어 있다. 초등학생들은 뜻을 잘 모르기 때문에 간단하게 설명을 해 줄 필요가 있다. 간단 검사지에는 아래 13가지 중 10가지 항목만 기재되어 있기도 하다.

1) **성취**: 스스로 달성하기 어려운 목표를 세우고 이를 달성하여 성취 감을 맛보는 것을 중시하는 가치

2) **봉사**: 자신의 이익보다는 사회의 이익을 고려하며, 어려운 사람을 돕고 남을 위해 일하는 것을 중시하는 가치

3) **개별 활동**: 여러 사람과 어울려 일하기보다 자신만의 시간과 공간을 가지고 혼자 일하는 것을 중시하는 가치

4) **직업 안정**: 해고나 조기 퇴직의 걱정 없이 오랫동안 안정적으로 일하며 안정적인 수입을 중시하는 가치

5) **변화지향**: 일이 반복적이거나 정형화되어 있지 않으며, 다양하고 새로운 것을 경험할 수 있는지를 중시하는 가치

6) **몸과 마음의 여유**: 건강을 유지할 수 있으며 스트레스를 적게 받고 마음과 몸의 여유를 가질 수 있는 업무나 직업을 중시하는 가치

7) **영향력 발휘**: 타인에게 영향력을 행사하고 일을 자신의 뜻대로 진행할 수 있는지를 중시하는 가치

8) **지식 추구**: 일에서 새로운 지식과 기술을 얻을 수 있고 새로운 지식을 발견할 수 있는지를 중시하는 가치

9) **애국**: 국가의 장래나 발전을 위하여 기여하는 것을 중시하는 가치

10) **자율성**: 다른 사람들에게 지시나 통제를 받지 않고, 자율적으로 업무를 해나가는 것을 중시하는 가치

11) **금전적 보상**: 생활하는 데 경제적인 어려움이 없고 돈을 많이 벌 수 있는지를 중시 하는 가치

12) **인정**: 자신의 일이 타인으로부터 인정받고 존경받을 수 있는지를 중시하는 가치

13) **실내 활동**: 주로 사무실에서 일할 수 있으며 신체활동을 적게 요구하는 업무나 직업을 중시하는 가치

2. 가치관 활동

1) 블랙빙고

※인원이 적으면 개별도 가능하나 많을 경우 3모둠~5모둠이 적당하다.

① 학생들을 모둠으로 나눈다.

② 가위, 바위, 보를 통해 이긴 사람이 빙고할 주제(가치관)를 정한다.

③ 주제(가치관)에 맞춰 마인드맵처럼 관련 단어들을 생각해 팀별(개인)로 30칸을 만들어 채운다.

④ 자신이 부른 것이 상대팀에 없으면 계속해서 부르고 상대팀에 있으면 그 팀이 부른다.

⑤ 이 때 독특한 것이 많을수록 (다른 팀에는 없고 자신의 팀에만 있는) 유리하다.

⑥ 다른 팀과 자신의 팀의 단어들을 나열하고 비교해서 독특한 단어는 왜 그 단어를 썼는지 묻고 대답한다.

2) 가치관 족집게

※15명 이하면 한 명씩 돌아가며 맞추고 그 이상으로 인원이 많으면 짝과 함께 하도록 한다.

① 자신이 가장 소중하다고 생각하는 것이 무엇인지 생각한다.

② A4용지를 40칸 정도 만든다.

③ 한 칸에 한 글자씩 적어 넣는다.

④ 그 중에 중요한 단어나 문장을 적어 넣고 나머지는 비슷한 글자를 넣는다. 이때 상대방이 잘 맞출 수 없게 채워 넣는다.

⑤ 다른 친구들 (짝)이 상대방이 중요하게 생각하는 것이 무엇인지 맞추어 본다.

3) 가치관 명료화

① 아이들에게 위의 가치관이 나열된 종이를 나누어 준다.

② 각 문항을 읽고 각자가 일상생활에서 어떠한 것을 가장 중요시 하는가를 우선순위로 번호를 매기게 한다.

③ 번호를 다 매기고 나면 학생들에게 자기가 가장 중요시한 가치 두세 가지를 그 이유와 함께 발표한다.

④ 또한, 자기가 중요하게 여기지 않는 가치 두세 가지에 대해서도 이야기하고 느낌을 나눈다.

4) 직업가치관 경매

가치관의 명료화를 위한 한 방법으로 '직업가치관 경매' 활동을 사용할 수 있다.

- 준비 단계

① 교사는 직업가치관 경매를 위한 활동지를 학생들에게 나누어 준 다음 자신이 중요하다고 생각하는 순으로 자신의 가치관 다섯 가지를 적게 한다.

② 학생들 각자 에게 똑같은 양의 돈(예: 10만원 혹은 100만원 - 금액을 많이 주면 좋아한다.)을 가지고 있는 것으로 가정하게 하고 20개의 항목별로 그 중요성의 정도에 따라 예산을 배정하게 한다.

③ 교사는 아이들을 상대로 한 항목씩 경매에 붙인다. 유인물에 적힌 항목 순서에 따라 하지 말고 무작위로 한 항목을 선택해서 해도 좋다. 무엇보다 실제로 경매하듯 한 말투와 행동을 해

주면 학생들이 더욱 좋아하며 적극적으로 참여한다. 경매에서 사용하는 망치대신 자를 세워 교탁을 치거나 주의집중을 위해 준비된 종을 쳐서 종료를 알린다.

 첫째, 각 항목 란에 짜놓은 예산에 너무 구애될 필요는 없다. 만약 어떤 항목을 예산액보다 더 지불하여 사고 싶으면 변경이 가능하다. 총액을 초과하지 않는 한도 내에서는 얼마든지 바꿀 수가 있다.

둘째, 한 항목을 산 후 그 금액은 총액에서 지불되어 버린다. 만약 한 항목을 경쟁하다가 타인에게 낙찰되었으면 그 금액은 다른 항목에 사용할 수 있다.

셋째, 해당 항목을 위하여 경쟁 입찰금액으로 부르게 된 각자의 최고금액을 기입한다. 끝으로 최종적으로 낙찰된 최고 금액을 옆 란에 쓴다.

만약 입찰자가 없으면 값을 더 낮추어 진행하고, 있을 때는 오백 원씩 더 올려 경매를 시작한다. 그러나 인원이 많아 진행 시간이 너무 길어져서 수업 내에 못 끝날 경우에는 단위 금액을 올리지 말고 "얼마 이하는 손 내리세요." 라고 말하면 된다. 경매 하기 전 각 항목을 미리 기입하게하고 손을 들어 최종 낙찰자가 나오면 두 번 금액을 확인한 후 세 번째에 가서 낙찰을 시킨다.

이렇게 진행하다 보면 아이들이 눈치를 채고 나중엔 무조건 가지고 있는 금액을 다 걸어 같은 최고 금액으로 입찰하는 경우에는 그냥 모두 낙찰을 선언한다.

이렇게 가치관의 경매가 끝나면, 각 개인의 용지에 적은 예산액들 중에서 가장 액수가 많은 순위로 다섯 가지의 가치관 항목에 번호를 매긴다. 이것을 활동시작 시 용지의 뒷면에 기록해 둔 자신의 가치관 항목들과 비교해 보도록 한다.

- 단, 사고 싶지 않은 가치관 항목에는 금액을 기입하지 않아도 된다.
- 상한액을 정해 주기도 하는데, 이렇게 할 경우 복수의 낙찰자가 생기기도 한다.
- 인원이 많고, 모든 항목에 돈을 건 학생들이 많은 경우, 하나도 낙찰 받지 못해 속상해 하는 경우가 있으니 참고할 것.
- 각 항목은 최소 경매 입찰 금액으로 시작한다. 이것은 구성원끼리 정하면 되는데 보통 5만 원 정도가 좋다. 또한 입찰 금액 단위는 만원으로 하는게 좋다. 천원, 백원단위로 하면 시간이 너무 길어진다.
- 교사는 학생들의 현금 보유 잔고를 파악하기 힘드나 최소한 입찰해서 돈이 없어진 아이들은 기억해야 한다. 학생 중 숫자에 강하고 계산이 빠른 아이라면 스스로 기록하거나 다른 아이들 잔액을 알려주는 경우도 있다.

5) 가치관 경매

위 (4)항목의 직업가치관 경매와 동일하나 아래와 같이 다른 점이 있다.

- 직업 가치관과 일반적 가치 모두 사용 가능
- 가치관의 개수는 참가 인원의 1.2배~1.5배수 정도로 만들어 사용하면 되고, 해당 가치관 역시 참가자들의 특성에 맞는 것으로 얼마든지 바꾸어 사용한다.
- 학생들은 본인이 가지고 싶은 가치관에만 입찰하여 경매를 진행한다. 이때 참가자가 입찰한 금액은 가치관을 구매하지 못하더라도 소모하는 것으로 한다.

예 화목한 가정이라는 항목에

- 홍길동이 5만원에 시작 → 박문수가 10만원 부름 → 홍길동이 30만원 부름
- 더 이상 입찰자가 없어 홍길동이 30만원에 화목한 가정이라는 항목을 구입한다.
- 이때 구매하지 못한 박문수도 10만원을 사용한 것으로 한다.

- 경우에 따라서는 몇몇 참가자는 서너 개 보유하지만, 한개도 못가진 구성원이 있을 수도 있다. 마지막에 굉장한 반전이 있음을 말하여 기대감을 높힌다.
- 모든 항목의 경매가 끝났으면 진행자는 항목별 최종 낙찰자를 구성원에게 알려준다.
- 프로그램 시트의 맨 오른쪽에 보면 'Flowing' 이라고 되어있다. 사전적 의미로 흘려보내다 라는 뜻인데 여기서 부터 훈훈한 분위기로 반전이 된다. 각 항목의 최종 구매자는 참여한 구성원 중 한명 이상에게 본인이 낙찰 받은 가치 항목을 준다. 이때 주는 사람과 주는 이유를 모두에게 공개한다.

예 안정된 직장을 낙찰 받은 홍길동은 같은 팀의 친구에게
"우리 꼭 안정된 직장을 같이 들어가 나이 먹어서도 같이 놀러 다니자" 라는 메시지를 주면서 가치항목을 전달한다. 이 때 진행자는 분위기가 훈훈해 질수 있도록 구성원을 잘 유도해준다.

3. 마무리

활동이 모두 끝나면 활동 과정 중 경험한 여러 가지에 대하여 서로 소

감을 교환하게 한다. 소감 발표가 끝나면, 차례로 돌아가든지 아니면 몇 사람을 선택하든지 오늘의 활동을 통하여 새로 학습한 것을 평가하게 한다. 이런 수업을 통해 반드시 가치관의 우선순위가 모두 다르다는 것을 강조하며 서로를 존중하고 이해하는 것을 권한 후 수업을 마친다.

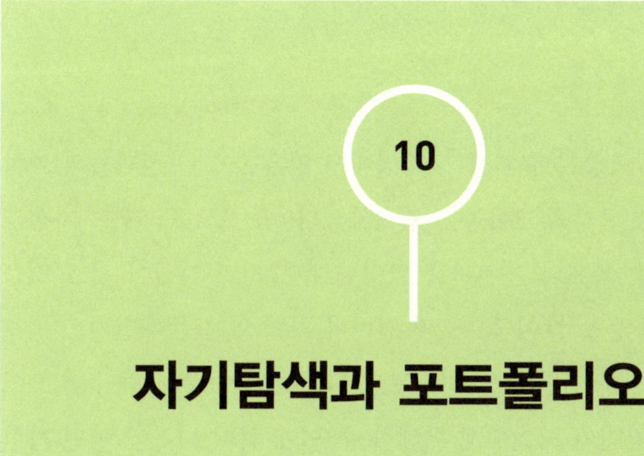

자기탐색과 포트폴리오 1

Ⅰ. 포트폴리오의 정의와 활용 예

최근 들어 입학사정관제 준비, 특목고와 대학 입학, 취업에 이르기까지 이를 통과하기 위해 효과적이고 차별화된 자기소개서 작성에 학생과 취업준비생 등 너나 할 것 없이 열을 올리고 있다. 그러나 이 모든 것도 자기 자신에 대한 이해가 선행되지 않고서는 시작할 수 없는 작업이다. 지금까지 학생들과 자기 자신에 대해 이해하는 수업을 진행하며 흥미, 적성, 성격과 가치관에 이르기까지 다양한 방법으로 알아보았다. 이 모든 것을 합하여 자기 자신을 구체적으로 표현하는 방법으로 포트폴리오를 작성하도록 해보자. 물론, 학년 별로 이해 수준과 능력에 따라 다양한 방법을 제시하고 시도하도록 격려해야 한다.

1. 포트폴리오 정의

포트폴리오란 학창시절의 생활, 직업에서 얻은 소중한 성과들의 기록들을 논리적으로 정리해 모아놓은 집합체이다. 즉 포트폴리오는 자신의 성과를 보여주며, 목표와 가치관을 반영한다. 그리고 자신이 갖고 있는 지식, 기술, 장점 등을 보여줌으로써 얼마나 가치 있는 존재인지 말해주는 수단이기도 하다. 간단히 말해서 포트폴리오는 스스로가 누구이고 어떤 능력의 소유자인지 타인에게 이해할 수 있게 하며 더불어 어떤 사람인지를 말해주는 역할을 한다.

포트폴리오란 용어는 공문서나 인쇄물 등을 가지고 다닌다는 뜻의 'portafoglio'란 이탈리아어에서 유래되었다. 이 포트폴리오는 르네상스 시대 때 화가들이 자신의 작품 샘플을 판매할 고객에게 보여주기 위한 용도로 사용되었다. 그 뒤 예술가, 화가, 교사들이 자신의 교육수준 및 경력을 입증하고 자질을 보여주기 위한 수단으로 오랫동안 이용되었다. 그리고 이제는 대부분의 고등학교와 대학교에서 학생들이 직장을 구하거나 상급 학교진학을 위해 판단이 되어줄 성과물을 담은 자신만의 포트폴리오를 만들도록 요구하고 있다.

우리 모두는 각자 저마다 꿈을 간직하고, 그 꿈을 이루기 위해 여러 단계를 거쳐 오거나 성공과 실패의 경험을 반복해왔고, 앞으로도 그럴 것이다. 이제 꿈을 꾸는 아이들에게도 자신의 이해가 어느 정도 이루어졌다고 생각될 때 자신을 좀 더 체계적으로 알고 또, 다른 사람에게도 알리는 방법을 알려주기 위한 방법으로 포트폴리오 작성을 권유해보자.

2. 포트폴리오의 이점

　현대 시대를 불확실의 시대라고 말하고 있다. 평생직장의 개념은 사라진지 오래고 노동 시장은 불안정하고 고용률은 현저히 떨어지고 있다. 게다가 신입사원들은 어렵게 학업을 마치고 취업을 해도 자신의 흥미와 적성을 찾지 못했다하여 그만두기 일쑤다. 이런 까닭에 진로 교육의 중요성이 대두되었다해도 과언이 아니다. 우선 개인 스스로가 주도적으로 치밀한 계획과 확고한 목표의식의 힘을 길러야 한다. 자신을 더욱 잘 이해하고 있는 학생과 그렇지 못한 학생은 포트폴리오를 작성함으로써 아래와 같은 이점을 가질 수 있다.

　첫째, 자신감을 쌓는 데 더없이 효과적이다.

　사람들은 자신이 성취한 성과들을 과소평가하는 반면 자신의 결점에 대해서는 크게 생각하는 경향이 많다. 아이러니지만 실제 자신을 가장 하찮게 여기는 사람은 바로 자기 자신이다. 포트폴리오는 그 동안 쌓아온 업적들과 발전정도를 살피게 도와주는데 상당히 효과적이다.

　둘째, 다른 사람들에게 효과적으로 긍정적인 모습을 보여줄 수 있다.

　포트폴리오를 보는 사람들은 실제로 작성자를 대단히 높게 평가하는 경향이 있다. 그 이유는 포트폴리오가 개인의 특성과 성과를 객관화된 자료들로 구성해서 보여주기 때문이다. 또한 한 부분만이 아니라 다각적인 의견까지 반영한 것이라 작성자를 이해하는 단초를 마련한다. 자격증, 상장, 추천서, 감사패나 감사 편지는 다른 사람들이 작성자를 어떻게 평가하는지를 보여주기 때문이다.

셋째, 자기주도적인 성장을 돕는다.

포트폴리오를 작성한다는 것 자체가 이미 급변하는 세상에서 자신을 되돌아보며 새로운 도전에 임할 준비를 하는 사람임을 입증한다. 매년 자신의 성장이력을 업그레이드하면서 성취감을 맛볼 수 있음을 기억하자. 하지만 어른들도 자신의 포트폴리오 작성이 어려운 만큼 작고 연약한 아이들은 더하다. 실제로 자존감이 적은 아이들에게 포트폴리오 작성을 권하자 매우 어려워하고 시작조차 하지 않으려 해서 애를 먹기도 했다.

II. 다양한 포트폴리오와 나만의 포트폴리오

포트폴리오를 만드는 데는 여러 가지 접근 방법이 있다. 보통 가장 기본이라 할 수 있는 포트폴리오를 만들어 다양한 상황에 활용한 다음, 특수한 목적이나 목표에 맞춰 수정하여 새로운 포트폴리오로 만들기도 한다.

1. 포트폴리오 접근 방식

1) **경험 중심의 포트폴리오**: 이러한 접근 방식은 수년간의 경험과 높은 수준의 전문성이 있을 때 매우 유용하다. 여기에는 수많은 성과들을 입증할 사례, 특히 간행물 기사나 추천서, 상장, 전문적 프로젝트, 작품 등이 중심 내용으로 들어가야 한다.

2) **잠재력 중심의 포트폴리오**: 이것은 학생, 사회 첫 발을 내딛는 사람들에게 유용하다. 경험이 아주 없는 사람은 잠재력과 감성을 자극하는 비전 선언 등을 기록해야 설득력을 갖는다. 또한 학업 성적이나, 단체 활동 경험, 자질을 보여주는 자료등을 중심내용으로 스토리를

만들어 개인의 특성을 강조하는 것이 바람직하다.

3) **균형 중심의 포트폴리오**: 경험과 잠재력을 적절히 사용하여 접근하는 방식으로 모든 내용을 약간씩 다루기 때문에 양이 많아질 수 있으니 주의해서 균형을 이루게 만들도록 한다.

2. 나만의 포트폴리오

1) **보기 좋은 떡이 먹기도 좋다**: 누군가에게 보여주는 것은 보는 사람을 배려해야 하는 것은 당연하다. 항목별로 깔끔하게 정리하고, 도표나 사진 등 자료를 색상 별로 구별하기 쉽고 보기에 정돈되어 있어야 한다. ppt를 사용한다면 반드시 템플릿도 신경을 써서 고르도록 하며 모든 관련 이미지도 명료해야 한다.

2) **스토리를 만들어라**: 제목부터 내용까지 구성이 물 흐르듯 한다면 보기에도 지루하지 않고 좋다.

3) **브랜드화 하라**: 앞에 나온 이야기와 같은 맥락이다. 내용이 분산되지 않고 일관적이어서 종합해보면 완전한 하나의 이미지가 되도록 한다. 그 이미지는 긍정적이며 열정적이고, 전문적이며 자신감이 넘쳐야 한다. 그리고 무엇보다 자신의 개성을 말할 수 있는 독특한 구성이나 내용을 가져야 한다.

III. 포트폴리오 작성법

포트폴리오를 만드는 방법에 있어서 여러 가지가 있는데 우선 보편적이면서 진로라는 틀에 맞춰 공감할 수 있는 내용으로 구성하자. 일단, 그

동안 자기 탐색을 위해 실시한 검사 결과를 토대로 자기를 표현하고 그것과 관련된 자료들을 모아야 한다.

아래 소개한 포트폴리오 작성법은 학생들에게 진로포트폴리오 담당으로 선생님을 소개하거나, 학생들 스스로 포트폴리오를 작성케 하기 위해 ppt로 만드는 것에 중점을 두었음을 밝힌다.

1. 준비작업

첫째, 흥미와 적성, 성격과 가치관을 검사한 자료를 모아 자신이 이해한 자기를 표현할 말로 요약해 적어본다.

둘째, 취득한 각종 자격증과 증명서, 추천서 등을 모은다.

셋째, 자기의 장, 단점이나 비전을 적어본다.

넷째, 어떻게 소개할 지를 놓고 구성방법의 시나리오를 생각한다.

마지막으로, 수기 작성이나 워드 또는 ppt 프로그램, 웹사이트를 이용할지 방법을 생각하며, 본인이 잘 할 수 있는 것으로 정한다. 그러나 아이들에게 소개할 목적이라면 ppt로 하는 것이 좋다고 말할 수 있다.

2. 포트폴리오 항목

포트폴리오는 각양각색이지만, 대체로 아래와 같은 항목들이 들어간다.

1) **개인정보**: 사진, 신분증, 학력, 연락처(주소, 메일주소, 전화번호 등)

2) **개인적 목표와 이력**: 교육철학과 경험, 앞으로의 비전 등

3) **가치관, 흥미, 적성, 성격 등 심리검사 결과**: 학생들에게 예시가 된다.

4) **성과**: 자신이 만들거나 가르친 학생들의 작품, 사진, 그림, 글 등의
    자료

5) 훈련과 기술: 자격증, 수료증 등

6) 기타: 추천서, 평가 기록, 상장, 감사패나 편지 등

3. 포트폴리오 점검하기

아래의 '체크리스트'를 완성하고 부족하다고 여겨지는 부분을 찾아 다시 수정, 보완할 수 있도록 하자.

체크리스트

① 나는 정보를 선택하고 평가하는 방법을 안다.

② 내 포트폴리오를 점검해달라고 부탁할 수 있는 사람이 있다.

③ 인적 정보 항목에 어떤 내용을 포함시킬지 생각해 두었다.

④ 개인적 목표와 이력 항목에 어떤 내용을 포함시킬지 생각해두었다.

⑤ 나는 나를 표현할 말들을 어떤 제목으로 묶어야 할지 생각해두었다.

⑥ 나는 능력과 자질 항목에 해당하는 것이 무엇인지 설명할 수 있다.

⑦ 나는 나와 관련된 분야의 학력과 훈련항목에 담을 내용을 생각해
   두었다.

TIP 5번 항목의 예:

'자기소개'라는 딱딱한 제목보다 '남이 말하는 나', '내가 아는 나', '검사로
아는 나' 등으로 표현하면 더 간곡하고 친근하다.

'자격증'이나 '수료증'이라는 제목보다 '내 꿈의 발판'이라는 제목 등으로 만
들어 보자.

※자신의 이미지를 나타낼 수 있는 음악을 깔아도 좋다.

 첫째 자기표현 예:

흥미검사에서 기업형, 사회형 (E,S형)이 나왔다면 딱딱하게 기업형과 사회형의 해석내용을 쓰지 말고 '사람들과 더불어 따뜻하게 지내며, 어려운 일에 앞장서서 일을 헤쳐 나갈 수 있는 사람' 이라고 자신이 이해한 말로 풀어 써보자.

11

자기탐색과 포트폴리오 2
(학생들의 포트폴리오)

Ⅰ. 학생들의 자기이해 완성, 포트폴리오

앞 시간에 진행한 포트폴리오 작성은 진로 교사로서 학기 초 자신을 소개하기 위한 것이며, 지금까지 학생들과 자기 탐색수업을 진행하며 흥미, 적성, 성격과 가치관에 이르기까지 다양한 방법으로 알아보았던 내용을 총정리하기 위한 일환으로 알아보았다.

처음 이 수업을 진행할 때 파워 포인트로 만든 진로교사 소개용 포트폴리오를 보고 학생들이 모방하여 만드는 것을 목표로 두었는데 일선 진로교사들의 우려의 목소리를 들었다. 어른도 하기 힘든 작업을 과연 아이들이 할 수 있느냐는 것이었다. 지금부터 그 수업 내용을 그대로 생생하게 전하도록 하겠다.

1. 포트폴리오 수업의 시작

우리 삶과 진로에 있어서 가장 중요한 것은 끊임없이 자신이 누구인지를 묻는 물음과 그 때마다 자신이 무엇을 원하고, 할 수 있고, 해내고 싶어 하는 것이 정확하게 무엇인지 아는 것이라고 생각해왔다. 그래서 자기탐색에 더욱 신중을 기했고 진로 1년의 마무리는 자기탐색으로 짓겠다고 항상 다짐했었다.

마침 싸이의 강남스타일이 전 세계를 강타하고 있었다. 정작 신나는 노래와 춤보다 그 가사 몇 줄로 가수 자신을 정확하게 표현해낸 것에 감탄했었다. 싸이라는 가수의 흥미와 적성, 성격과 가치관이 그처럼 가사 몇 줄에 녹아들다니 정말 대단한 능력이라는 생각이 들었다.

그래서 자기 탐색을 마무리하는 수업으로 흥미를 끌기 위해 처음엔 단순히 그 노래를 개사해서 자신을 나타내는 것으로 자기탐색을 마치고자 했다. 만약 이 포트폴리오 작성이 힘들다고 생각하는 교사는 이 단순한 방법으로도 재미있게 수업을 설계해 보기 바란다.

하지만 왠지 졸업을 앞둔 6학년 아이들에게 좋은 선물을 주고 싶어 더 좋은 방법을 찾던 중 우연한 기회에 아이들이 나의 포트폴리오를 다시 한 번 보고싶어 해서 틀어주었다. 그걸 보며 신기해하고 대단하다고 눈을 반짝여 보는 아이들을 보고 이거다 싶은 마음에 포트폴리오를 만들자고 하자 호기심과 기대에 들뜬 아이들이 못한다는 목소리보다 더 컸다. 주변 우려의 목소리를 뒤로 하고 아이들의 능력을 믿고 그대로 진행하기로 마음먹었고 내친 김에 4, 5학년도 진행하기로 했다.

2. 검토 사항

처음 진행하는 포트폴리오 과제 수업이기 때문에 진행하기 전 뒤늦게 발생할 문제점들을 방지하기 위해 학생들에게 확인할 사항과 기타 준비 사항을 아래와 같이 먼저 확인해야 한다.

① 학생들의 파워 포인트 프로그램 사용 가능 여부 (미리 간단한 파워 포인트 사용법을 알려주는 시간을 마련하거나 설명지를 작성하는 것도 좋을 듯하다.)

② 학생들 집에 보유한 컴퓨터에서 파워 포인트를 사용하기 가능한지 여부 (집에서 컴퓨터 사용금지를 당한 아이들, 가정 형편으로 컴퓨터 사용이 불가한 아이들이 있었음)

③ 처음 '강남스타일'을 모티브로 해서 시작된 수업이라 아이들이 전부 배경 음악이나 제목을 '강남스타일'로 해서 획일성 문제가 발생 (이 문제를 해결하기 위해 강남스타일에 맞춰 만들어 보여줬던 포트폴리오 외에 힘들게 또 다른 포트폴리오를 제작해야 했다.)

④ 4학년은 파워 포인트 사용이 불가능하다고 판단하여 급하게 포트폴리오를 작성할 수 있는 활동지를 제작하였다. (이 활동지를 좀 더 발전시켜 컴퓨터를 사용할 수 없는 아이들에게 사용해도 좋을 듯하다.)

⑤ 그 동안 진로 수업 활동지를 잘 보관했는지 여부를 확인하여 자료가 부족하지 않도록 한다.

3. 포트폴리오 작성 사전작업

무조건 교사의 포트폴리오를 보여주며 똑같이 만들라고 하는 것은 무모하다고 생각 된다. 그래서 아이들이 자신이 갖고 있는 진로 자료들을 한 장에 정리하도록 만들었다. 아래는 10강에서 언급한 포트폴리오 작성법 중 일부 내용을 수정, 이를 기재하여 아이들에게 나눠주었다.

① 제목과 차례를 뽑는다.

② 개인정보와 상장이나 취득한 각종 자격증과 증명서 등을 수집한다.

③ 자기의 장, 단점이나 비전을 적는다.

④ 좋아하는 책과 이유를 한 줄로 적는다.

⑤ 기억에 남는 여행이나 활동을 적는다.

⑥ 자신의 롤모델, 좋아하는 인물 등을 적어본다.

⑦ 자신이 좋아하는 것들을 적어본다.

⑧ 흥미와 적성, 성격과 가치관을 검사한 자료를 모아 자신이 이해한 자기를 멋지게 표현할 말로 요약해서 적어본다.

⑨ 배경음악과 이미지, 템플릿 등을 선택한다.

아래 사진은 위 내용의 뒷면 중 일부를 올린 것이다. 이는 지금까지 본인의 흥미와 적성과 성격, 가치관을 검사한 내용을 간단히 정리하는 것이다.

제출방법은 메일 또는 usb 등에 담아 보내도록 했다. 그러나 아이들에게 제출을 맡기고 난 뒤에 초조한 마음이 들었다. 내심 몇 명 아이들의 포트폴리오가 완성도가 있을까라는 의문과 아예 제출하지 않으면 어쩌나 하는 걱정도 있었다. 실제 수업 시 자신의 장점을 말하라고 해도 잘 표현하지 못하는 학생들이 대부분이다. 게다가 실제로 자존감이 적은 학생들에게 포트폴리오 작성을 권하자 매우 어려워하고 시작조차 하지 않으려 해서 애를 먹기도 했다. 자신은 무엇 하나 자료로 내놓을 만한 것이 없다는 이유였다. 그러나 포트폴리오 작업을 통해 아이들의 자존감과 성취감을 느끼게 하겠다는 일념으로 진행하였다.

II. 학생들 포트폴리오

하지만 우려와는 달리 학생들은 숙제를 열심히, 재미있게 하기 시작했다. 물론 여러 사정으로 숙제를 할 수 없는 환경에 있는 아이들은 다른 포트폴리오로 대체하였으며, 심지어 열성 있는 담임 선생님은 한반 학생들 모두 작성토록 하여 한 폴더에 묶어 제출하여 주시기도 하였다. 처음에는 아이들의 포트폴리오 제출 수준이 실망스럽기도 하였지만 열심히 한 아이들과 용기를 내서 먼저 한 아이들의 작품을 보고 점차 너나 할 것 없이 제출하기 시작하였다.

1. 발표 수업 시 주의 사항

파워 포인트로 작성한 포트폴리오를 제출 후 발표수업을 하면서 주의할 점을 적어 본다.

① 참가 학생들 중 발표를 꺼려하는 아이들이 있다. 전적으로 발표여
  부는 학생들의 의견을 반영하여 발표하도록 한다.
② 미제출자를 절대 혼내거나 닦달하지 않도록 한다. 학생들이 제출한
  작품을 보면서 제출하고 싶지 않은 아이들은 없는 것으로 판단될
  정도로 좋아하였다. 분명 자신이 없거나 개개인의 사정이 있는 것
  이니 다른 활동지로 간단하게나마 정리할 수 있도록만 해주자.
③ 아이들이 충분히 자신과 친구들의 작품들을 감상할 시간을 마련하
  도록 한다.

2. 수업 후기

장난스럽게 만든 학생들도 있고, 충실히 자신을 표현하기 위해 만든
학생들도 많았다. 숙제를 위한 숙제라 대충 만든 아이들도 있었지만, 성
인 못지않은 작품들이 예상치 못하게 많이 나와서 애초에 2차시로 진행
하려던 수업이 4차시까지 열화와 같은 성원 속에서 진행되었다.

일주일을 꼬박 매달려 완성도 높은 작품을 만든 학생이 있었다. 부모
님께 무척 혼났을 거라 짐작이 가서 물어보니 역시 많이 혼났다는 대답
이 나왔다. 그러나 바로 연이어진 대답은 "그런데 다 만들어진 것을 보고
엄청 칭찬하셨어요." 이었다. 부모님조차 아이의 작품에 놀라워 하며 자
랑스러워 하신 것이다. 무엇보다 더 놀라운 것은 수업 시간 강조했던 직
업과 꿈을 혼동하지 말라는 내용을 에필로그 형식으로 표현했다는 사실
이다. 지금도 이 학생의 작품은 자랑스럽게 보여주고 있다.

또 그들 나름의 유머와 장난스러움으로 만들어낸 남학생들의 작품 때
문에 수업시간 내내 재미있다며 연이어 틀어달라는 요청도 있었다.

5학년들도 6학년 못지않은 완성도의 작품을 내놓는 학생들이 더러 있

었으나, 파워포인트 작품은 적은 편이라 활동지로 대신한 것이 더 많았다

아래는 수업 후의 장, 단점을 정리한 것이다.

① 장점: 노래를 통한 흥미유발

학생들의 자기 이해 총정리

시각화된 과제물 (학기말, 학년말)

친구들의 과제물로 동기부여 및 자극

초중고 수업 가능(단, 초등은 고학년)

② 단점: 최소 2차시 이상의 수업시간 필요

파워 포인트 사용에 어려움 겪는 학생들 지도

적극적인 학생과 소극적인 학생의 큰 격차

무모할 정도로 부족한 상태에서 진행한 수업에 멋지게 홈런을 날려 준 아이들에게 감사한 마음을 전하고 싶다.

chapter 2

직업을 찾아 떠나는 여행

직업 세계 바로 알기

Ⅰ. 힘써서 직업을 알자!

1. 직업세계 이해의 의의

"직업세계 이해"에 대한 수업을 본격적으로 시작하기 전에 잊지 않고 꼭 하는 활동이 있다. 바로 "당신이 아는 만큼 직업을 써보세요."라는 활동이다. 이제까지 만난 중에 제일 많이 쓴 사람은 학부모도 아니고, 교사도 아니고, 중학교 2학년 여학생이었다. 이 여학생이 쓴 직업의 개수는 45개였다. 부모님들 중에 제일 많이 쓴 사람은 30여개, 교사들 중에 제일 많이 쓴 사람은 40여개 정도이다. 이것은 지극히 개인적인 진로교육 수업 시 통계이므로 일반화하여 생각하기에는 상당히 무리가 있음을 인정한다. 만약에 "나는 그보다는 더 많이 알고 있다."라고 자신한다면 지금 당장 당신이 아는 만큼 직업을 써볼 것을 제안한다. 2012년 한국직업사전에 등재된 우리나라 직업의 개수는 약 12,000여개이다. 이것을 감안할 때 우리들은 얼마나 직업 세계에 대해 무관심하고 무지한지가 여실히 드러난다.

자기이해, 직업세계이해, 의사결정, 목표설정, 이상 진로교육 파트 중에 가장 중요한 부분을 꼽으라면 자기이해를 첫 번째로 꼽는 사람이 많을 것이다. 물론 맞는 말이다. 사실 모든 파트가 다 중요하지만 그 가운데서도 자기 자신에 대한 이해가 없다면 제대로 된 진로설계는 물 건너간 것이다.

그러나 자신에 대해 잘 알았다 하더라도 직업 세계에 대한 이해가 부족하고 제대로 알지 못한 상태에서 직업을 선택한다면 그 또한 제대로 된 진로설계를 하기 어려울 것이다. 잘 모르고 선택한 만큼 시행착오를 갖게 될 것은 틀림없고 행복한 삶을 사는 것도 멀어질 가능성이 크다.

"아는 만큼 보인다."라는 말이 있다. 자신의 흥미, 적성, 가치관 등에 대해 알았다면 이제는 직업 세계에 눈을 돌려서 세상에 있는 수많은 직업 가운데 나에게 맞는 직업이 무엇인지 알아보도록 하자. 그 직업을 통해 진정 자신이 꿈꾸는 것과 행복한 삶을 이룰 수 있는지 알기 위해서는 힘써서 직업 세계에 대해 아는 것이 참으로 중요하다. 인생에 있어서 시행착오를 줄이는 가장 좋은 방법이며, 행복을 향해 한 발 더 다가가는 행동, 이것이 바로 직업세계에 대해 힘써 알아가는 것이다.

2. 직업 세계 이해의 목표

진로교육의 목표는 학생들이 "진로개발 역량"을 기를 수 있도록 하

는 데 있다. 진로개발역량이란 개인이 진로를 개척할 수 있는 역량으로
써 개인이 일생동안 수행하는 다양한 역할과 경험을 자기 주도적이며 합
리적으로 선택하고 준비하며 비교 및 평가를 통해 관리 할 수 있는 지식,
기술(skill) 및 태도를 의미한다.

"진로개발의 역량"은 다음의 5가지로 구분할 수 있다.
① 자기이해 및 긍정적 자아개념과 태도 형성
② 직업 세계의 이해 및 긍정적인 가치, 태도 형성
③ 정확하고 신뢰성 있는 진로 정보 탐색, 해석, 활용
④ 합리적 의사결정에 기초한 진로 계획 수립 및 관리
⑤ 진로계획의 수립 및 관리, 실천

이 중에서도 "직업세계 이해"의 목표를 살펴보면 다음과 같다.
① 직업세계를 탐색하고 이해하며 일의 가치를 알 수 있다.
② 진로에 대해 긍정적이며 적극적인 태도를 형성할 수 있다.
③ 다양한 직업세계를 이해할 수 있다.
④ 직업에 대한 고정관념을 해소할 수 있다.
⑤ 정확하고 신뢰성 있는 진로정보를 탐색하고 해석하며 활용법을 익
　힐 수 있다.

Ⅱ. 직업의 정의와 역할

1. 직업의 정의

한국직업사전의 정의에 의하면 직업이란 "한 개인이 지속적으로 수행

하는 사회 · 경제적 활동의 한 종류"라고 정의하고 있다. 조작적 정의에 의하면 "직업은 생계유지와 사회적 발전 및 자아실현을 목적으로 하는 지속적인 인간 활동"이다.

영어로 직업을 표현하는 단어는 다양한데 내포하는 의미는 조금씩 다르다.

job은 직업이나 일자리를 가리키는 가장 일반적인 말이며, 정기적으로 보수를 받고 하는 일, 직장, 일자리를 뜻한다. occupation은 좁은 의미의 직업개념으로서 자활의 한 수단으로, 생활을 위한 개인의 계속적인 일 또는 사업으로서 일의 대가에 따른 경제적 보수가 반드시 고려되는 일이다. vocation은 보다 넓은 의미의 직업을 의미하며, 돈을 벌기보다는 다른 사람에게 도움이 되기 위해 일생 동안 하는 일, '천직' 또는 조물주로부터의 '소명'이라고 해석 할 수 있다. profession은 의사/간호사(medical profession), 변호사(legal profession) 등 특별한 훈련이나 교육을 받은 전문직의 의미가 강하다.

2. 직업과 일의 차이점

직업은 생계를 위해 수입을 목적으로 하는 계속적인 정신적 육체적인 활동이다. 반면에 일은 수입과 관계없는 계속적인 정신적, 육체적 활동이다. 따라서 직업과 일의 가장 큰 차이점은 수입을 목적으로 하느냐, 그렇지 않느냐에 있다.

진로교육을 하다보면 학생들이 직업과 일에 대해 혼동하는 것을 많이 보게 된다. 무엇이 직업이고, 무엇은 직업이라 할 수 없는지를 제대로 알려줄 필요가 있다. 쉽게 해 볼 수 있는 활동으로는 〈직업일까, 아닐까 o, x 퀴즈 활동 〉이 있다. 아이들은 주로 가정주부, 학생, 종교인, 자원봉사 등이 일인지, 직업인지 혼동하는 경우가 많다. 가정주부나 학생의 경우 주로 인터넷 사이트에 회원가입을 할 때 체크하는 직업란에 가정주부나 학생이 있어 착각하기 쉽다. 가정주부가 자기 집에서 일하는 것은 직업이 될 수 없지만, 경제적 수단을 위해 다른 집에 가서 가사 일을 한다면 그것은 직업이 됨을 설명해 주어야 한다. 또 학생들이 장학금을 타게 될 수도 있지 않느냐하는 학생들이 있는데 직업의 개념은 생계유지를 위해 수입을 목적으로 지속적으로 하는 일이라는 것을 다시 상기하도록 해야 한다. 종교인의 경우는 직업의 특성상 봉사적인 성격을 가지고 있어서 그런지, 직업이 아닐 것이란 생각을 많이 가지고 있으며, 자원봉사의 경우 왜 봉사라고 하는지를 잘 모르는 학생들을 많이 보았다. 직업과 일의 차이를 알게 하고 왜 직업이라고 할 수 없는지를 생각해 보도록 지도한다.

3. 직업의 조건

1) **경제성**: 직업이라 함은 반드시 노동의 대가로서 경제적 보수가 뒤따라야 한다.

   예를 들면 가정주부나 자원봉사, 학생의 경우 경제적 대가가 없는 활동이므로 직업이라 하지 않는다.

2) **계속성**: 주기적이고 계속적인 활동이어야 한다.

   아르바이트와 같은 일은 계속적이고 주기적으로 하는 활동이 아니므로 직업이라 부르지 않는다.

3) **사회성**: 사회 공동체적인 맥락에서 의미 있는 활동과 사회 기여를 전제하는 활동이어야 한다.

   우리는 각자의 직업을 통해 사회에서 역할 분담을 하고 있다. 만일 직업이 없다면 우리가 쓰는 모든 것을 자급자족해야 할 것이다. 어떤 사람은 의사로, 어떤 사람은 교사로, 어떤 사람은 버스기사로, 어떤 사람은 가수로 각각의 역할을 충실히 함으로써 사회에 기여하고 있는 것이 바로 직업이다.

4) **윤리성**: 윤리적인 법의 테두리 안에서 규범적 사회활동이어야 한다. 어떤 아이들은 도둑이나 강도, 소매치기, 조직 폭력배 등도 직업이냐고 물어보는 경우가 있다. 그러나 윤리적인 법의 테두리 안에서 규범적 사회활동에 위배되는 활동은 직업이라 하지 않는다.

4. 직업의 역할

사람은 살아있는 한 누구든지 정신적 활동이나 육체적인 활동을 하며 살아간다. 직업은 사람이 삶을 살아가는데 생계유지의 수단이 되며, 사회적 역할과 자아실현의 역할을 담당한다.

1) 생계유지의 역할

직업은 경제적으로 안정된 삶을 영위해 나가는데 있어 중요한 수단이 된다. 사람이 살아가는 데는 일차적으로 의·식·주가 필요하고 이를 해결하기 위한 수단으로 돈이 필요하고, 돈을 벌기 위한 경제적 활동이 직업이 된다.

2) 사회적 역할 분담의 역할

직업은 원만한 사회생활과 인간관계를 통해 사회적 역할을 분담하게 한다. 우리사회는 과거와 다르게 많이 전문화, 분업화, 세분화 되었다. 각자 직업을 통해 사회에서 감당해야 할 사회적 역할이 있고, 그것을 통해 서로서로 도움을 주고받고 있으며, 사회에 기여하고 있음을 알아야 한다.

3) 자아실현의 역할

직업이 단지 생계유지의 역할, 사회적 역할 분담으로만 기능한다면 인간의 가장 상위 욕구위계를 간과한 활동이 된다. 직업을 선택한 이유가 단지 생계유지를 위해 돈을 벌기 위해서, 또는 백수로 있을 수는 없으니 뭐라도 해야 해서 등이라고 생각해 보자. 이런식으로 직업 생활을 하는 사람은 직업이 주는 가치나 보람을 느끼기가 진정 힘이 들 것이다. 반면에 자신의 꿈을 이루기 위해서 자신이 실현하고 싶은 가치를 위해서 직업을 선택한 사람은 직업을 통해 살아있음을 느끼면서 진정한 행복까지도 알게 된다. 자아실현에 목적을 두고 직업생활을 하는 사람에게는 생계유지와 사회적 역할 분담까지도 저절로 이루어지는 것이다.

Ⅲ. 직업세계의 이해 수업활동 사례

직업세계에 대한 개념과 다양한 활동을 통해 직업세계를 이해할 수 있도록 수업을 구성한다. 수업을 구성할 때는 학생들이 직업세계의 이해를 통해 진로역량을 향상시킬 수 있도록 한다. 학생의 연령과 다양한 상황, 수준 등을 고려하여 수업을 구성한다.

진로수업에 대해 한 가지 당부할 사항이 있다. 진로수업 활동지에 대한 내용이다. 실제 아이들을 지도하다 보면 수업은 다가오는데 진로수업 활동지를 어떻게 구상해야 할지 몰라 어려움을 호소하는 교사들을 보곤 한다. 보다 나은 수업을 위해서 훌륭한 교사라면 누구나 이런 고민을 하는 것이 당연하다. 그러나 현대사회는 소통의 사회이며, 이미 많은 양질의 다양한 정보를 국가적 차원에서 지원해 주고 있다. 또한 다양한 소집단도 서로서로 수업과 활동지를 나누고 연구한 자료들을 공유하고 있으므로 이러한 고민에서 좀 자유로워 졌으면 좋겠다. 21세기를 살아가는 요즘, 정보를 자기 손에만 움켜쥐고 내놓지 않으려는 마음가짐으로는 오래 살아남을 수 없다. 오히려 나눈 정보에 대해 의견을 공유하여 보다 더 자신의 수업과 활동을 업그레이드 할 수 있는 기회로 삼기를 바란다.

진로 수업의 활동지를 쉽게 구할 수 있는 사이트
- 서울진로진학 정보센터 – 진로교육 자료실: 초, 중, 고 관련 진로교육 자료 무료다운
- 커리어넷 진로교육정보 자료실

다음은 직업세계의 이해를 도울 수 있는 수업활동의 예이다.

1) 직업 빙고게임하기

직업 빙고게임은 아이들이 흥미 있게 참여할 수 있고, 선의의 경쟁을 통해 집중력을 발휘할 수 있도록 이끌어 주는 활동이다. 직업에 대해 전반적인 내용들을 이해한 후에 모둠별로 정해진 기준에 의하여 직업 빙고 칸을 쓰고, 제비뽑기로 순서를 정한 후 모둠원들과 함께 동시에 직업명을 부른다. 먼저 빙고를 3줄 완성하면 승리하는 것으로 한다.

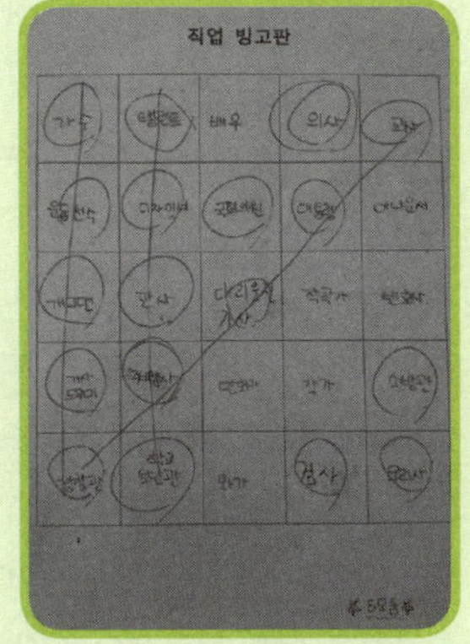

〈수업 돋보기〉

조별활동으로 직업의 개념을 이해 한 후 직업이름을 쓰고 3줄 빙고 완성하기
※주의: 기준을 정한다.
예를 들어 법조인, 연예인 등으로 쓰지 않도록 지도해야 한다. 법조인은 직업의 분류에 해당하는 상위개념이다. 따라서 검사, 변호사, 판사 등으로 쓰도록 지도한다. 연예인의 경우도 마찬가지이다. 가수, 탤런트, 개그맨 등 분류해서 구체적으로 쓰도록 한다.
그러나 의사 같은 경우는 소아과 의사, 내과 의사 등으로 세분화해서 쓰지 않도록 한다. 교사의 경우도 체육교사, 수학교사 등으로 세분화 하지 말고, 의사, 교사 등으로 묶어서 쓰도록 한다.

2) 낱말퍼즐에서 직업 찾기

아는 만큼 직업을 써보라고 하는 활동으로 자신이 얼마나 직업에 대해 알고 있는지 인지하도록 하는 것도 좋다. 이것도 직업일까 하는 호기심을 유발하기 좋은 활동으로는 다음과 같은 직업 찾기 활동을 하면 좋다. 타이머를 띄어주어 정해진 시간 동안 직업을 찾아보게 한다. 답답함을 못 참고, 간혹 "선생님, 이것도 직업이에요?"하고 중간에 질문하는 아이들이 있다.그러나 정답은 나중에 함께 맞춰보도록 한다.

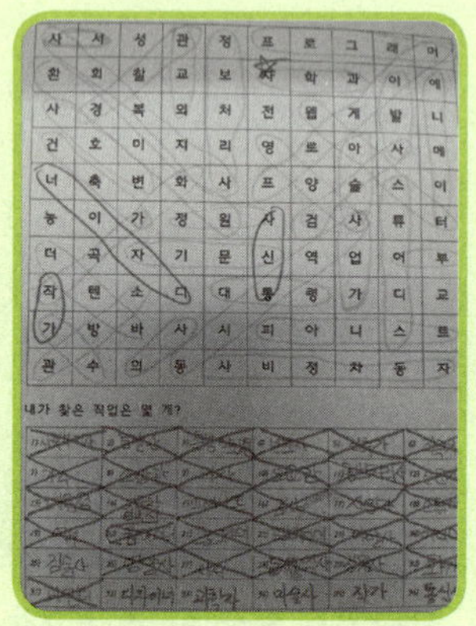

이 더 많이 직업에 대한 정답을 찾고, 같이 찾은 아이들과 함께 기뻐하게 된
다. 이 활동을 마칠 때는 우리가 살아가는 사회는 서로 도움을 주고받는 것이
전제된다는 것으로 마무리 멘트를 해주는 것도 좋다.

3) 직업은 서로 연결되어 있어요.

이 활동은 학생들이 직업의 사회적 역할 분담에 대해 알 수 있도록 하
기에 좋은 활동이다. 아래와 같이 "가족 여행을 간다면" 등의 상황을 제
시하고, 그럴 때 어떤 직업들의 도움을 받게 되는 지를 알아보는 활동이
다. 모둠으로 조직해서 활동하도록 한다.

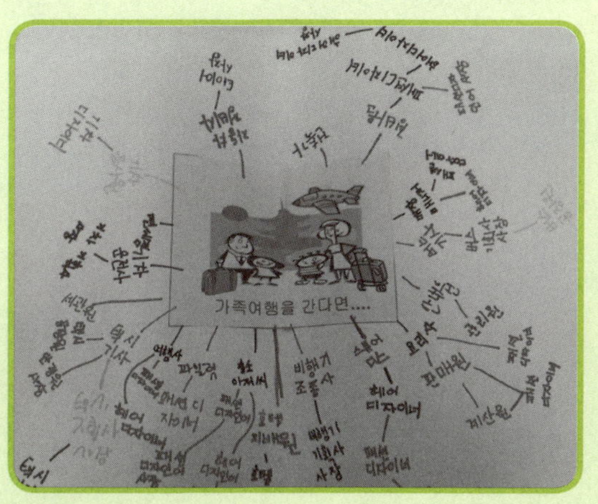

〈수업 돋보기〉

학생들이 관심을 유발할 수 있는 상황을 제시하면 좀 더 재미있고 역동적인
수업이 된다.

예를 들면, 아이돌 그룹의 콘서트, 패션쇼, 인기 드라마 방송 촬영 등 수업을
하는 대상 학생들의 관심사를 잘 찾아 제시하면 더욱 재미있는 활동이 이루
어 질 것이다.

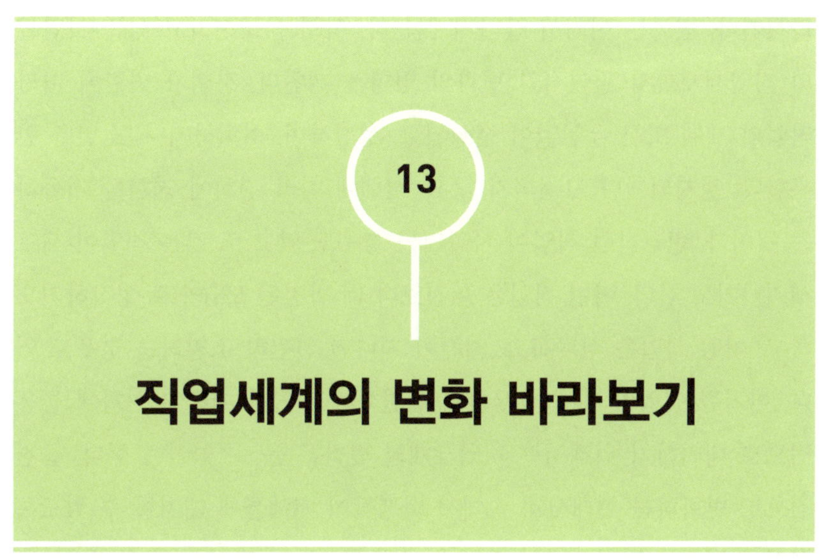

직업세계의 변화 바라보기

Ⅰ. 직업세계의 변화를 바라보라!

불과 몇 년 전만 해도 우리사회에서 스마트 폰은 존재하지 않았었다. 좀 더 거슬러 올라가면 휴대폰도 존재한 적이 없다. 휴대폰 대신 "삐삐" 라는 통신 기계가 있었고, 더 거슬러 올라가면 집집마다 전화를 놓을 수 있던 시대도 그다지 오래 되지 않았다. 통신 기계 하나만 놓고 보더라도 우리는 현대사회의 급격한 변화를 목도할 수 있다. 게다가 요즘 시대의 변화는 그 속도가 엄청나다. 일례로 이번 달에 산 스마트 폰이 다음 달이 되면 구형이 되고, 신 모델이 출시되는 시대를 우리는 살고 있다. 이러한 현대사회의 변화는 우리사회의 산업구조를 변화시키고, 생활양식을 변화시킨다. 변화는 여기서 끝나지 않는다. 사회를 구성하고 있는 사람들의 직업세계까지 필연적인 변화의 영향을 끼친다. 사회가 변함에 따라 직업의 세계 또한 끊임없이 생성되고, 성장하며, 쇠퇴하거나, 소멸을 반복한다. 정지되거나 고정되지 않고, 시대에 따라 진화에 진화를 거듭하는 것이다. 번창하던 직업이 사라지는 경우도 있고 또 많은 직업이 새로 생겨나기도 한다. 어떤 직업은 이전보다 더 발전된 모습으로 성장하기도 하고, 어떤 직업은 쇠퇴하고, 시간이 지나면 완전히 소멸하는 경우도 있다. 이처럼 직업의 세계가 끊임없이 변화하고 있기 때문에 변화에 능동적으로 대비하기 위해서는 직업세계의 변화를 볼 수 있어야 한다. 급진적으로 변화하는 현대사회 속에서 학생들이 지혜롭게 대처할 수 있도록 하기 위해서는 직업세계의 변화에 대해 학생들이 관심을 갖고 바라보도록 하는 것이 중요하다. 과거에는 비교적 직업구조가 단순했지만 사회가 발달함에 따라 현대사회의 직업 구조는 다양하고 복잡해 졌다. 따라서 학생들이 직업세계의 변화에 관심을 가질 수 있는 정확한 정보와 그 정보를 자신의 경험에 비추어 적절히 활용함으로써 자신에 맞는 직업을 선택할 수 있도록 도와주어야 한다.

1. 직업세계의 변화를 부르는 원인

1) 산업구조의 변화

산업구조란 국민경제를 단위로 하는 여러 산업의 구성 비율, 즉 한 나라의 국민경제에서 농업, 공업, 서비스업 등 각종 산업이 차지하는 비중과 상호연관관계를 말한다. 산업 구조의 변화는 직업구조의 변화에 영향을 미치며, 직업구조를 이해하기 위해서는 산업구조의 변화를 이해해야 한다.

산업구조는 크게 1차 산업, 2차 산업, 3차 산업으로 분류하며, 1차 산업은 농림, 어업 부문의 업종, 2차 산업은 광공업 부문, 3차 산업은 기타 서비스부문에 속하는 모든 업종이 이에 해당한다. 우리사회 산업구조의 변화를 살펴보면 과거에는 농림어업 등 1차 산업 중심의 농경사회를 이루다가 광공업 중심의 2차 산업이 변화의 축이었고, 최근에는 2차 산업에서 서비스 산업으로 변화의 축이 전환되었다. 특별히 우리나라는 다른 나라들에 비해 비약적이고, 집약적인 발전과 변화가 빠른 기간에 이루어졌다. 이러한 산업구조를 성장기에 따라 나누어 본다면, 고도 성장기에는 제조업 위주로 발전한 것을 알 수 있다. 반면에 안정 성장기에 접어들면서 지식을 기반으로 하는 소프트웨어 산업의 비중이 빠른 속도로 높아지면서 제조업과 서비스 산업의 결합이 이루어지고 있다. 향후에도 국내 산업구조에서 서비스산업의 비중은 크게 높아지는 반면, 농림어업의 비중은 지속적으로 하락할 것으로 예상된다. 서비스 산업은 소득수준 향상으로 서비스의 질에 대한 국민들의 욕구가 높아지고 있고, 제조업 지원 서비스산업이 비약적으로 발전하는 등 높은 성장세를 나타 낼 것으로 예상된다. 또한 최근 산업구조의 변화를 보면 지식기반사회로 접어들면서 서비스 산업의 비중은 크게 높아지고 있는 반면, 농림어업의 1차 산업의 비중은 지속적으로 하락하고 있다.

2) 생활양식의 변화

산업구조는 그 자체로만 변화하고 끝나는 것이 아니다. 산업구조의 변화에 따라 인간의 생활양식도 변화한다.

(1) 직업의 다양화

산업구조의 급격한 변화가 야기한 직업의 세계의 변화는 급속도로 변화하며 그 양상역시 다양화 되고 있다. 지금 현재 우리사회를 구성하고 있는 직업의 대부분은 과거 25년 전에는 상상도 할 수 없었던 직업이었다. 또한 산업구조의 변화에 따라 우리의 생활양식이 변하게 되면서 과거에 존재하던 직업이라 하더라도 업무의 방법이 바뀐 경우도 많으며, 새로운 직종이 계속해서 생겨나고 있다.

직업이 다양화의 변화를 갖게 되는 데에는 다음과 같은 요인들이 있다.

① 과학 · 기술의 발달 ② 국가의 경제수준 ③ 인구변화 ④ 노동력의 공급 ⑤ 자금의 유통 상태 ⑥ 점차적인 자연 자원의 고갈 ⑦ 유행에 대한 소비자의 기호 변화 등이다.

(2) 직업의세분화 · 전문화

산업구조가 가져온 생활양식의 변화는 직업을 세분화 · 전문화 시키기도 한다. 예를 들면 과거에는 미용실에 가면 헤어, 네일, 메이크업, 피부 관리 등을 미용사가 토탈로 관리하는 일이 많았다. 여기에는 딱히 무슨 자격이 필요한 것은 아니었다. 그러나 오늘날에는 문화수준과 삶의 질이 달라짐에 따라 각각의 파트가 세분화 · 전문화 되었다. 헤어디자이너, 네일아티스트, 메이크업 아티스트, 피부 관리사 등 각각 전문성과 그에 따른 자격을 요하는 직업으로 세분화 되었다. 이와 같은 직업 세계의 변화 추세는 뚜렷한 직업관의 형성과 직업적 적응 능력, 직업 선택에 영향을 끼친다.

Ⅱ. 직업은 진화한다.

1. 직업의 쇠퇴와 소멸

산업구조와 생활양식의 변화는 직업을 쇠퇴, 소멸하게도 하고, 새로운 직업을 생성하기도 하며, 있던 직업을 성장시키기도 한다. 이렇게 직업이 끊임없이 변화하게 되는 이유는 산업구조와 생활양식이 달라짐에 따라 사람의 "필요" 또한 필연적으로 달라지기 때문이다. 산업구조가 달라지고 사람들의 생활양식이 변화하면서 이전에는 필요하던 것이 필요 없어져 점차 쇠퇴하다가 소멸하게 되는 직업들이 있다.

인쇄식자공, 인력거꾼, 전화교환원, 버스안내원 등의 공통점은 무엇일까? 바로 과거에는 있었지만 현재는 사라지고 소멸된 직업들이란 점이다. 인쇄 식자공은 책자나 자료를 인쇄하기 위해 활자를 조판하는 사람으로 컴퓨터 문서 작성 기술이 보급되면서 사라진 직업이다. 인력거꾼은 손수레에 사람을 태워 원하는 목적지까지 데려다 주는 사람인데 자동차가 발달 되면서 사라졌다. 한편 뱃사공은 사람들이 배를 타고 이동할 수 있도록 데려다주는 일을 하는 직업이며 전화 교환원은 전화가 귀하던 시절 외부에서 걸려온 전화를 다른 사람에게 바꿔주는 일을 하는 직업으로 오늘날의 114 안내원과는 다르다. 넝마주이는 못 쓰는 천이나 종이 등을 골라 주워 모으는 일을 하던 직업이었다. 버스 안내양은 버스 승객들의 요금을 받기도 하고, 정류장 정보를 알려주는 직업이었으나 오늘날에는 소멸된 직업이다. 진로교육시간에 학생들에게 이런 사진자료들을 제시한 후에 왜 이 직업을 현재는 볼 수 없을까를 알아보고 정리하여 발표할 수 있도록 하면 자연스럽게 산업구조가 부른 사회변화가 우리의 생활양식과 직업구조에 얼마나 큰 영향을 미치는지를 알 수 있게 한다.

2. 직업의 성장

쇠퇴하고, 소멸하는 직업도 있지만 과거에 있던 직업이 보다 더 전문화 되고 세분화 되어 성장하는 경우도 있다. 이렇게 되는 이유는 사람들의 '필요'가 달라졌기 때문이다. 필요가 있으면 거기에 맞추어 직업세계도 변화의 양상을 띠고 진화하게 된다.

예를 들어 플로리스트, 피부관리사, 커플매니저 등의 직업은 시대가 변하면서 더욱 전문성을 겸비하며 성장한 직업들이라는 점이다. 예를 들어 플로리스트는 과거에는 '꽃집 아가씨, 꽃집 아줌마'라는 이름으로 불렸지만 현재는 보다 더 전문성을 갖추어 성장한 직업이다. 플로리스트는 꽃이나 식물, 화초 등을 선물이나 장식 등 목적에 맞게 꾸미는 일을 하는 직업이다. 화원에서 꽃을 포장하여 파는 것은 물론 사무실이나 레스토랑 등 분위기에 알맞게 꽃꽂이를 해 주거나, 결혼식의 웨딩부케와 화환을 만들기도 한다. 꽃이 시들지 않도록 알맞은 온도와 습도에 맞게 잘 보관하고 가꾸는 것도 플로리스트의 중요한 일이다.

과거에는 '중매인, 중매아줌마'로 불리며 결혼적령기의 사람들을 소개해 주고 만날 수 있도록 해주는 일을 하던 사람들이 있었다. 요즘은 이러한 일을 해주는 직업이 전문성을 갖추고 성장하여 '커플매니저'란 이름으로 활동하고 있다.

또 피부관리사는 고객의 피부를 과학적으로 개선하고 유지 및 관리하기 위하여 피부미용관리에 대한 정확한 이론적 이해와 실기적 능력을 갖춘 전문가이다.

3. 직업의 생성

새롭게 나타난 직업들이 왜 새롭게 생성되었는지를 알기 위해서는 산업구조의 변화와 과학기술의 발달, 생활양식의 변화 등을 살펴 볼 필요가 있다. 우리사회는 과학기술의 발달로 의학도 큰 발전을 이루었고, 이로써 사람들의 평균수명도 늘어나게 되었다. 사람들의 평균수명이 연장되고, 출산율은 줄어듦에 따라 우리사회는 고령화 사회로 접어들었다. 고령화 현상은 우리사회에 노인인구를 돌볼 전문 인력의 필요를 느끼게 만들었으며, 이에 요양보호사라는 직업이 생성된 것이다.

컴퓨터와 인터넷이 발달하면서 가져온 산업구조의 변화는 우리 사회에 많은 변화를 가져왔다. 특히나 게임시장의 성장은 게임을 마치 프로 운동선수처럼 할 수 있는 프로게이머란 직업을 탄생케 했다.

또한 사람들의 삶의 질이 향상되고, 여유를 갖게 되자 애완견을 반려견으로 가족처럼 생각하고 키우는 인구가 많이 생기게 되었다. 이들의 필요에 따라 애완견을 돌보는 애견미용사라는 직업이 생성되었다.

<수업 돋보기>

오른쪽 사진은 직업의 생성과 소멸에 대한 수업으로 "job 마을 꾸미기" 활동이다. 외딴 집에서 우리조원들만 살게 되었다고 설정한 후 필요한 상점과 기관 등을 만들고, 그곳에서 일하는 직업인들을 꾸미는 활동이다.

마을을 꾸미기 전 조원들과 어
떻게 꾸밀지 토의하는 모습.

Ⅲ. 이색 직업의 세계

우리나라 중학생들이 가장 선호하는 직업이 중학교 교사라는 뉴스가 방송된 적이 있었다. 하지만 아이러니 하게도 실제 중학교 교사들의 직업에 대한 만족도는 그다지 높지 않다. 이처럼 학생들에게 어떤 직업을 갖고 싶은지 물어보면 대부분 자신이 주위에서 흔히 접한 교사나, 연예인이 되고싶다고 하는 학생들을 자주 보게 된다. 학생들은 대부분 자신이 가장 많이 접하고 자주 보게 되는 직업을 꿈꾸는 경우가 많다. 달리 말하면 보고 아는 것이 아니면 꿈꾸기도 어렵다는 이야기가 되기도 한다. 그렇기 때문에 학생들에게 다양한 직업의 세계를 보여주는 것은 매우 중요하다. 우리가 알고 있는 것 외에도 새롭고 신기한 직업들이 많다. 사회가 점점 다양해지면서 사람들이 필요로 하거나 관심을 갖는 분야들이 늘어나고, 그와 관련된 전문화, 세분화 된 직업이 계속해서 생겨나기 때문이다. 학생들이 직업에 대해 넓은 시야를 가질 수 있도록 하기 위해서는 이색 직업의 세계를 소개하는 방법이 있다.

이색 직업이란 일상생활에서 흔히 접할 수 없는 생소하거나 특이한 직업을 뜻한다. 개성이 강하고, 이전에는 상상하기 어려웠던 전혀 색다른 직업도 있고, 이미 있었던 직업이 좀 더 세분화 되거나 전문화 된 것들도 많다.

예를 들면 쇼콜라티에는 초콜릿으로 조형물을 만드는 직업이다. 기업의 초콜릿 개발에 참여하여 조언을 해주기도 하고, 자기 공방을 운영하기도 하며, 강의를 하기도 하고, 전시회를 열기도 한다.

캘리그라피(Calligraphy)란 '손으로 그린 그림문자'라는 뜻으로 기계적인 표현이 아닌 손으로 쓴 아름답고 개성 있는 글자체를 쓰는 일을 하는 사람을 캘리그라퍼라고 한다. 붓을 사용하는 서예기법을 활용하여 단어 속에 포함된 의미를 글씨로 표현하여 아름답고 독특하게 글씨에 멋을 내는 직업이다.

위폐감별사는 위조지폐를 감식하는 역할을 하는 직업이다.

선택에는 항상 동전의 양면과 같은 장점과 단점이 존재한다. 만약 이색 직업을 직업으로 선택한다면 그 분야의 선구자가 될 수 있고, 경쟁자가 적어 많은 돈을 벌수도 있다는 장점이 있다. 하지만 상대적으로 일자리가 적고, 그 직업에 대한 교육훈련 체계가 아직 자리 잡히지 않아 직업을 얻기까지 오랜 시간이 걸릴 수도 있다는 단점도 있다.

그러나 학생들이 직업세계에 대해 좀 더 넓고, 창의적인 시각을 갖도록 이색 직업과 같은 개성 넘치고, 독특한 직업세계를 보여주는 것이 필요하다.

스크램블된 이색 직업의 이름을 바르게 맞춰보고 이 직업이 하는 일을 유추해 보는 활동이다. 이 활동을 하는 동안에는 정답을 맞히기 보다 창의적으로 생각해 보도록 한다. 정해진 시간동안 직업이름을 제대로 맞춰보고 하는일도 유추해 본다.

시간이 지난 후에 사진이나 관련 영상이 있으면 함께 보면서 정답을 맞춰본다. 수업 마무리 활동으로는 이구동성 게임을 준비한다.

모둠 학생들 한 사람 앞에 한 글자씩을 정해주어 하나, 둘, 셋 하면 동시에 말하도록 하고 앉아있는 학생들이 이색 직업의 이름을 맞추는 게임이다.

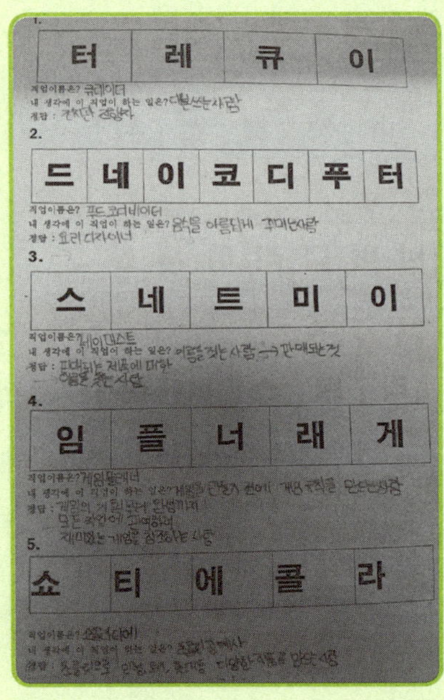

미래 직업 예측하기

Ⅰ. 미래의 직업을 예측하라!

요즘 가장 인기 있는 직업은 무엇일까? 대부분의 부모님들이 선호하는 자녀의 직업은 거의 그 종류가 비슷비슷하다. 안정적이면서도, 명예와 부를 이룰 수 있는 직업을 자녀가 갖기를 원하는 경우가 많다. 그러다 보니 "내 아이가 가졌으면 하는 직업은 무엇인가요?"라는 질문에 교사, 의사, 변호사, 검사 등이 주 단골 메뉴가 된다. 요즘 새롭게 등장한 메뉴가 있는데 그것은 바로 '공무원'이다. 그렇다면 아이들의 경우는 어떨까? 아이들에게 희망직업을 써보라고 하면 아이들 역시 의사, 판사, 변호사, 검사, 교사 등이 주 단골 메뉴가 된다. 아이들 또한 요즘 심심찮게 쓰는 메뉴가 있는데 바로 '공무원'이다.

그러나 우리가 심사숙고해 보아야 할 것이 있다. 우리아이들이 살아갈 미래에도 이런 직업들이 과연 지금 우리가 생각하는 것만큼 유망한 직업일까를 고려해 보아야 한다. 사실 우리아이들이 어른이 되어 살아갈 미래의 직업세계가 어떻게 달라질 지는 아무도 모른다. 지금 현재 인기가 많고, 아무리 괜찮은 직업이라도 앞으로 10년, 20년, 30년 후에도 그 직업이 지금처럼 인기가 많을지, 그것을 업으로 삼아 일할 수 있는지는 알 수 없는 일이다. 왜냐하면 직업의 세계는 시대의 발달과, 산업구조의 변화에 따라 끊임없이 진화하고 있기 때문이다.

그렇다면 어떤 직업이 미래에도 빛나는 직업이 될까? 미래직업세계를 예측할 때 우리가 고려하는 것이 바로 직업의 전망이다. 직업전망을 예측하는 것은 쉬운 일은 아니다. 직업전망이 좋다, 나쁘다를 보는 기준이 사회마다, 시대마다 다르기 때문이다. 어떤 사회에서는 돈을 많이 벌 수 있는 직업이 전망이 좋은 직업이라고 할 수도 있지만, 요즘처럼 명예퇴직이나 조기퇴직, 청년실업이 많고 취업이 어려운 시기에는 안정적인 직업이 전망이 좋다고 생각할 수도 있다. IT산업이 급속도로 발달하고 있는 사회에서는 첨단 분야의 직업전망이 좋다고 생각할 수도 있고, 환경오염이 대두될 때는 환경 분야의 직업을 전망이 좋은 직업이라 하기도 한다.

직업전망에는 이렇게 사회의 분위기와 산업구조의 변화에 따른 생활양식의 변화 등이 지속적으로 영향을 미친다. 사회를 구성하는 사람들의 필요가 달라지기 때문이다. 사회가 지속적으로 변화, 발달함에 따라 직업세계의 전망도 계속적으로 달라진다. 그래서 현재 인기 있는 직업이 미래에도 인기가 있고 전망이 있을지는 아무도 장담할 수 없다는 것이다. 따라서 학생들이 직업을 선택할 때는 미래 사회의 변화와 직업의 관계를 반드시 고려해 보도록 해야 한다.

Ⅱ. 미래사회의 모습

1. 미래사회의 특징

미래사회의 특징을 예측하는 것은 미래 직업세계의 특징과 전망을 알기 위해서 반드시 알아야 할 선행지식이다. 직업의 구조가 사회의 산업구조와 밀접한 관계가 있기 때문이다. 미래사회의 특징을 살펴보고 직업전망이 어떻게 변화할 것인가를 아는 것은 중요하다. 왜냐하면 학생들은 지금당장 직업세계로 뛰어드는 것이 아니라 5년, 혹은 10년, 20년 후의 미래에 직업 활동을 하게 되기 때문이다. 지금 현재 인기 있고, 전망 있다고 생각하는 직업이라 하더라도 앞으로의 미래에는 상황이 다를 수 있기 때문에 직업이 앞으로 어떻게 변화할 것인가에 대한 정확한 이해가 절대적으로 필요하다. 미래의 상황을 예측해보자.

1) 지식정보화 사회

지식정보화 사회는 고도 정보사회의 기반 위에서 온갖 정보와 창의적인 지식이 융합되어 기술과 산업을 이끄는 사회를 말한다. 현대는 지식기반사회에서 지식정보화사회로 급속도로 진전되고 있다. 고도정보사회는 초고속정보통신망에 의해 세계가 하나로 연결되고, 수많은 정보가 디지털화 되고 있는 21세기의 정보사회를 말한다. 21세기에는 지적 재산이 정보로 가공 · 상품화되어 초고속 정보통신망을 통해 전

세계적으로 유통되고, 창의적인 지적 재산권이 산업을 견인하며, 사회 또한 지식정보를 중심으로 급격히 변화할 것으로 예상된다. 대표적인 예로 인터넷 포털 사이트 등의 기업화를 들 수 있다.

2) 디지털 혁명 사회

앞으로의 시대에는 사이버 공간을 통한 기업 활동이 현재 보다 더욱 늘어날 것이다. 많은 기업이 사이버 공간을 통해 생산과 판매 활동을 함에 따라 사이버 관련 직업이 많이 출현할 것이다. 대표적인 예로 인터넷 서점을 들 수 있다. 인터넷 서점의 등장으로 많은 동네 서점들이 줄줄이 문을 닫고, 대형 서점들의 매출에도 영향을 주는 일이 발생하게 되었다. 앞으로 시대에는 사이버 공간상에서 할 수 있는 일이 지금보다 더욱 발달하고 늘어날 것이다.

3) 첨단산업이 발달하는 사회

첨단 산업은 기술 집약도가 높고, 전자, 신소재, 바이오테크놀로지, 컴퓨터, 정보통신, 항공기, 우주개발, 원자력 등 첨단기술을 핵심으로 한 고도의 집약적 산업을 말한다. 생명공학(BT), 나노공학(NT), 우주공학 등의 첨단과학은 21세기의 중심적 기술이고 국가 경쟁력을 좌우하는 핵심이 되고 있다. 이에 따라 국가적 차원에서 지원을 받고 있으므로 이러한 첨단산업의 발달로 새로운 기술과 지식이 결합된 상품이 다수 출현할 것으로 예상된다. 우주 관련 산업, 인간 유전자에 대한 지식 증대, 인공 장기의 개발, 식물에 대한 유전형질 연구 등으로 새로운 시대가 도래 할 것으로 예상된다. 또한, 공동 작업이 증대하고 가상공간에서 활동하는 기업이 증가하면서, 재택근무도 더욱 늘어날 것이다.

현재 정보통신 분야의 발전은 그 속도가 빠르게 발전하고 있다. 스마트 폰의 발전을 생각해 보면 쉽게 체감할 수 있을 것이다. 현재는 스마트 폰을 손목에 차거나 안경이나 반지처럼 몸에 부착할 수 있는 제품이 실용화 되고 있다. 미래시대를 주도하는 산업이 될 것으로 예상되어 지금 이 순간에도 각 국가들의 첨단산업화 경쟁은 치열한 접전을 벌이고 있다.

4) 세계화가 가속화 되는 사회

정보통신의 발전은 세계화 · 국제화의 진전을 가속화 시키고 있다. 국가 간의 회의, 분쟁, 사업, 이동이 활발해 질 뿐 아니라 정치, 경제, 사회, 문화 등 다양한 영역에서 국제 교류가 일어나고 있다. 이에 따라 앞으로의 세계에서는 서로 다른 언어 장벽을 해결해 줄 수 있는 직업, 국가 간의 인력과 자원, 물자의 교류와 이동을 담당하는 운송수단 관련 분야, 국가 간 협력과 분쟁 조절이 필요해 지는 사회가 될 것이다.

5) 노령화 사회

현재 우리나라는 저 출생률, 저 사망률로 인해 인구의 노령화 현상이 심화되고 있다. 이에 따라 60세 이상 인구가 전체 인구에서 차지하는 비중이 점차 커져 선진국과 같은 노령화 사회를 눈앞에 두고 있다. 또한 첨단 기술을 기반으로 하는 의료 산업 발전에 따라 노령 인구의 비중은 더욱 커질 전망이다. 이에 따라 노인인구를 대상으로 하는 실버(silver)산업은 이전과는 비교할 수 없이 큰 비중을 차지하게 될 것으로 예측되고 있다. 노인의 복지와 삶에 대한 관심이 증가하고, 노인들을 주 소비층으로 하는 산업과 직업이 앞으로 더욱 발전할 것이다.

6) 친환경적인 사회

기술 집약적 발달이 인간생활에 편리함을 가져오기도 하지만 이로 인한 역기능으로 환경의 중요성이 대두됨에 따라 환경 관련 산업이 성장할 것으로 예상되는데 재활용 산업과 생태 산업이 각광받을 것으로 보인다. 예를 들면 친환경 소재의 에너지 개발 사업, 환경의 질을 보존하고 회복시키는데 기여하는 친환경 소재 연구개발 등을 들 수 있다.

7) 삶의 질을 높이는 산업이 증대되는 사회

과학기술의 발달과 생산력의 발전으로 점차 여가가 늘어날 것이고, 이에 따라 예술·문화 분야 산업에 대한 수요가 증가할 것으로 예상된다. 이미 주5일제 근무와 주5일제 수업으로 인해 국민 생활의 여가 시간이 늘어났고, 삶의 양식도 많이 달라지고 있다. 이에 따라 캠핑문화와 레저 산업 등이 각광을 받고 있다. 미래사회에는 삶의 질을 추구하는 산업이 더욱 증대될 것으로 예상된다.

2. 미래 직업세계의 특징

1) '평생직장'에서 '평생직업'으로

'평생직장'이란 한 번 직장에 입사하면 은퇴할 때 까지 한 직장에서 일을 하겠다는 생각을 의미한다. 과거에는 직업을 선택할 때 평생직장의 개념을 가지고 선택하는 사람이 많았다. 그러나 IMF 외환위기 이후, 평생직장의 개념은 '평생직업'으로 바뀌게 되었다. '평생직업' 이란 '한 개인이 생활을 위해 평생 동안 하는 경제활동'을 의미하며, 직업능력을 갈고 닦아서 그 분야의 전문가로서 성장하여 자신이 원하는 기간만큼 일을 하겠다는 생각이 평생직업의 개념이다. 입사해서 은퇴할 때까지 일생토록 생계를 책임져줄 수 있다고 믿었던 직장에서 명예퇴직 또는 구조조정을 당하게 되는 현실은 직업 환경의 급격한 변화를 가져왔고, 이를 통해 '평생직장의 패러다임'이 '평생직업에 대한 패러다임'으로 전환하는 계기가 되었다.

2) 지식노동자의 등장

지식기반 사회, 정보화 시대의 특징으로 지식노동자들이 등장했다. 지식노동자란 말은 1968년 미국의 경영학자 피터 드러커가 저술한 《단절의 시대》에서 지식사회를 다루며 처음으로 사용한 말로서, 정보를 해석하고 이를 활용해 부가가치를 창출해 낼 수 있는 노동자를 가리킨다. 이들은 자신의 일을 끊임없이 개선ㆍ개발ㆍ혁신해 부가가치를 올린다. 또한 지적 재산, 투철한 기업가 정신, 평생학습 정신, 강한 창의성, 비관료적인 유연성 등을 갖추었으며, 평생직장인보다는 평생직업인이라는 신념을 지닌다는 특징을 갖고 있다. 이들은 자신의 부가가치를 높이기 위해 끊임없이 지식을 쌓고 개선하며 개발하고 혁신한다. 이에 따라 미래학자들은 산업화 시대의 다수의 공장 노동자들은 일자리를 잃게 될 것으로 예상하였다. 반면, 지식ㆍ문화ㆍ비즈니스 부문의 엘리트들을 일컫는 지식노동자는 새로운 시대를 이끌어 갈 주역으로 예상하였다. 이들을 다른 노동자들과 구분하는 가장 중요한 기준은 '지식'을 지니고 있는가, 그렇지 않은가 이다.

3) 재택근무의 활성화

컴퓨터와 통신기술의 발달은 우리의 산업구조를 급속도로 바꾸고,

생활양식에도 많은 변화를 가져왔다. 특히 재택근무를 가능케 한 주원인이다. 재택근무란, 집에 회사와 통신 회선으로 연결된 정보 통신 기기를 설치하고 집에서 회사의 업무를 보는 것이다.

4) 현대의 유목민, 잡 노마드(job nomad)

잡 노마드(job nomad)는 직업(job)이라는 말과 유목민(nomad)이라는 말의 합성어이다. 직업(job)을 따라 유랑하는 유목민(nomad)이란 뜻으로 처음에는 평생직장의 개념이 사라지고 일을 찾아 이곳저곳 직장을 옮겨야만 하는 일종의 '사회적 부적응 현상'을 뜻하는 말이었으나 최근에는 자신의 의지에 따라 자유롭게 직업을 개척하는 사람들을 일컫는 말이 되었다. 국경이나 업종, 직종까지도 넘나들며 자유로운 직장 생활을 하는 사람들을 일컫는 말인데, 미래에는 이러한 현상이 더욱 두드러질 것으로 예상된다.

앞서 살펴본 미래사회의 직업 환경 외에도 멀티 잡(한 사람이 여러 개의 직업을 갖는 것), 파트 타임제, 탄력근무제 등이 있다. 미래사회의 특징은 미래사회의 직업 환경이 얼마나 다양하고 전문화 될 것인지, 또 그 가운데 어떤 직업이 유망할 것인가에 대해 유추해 볼 수 있도록 한다. 21세기는 무한 경쟁이 시작되고 세계적으로도 경영과 기술 혁신이 급변하는 사회 환경을 맞이하게 될 것이라고 전문가들은 예측하고 있다. 이러한 시대를 살아가기 위해서는 자신의 경력을 체계적으로 계획하고 관리하는 것이 더욱 중요시 될 것이다. 평생교육을 통하여 끊임없이 새로운 지식을 습득하여 계속해서 진화하는 직업세계에 적응할 수 있도록 노력해야 할 것이다.

Ⅲ. 유망직업의 정의와 분야

1. 유망직업의 정의

유망직업에 정확한 정의를 내리기는 어렵다. 왜냐하면 사회마다, 시대마다, 각 사람마다 가치관과 생각이 다르기 때문에 통일된 기준을 정하기가 어렵기 때문이다. 어떤 이는 돈을 많이 버는 직업이 유망하다 할 수 있고, 고용이 불안정하고, 구조조정이 많은 사회에서는 안정된 직업을 유망하다고 생각할 수도 있다. 보는 시각에 따라 유망직업이 달라질 수 있으나, 일반적으로 유망한 직업이라고 하면, 성장률이 높으며, 소득이 높고, 고용창출 능력 또는 총 수요가 많은 직업을 뜻한다.

앞서 살펴본 미래사회의 특징을 바탕으로 성장률이 높으며, 소득이 높고, 고용창출 능력과 총 수요가 많은 직업을 알아보자.

2. 유망직업의 분야와 유망 직업의 종류

1) 정보 기술(IT) 관련 직업

컴퓨터와 인터넷 관련 직업들은 기획, 설계 및 분석, 컨설팅, 영업 등 대부분의 분야에서 일자리 증가가 기대되는 분야이다.

정보검색원, 웹개발자, 컴퓨터 보안전문가, IT컨설턴트, 전자상거래 전문가, 컴퓨터 게임 시나리오작가, 컴퓨터 그래픽디자이너, 홀로그래픽 디자이너, 컴퓨터 음악가, 컴퓨터 프로그래머, 네트워크시스템 분석가 및 개발자 등이 있다.

2) 첨단과학 관련 직업

통신엔지니어, 화공엔지니어, 정밀기계엔지니어, 전자인공지능엔지

니어, 핵물리학자, 반도체전문가, 레이저공학자, 재료공학자, 초고주파
공학자, 유전공학자, 단백질구조공학자, 미생물유전학자, 나노소재공
학자, 광전자 엔지니어 등이 있다.

3) 세분화, 전문화로 파생되는 직업

경제전망가, 조직론전공학자, 대학입학전형설계사, 연수교육전문강
사, 공인노무사, 인사관리전문가, 전문리크루터, 노동법학자, 노사분쟁
전문판사, 임금연구가, 캐스팅디렉터, 투자 상담가, 신문방송기자 ,증
권국제브로커, 채권 딜러, 선물거래 중개사, 마케팅조사가, 사회조사
전문가, 광고기획자, 변리사, 텔레마케팅요원 등이 있다.

4) 세계화와 관련되는 직업

국제법학자, 머천다이저, 지역전문가, 통상전문관료, 외교관, 무역
전문가, 항공기조종사, 스튜어디스, 항공기정비사, 영상번역가, 동시통
역사, 관광통역가이드, 해외관광지개발가 등이 있다.

5) 여가선호로 파생되는 직업

호텔 국제판매직, 연회전문가, 항공사 여객마케팅, 여행기획가, 연
예오락이벤트 기획인, 성형외과의사, 피부과학전문학자, 피부미용사,
바텐더, 보모, 사회체육지도자, 레크리에이션연구가 등이 있다.

6) 창의성, 개성이 강조되는 직업

요리코디네이터, 색채전문가, 산업디자이너, 상업디자이너, 인테리
어전문가, 모델, 이미지컨설턴트, 테마파크디스플레이어, 의상컨설턴

트, 자동차디자이너, 일러스트레이터, 공예가, 광고디자이너, 환경디자
이너, 시각디자이너, 큐레이터, 조각가, 무대디자이너, 만화콘티작가,
애니메이션전문가, 의류머천다이저, 카피라이터, 분장사 등이 있다.

7) 문화 · 예술관련 직업

쇼 전문 PD, 드라마 PD, 국악이나 양악 전문 PD, 전문아나운서, 장
르별 MC, 음반 기획자, 뮤지컬배우, 영화배우, 연극배우, 영화홍보업
자, 이벤트매니지먼트, 탤런트, 모니터요원, 방송스크립터 등이 있다.

8) 환경 · 건강 관련 직업

수질전문가, 폐기물처리사, 환경평가사, 환경미생물전문가, 환경위
생학전문가, 환경공학전문가, 환경음악작곡가, 환경영화전문가, 산업
보건학전문가, 식물치료학자, 운동치료사, 산부인과 상담의사, 환경분
석학자, 생물반응학자, 파괴공학자, 운동생리학자, 예방의학전공학자,
약리학자, 동물생태학자, 해양채집전문가, 해저탐사전문가, 음악치료
사, 조산원등이 있다.

9) 정신문화 관련 직업

시각심리학자, 인지심리학자, 임상심리학자, 사원사기관리 전문가,
성격 배우, 청소년심리연구가, 행동과학전문가, 심리카운셀러, 심리상
담목회자, 정서장애 특수교사, 의료 사회사업가, 공인알콜중독상담가,
언어치료사, 간호사, 전통문화전수자, 한복기능사 등이 있다.

10) 보건 의료관련 직업

임상병리사, 간호사 및 간호조무사, 물리치료사, 치과위생사, 치과기공사, 응급구조사, 병원코디네이터, 의료전산 정보사, 음악치료사, 안경사, 방사선사, 의사, 한의사, 치과의사, 약사 등이 있다.

11) 사업 서비스 관련 직업

산업의 서비스화가 가속화 되는 가운데 사업서비스 관련 주요 직업들이 주목받고 있다. 사업서비스란 다른 사업체를 위하여 기술 및 과학적 업무와 일상적 업무를 계약에 의하여 수행함으로써 업무의 전문성과 효율성을 달성하는 산업이다.

광고기획가, 홍보전문가, 경영컨설턴트, 마케팅 및 시장조사분석가, 여론조사 전문가, 회계사, 감정평가사, 변리사, 세무사, 손해사정사. 노무사, 물류관리전문가, 법무사 등이 있다.

12) 녹색직업분야

녹색직업이란 기업과 여러 경제 분야의 환경 충격을 사회의 지속가능한 수준으로 줄이는 역할을 수행함으로써,궁극적으로 환경의 질을 보존하고 회복시키는데 기여하는 직업이다. 나노소재 연구 개발자, 친환경 소재 연구개발자, 정밀농업전문가, 탄소거래 중개인, 환경감정사, 하이브리드 연료전지 개발자. 태양광 설비 시스템 개발자, 풍력(지열) 발전시스템 개발자, 바이오 에너지 연구원 등이 있다.

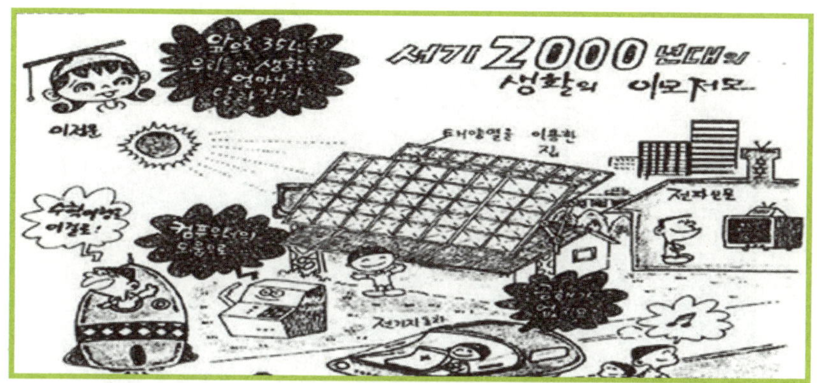

출처: http://adong.metro.daegu.kr

제시된 사진자료는 1965년에 한 초등학생이 서기 2000년 미래 사회의 모습을 그린 그림이다. 학생들에게 미래의 사회의 모습을 상상해 볼수 있도록 이런 그림 자료를 제시해 주는 것은 큰 도움이 된다. 현재 이 그림에서 이루어진 것이 무엇인지 찾아보도록 한다. 태양열 에너지 지붕, 전기 자동차, 컴퓨터의 도움을 받고 하는 숙제 등은 이미 이루어졌다. 학생들이 미래사회의 특징에 대해 생각하고 알 수 있도록 한다. 미래 사회의 산업구조에 따라 발생할 수 있는 직업을 생각해 보도록 하여 미래에 있을 법한 직업을 카드로 그려보도록 한다. 미래사회의 특징에 대해 말로만 설명해 주는 것보다는 관련 동영상이나 사진자료, 이미지 등을 제시하는 것이 좋다. 학생들 스스로 미래 사회를 상상해 보도록 한 후에 미래의 직업을 표현해 보도록 한다. 직업의 이미지도 그리게 하고, 직업의 이름을 짓고, 주로 하는 일, 어떤 자격이 있어야 이 직업을 할 수 있는지, 어떤 사람에게 맞는 직업인지 등을 작성해 보도록 한다.

타임머신 안내양

초등학교 5학년 학생이 그린 첨단과학 분야의 직업을 상상하여 그린 미래 직업카드이다. 타임머신 안내양 자격증을 따거나 타임머신 안내양 학교에서 A+~B+의 우수한 성적이 있는 사람이 될 수 있다고 한 것이 재미있다. 미래 사회를 유추해 보며, 산업구조의 발달이 직업세계에 영향을 미치며, 우리가 어떤 직업을 갖기 위해서는 일정한 자격이 있어야 한다는 것까지도 알 수 있도록 해주는 활동이다.

진로 정보 탐색하기

Ⅰ. 진로정보를 탐색하라!

유태 격언에는 "자식을 사랑한다면 물고기를 잡아주지 말고, 물고기 잡는 방법을 가르쳐라."라는 말이 있다. 단기적으로 보면 지금 당장 물고기를 잡아주는 것이 좋아 보일 수 있지만, 자식의 미래와 장래까지 생각한다면 물고기를 어떻게 하면 잡을 수 있는지 그 방법을 알려주라는 의미가 담겨있다. 이 말은 진로를 지도함에 있어서도 귀담아 들어야 할 말이다. 물고기를 잡기위해서는 물고기가 어떤 미끼를 좋아하는지 잡고 싶은 물고기의 특징을 알아야 하고, 무엇을 준비해야 하며, 낚싯대는 어떻게 던져야 하는지 알아야 할 것이다. 현대사회는 마음만 먹으면 얼마든지 자신이 원하는 지식과 정보를 쉽게 접할 수 있는 정보홍수의 시대라고 해도 과언이 아니다. 정보의 홍수 속에서 학생들은 자신에게 필요한 직업정보에 대해 정확하고, 신뢰로운 정보를 선별하고, 탐색하는 것이 중요하다. 왜냐하면 정보의 질에 따라 진로 의사를 결정하는데 결정적인 영향을 주기 때문이다. 제대로 된 정보라면 옳은 결정을 할 수 있겠지만, 그렇지 않을 경우 전혀 마음에 들지 않는 결과를 초래할 수도 있다. 정보를 수집한 이후에는 그 정보를 자신의 요구에 맞게 가공하고, 재구성하는 것도 중요하다. 즉, 자기 주도적으로 자신에 맞는 진로정보를 선별하고, 탐색, 가공, 재구성하는 능력이 진로에 있어서도 필요한 일이다.

Ⅱ. 진로정보의 개념

1. 진로정보의 정의

진로정보(career information)란 개개인의 진로를 개발하는 과정을 지원하기 위한 모든 정보의 형태를 의미한다.

2. 진로정보 탐색의 중요성

1) 학생들의 직업세계에 대한 흥미유발, 태도, 동기 자극

한국직업능력개발원에서는 전국 고교생을 대상으로 국내 직업 12,000개중 학생들이 희망하는 직업의 개수를 조사하였더니 직업의 개수가 272개 나왔다고 한다. 또한 전체 학생들의 50%가 선호한 직업의 총 숫자는 19개에 불과했다. 우리나라 학생들이 직업세계에 대한 흥미가 속히 개선되어야 함을 시사 하는 연구결과이다. 학생들이 직업세계와 진로에 대해서 흥미를 가지고, 긍정적 태도와 동기를 자극할 수 있는 좋은 방법이 바로 진로정보를 탐색하고 제공하는 것이다.

2) 현명한 진로의사결정에 영향을 미친다.

진로정보의 탐색은 학생들의 진로의사결정에 많은 영향을 미치며, 학생들의 잘못된 진로정보를 조정하기도 한다. 학생들이 직업을 갖게 되었을 때 자신이 생각하던 것과 다르다고 생각하는 가장 큰 요인 가운데 하나가 바로 진로정보의 부족이다.

3) 자신의 진로계획을 구체화 할 수 있다.

진로정보를 탐색하는 과정에서 많은 정보를 접하게 되면 진로계획이 뚜렷해지고, 단계별로 구체적인 목표를 설정할 수도 있고, 자신의 진로계획을 구체화 할 수 있다.

4) 지식정보화 시대에 필요한 자기 주도적 정보탐색 · 활용능력 향상

나날이 지식과 정보가 고도화 되고 있는 시대에 부모님과 교사들이 학생들의 요구에 맞추어 직업정보를 수집 · 가공, 제공해 주기에는 한계가 있다. 학생들 스스로가 원하는 직업정보를 탐색할 수 있는 방법을 알려주고, 정보를 수집해서 활용할 수 있도록 해야 한다. 이러한 자기주도성은 지식정보화 시대를 살아가야 하는 청소년들에게 진로교육에서만이 아니라 인생 전체를 놓고 보았을 때도 반드시 필요한 능력이다.

Ⅲ. 직업정보 탐색과 활용방법과 유의점

1. 진로정보 탐색과 활용방법

진로정보를 탐색하고 활용하는 방법에는 책, 인터넷, 현직인 인터뷰, 도서관, 책, 인터넷정보관련 홈페이지이용 등과 같은 방법이 있다.

1) 인터넷 활용

진로정보원(인터넷 진로정보 등)을 활용하여 다양한 직업에서 요구하는 사항을 조사하고, 자신의 능력과 흥미를 고려하여, 자신에게 맞는 직업이 요구하는 자질 및 특성을 확인하도록 한다. 대표적인 사이트는 커리어넷, 한국청소년 상담 복지 개발원, 유스드림, 진로진학 정보센터 등이 있다.

기관	홈페이지 주소	주요내용
커리어넷	www.career.go.kr	학교급별 심리검사, 직업정보, 학교정보, 진로상담, 진로가이드 등 정보제공
워크넷	www.work.go.kr	직업정보와 심리검사 제공
한국청소년 상담 복지 개발원	www.kyci.or.kr	사이버 상담센터 운영
서울시 교육연구정보원	www.serii.re.kr	서울특별시 교육연구정보원에서 운영하는 직업정보 및 진학진로정보 제공 사이트
진로진학정보센터	www.jinhak.or.kr	진로정보, 진로적성검사, 대학진학정보, 고교진학정보

2) 인쇄매체의 활용

한국직업사전과 한국직업전망서, 또는 성공한 직업인의 수기를 활용하여 진로정보를 수집하고, 정리하는 방법이 있다. 또한 진로 관련 팸플릿이나 진로카드를 활용하는 방법도 좋은 방법이다.

3) 뉴스 또는 신문을 통한 정보수집

TV, 라디오의 뉴스 정보는 나라의 정책과 사회현상을 반영한 최신의 뉴스가 많다. 이러한 정보들이 학생들에게 필요한 진로정보를 주기도 한다. 시청각 자료를 활용하는 방법도 좋다. 영화나 드라마, 방송을 통해서도 학생들의 흥미를 유발할 수 있는 다양한 진로정보를 수집할 수 있다.

4) 개인네트워크 활용

개인적인 인맥과 지인들을 활용하여 진로정보를 수집할 수도 있다. 학교 선후배, 친척, 선생님, 부모님 등 개인적인 네트워크를 적극적으로 활용하는 방법이다.

5) 직접 확인하여 정보수집

평소에 관심을 가지고 있던 직업현장을 직접 방문하여 그 직업에 종사하고 있는 사람들을 만나 대화를 나누는 방법이다. 이 방법은 전체적인 정보를 수집하기에 좋으며 면담을 통해서 관심 있는 직업의 특성, 직무내용, 조건, 환경 등을 구체적으로 분석할 수 있다.

2. 진로정보탐색의 과정

① 먼저 자신이 좋아하는 것들과 관련된 직업에는 어떤 것들이 있는
   지 알아본다.
② 자신의 주위에 다양한 진로정보원 인식 및 활용
   - 각종 핸드북 및 직업사전, 진로관련 인쇄매체, 현직자, 인터넷 진
     로정보 사이트
③ 직업세계에 대한 다양한 정보 및 최근 직업세계의 탐색
   - 교육적 요구사항, 핵심인물 고용동향, 직업별 인구통계학적 작업
     환경 특성, 채용방식, 채용동향 등의 정보 탐색 포함
④ 다양한 진로정보원을 활용하여 수집한 진로정보를 평가
⑤ 탐색한 정보의 신뢰성을 해석 · 평가하고 확인하기
⑥ 자신에게 유용한 정보 취사선택하기

3. 진로정보 수집 시 유의점

진로를 계획하는데 필요한 정보를 다양한 경로를 통하여 수집하고, 그
러한 정보의 신뢰성을 평가하고, 정보를 종합하여 정확하고 신뢰성 있는
진로정보를 탐색, 해석, 활용하는 방법을 익히도록 한다. 이를 위해서는
다음과 같은 사항에 유의해야 한다.

1) 명확한 목표를 세운다.

무슨 목적으로, 어디서 어떻게 무엇을 수집할 것인가에 대해 목표
를 명확히 한다.

2) 진로정보는 정확하고, 신뢰로운 것이어야 한다.

진로정보원의 제공 출처가 어디인지 확인해야 하고, 정확한 것이어
야 한다.

3) 항상 최신의 자료인가 확인하여야 한다.

진로정보는 고정되어 있는 것이 아니라 항상 변하고 있기 때문에
그 내용이 항상 유효한 것이 아니다. 따라서 최신의 정보인지를 확인
해야 한다.

4) 진로정보 수집에 필요한 도구를 사용한다.

쓰기, 옮겨 쓰기, 사진 오려 붙이기, 녹음, 입력 등의 방법을 활용하
여 정보를 정리한다.

Ⅴ. 진로정보 탐색 방법을 진로수업에 적용하기

1. 직업카드 활용하기

수업을 통해 진로정보를 제공하는 방법으로 직업카드를 활용하는 방
법이 있다. 직업카드라는 도구를 활용해서 학생들이 직업정보를 실질적
으로 활용해 볼 수 있어서 수업시 활용할 경우 반응도 좋고, 직업정보에
대해서도 많이 알 수 있는 활동이다. 직업카드를 활용하는 방법은 학습
대상의 연령과 이해수준 등을 고려하여 조직하도록 한다.

예를 들면, 짝을 정하여 서로 문제를 내면서 카드놀이를 하는 경우도
있고, 관심 있는 카드를 골라서 그 직업정보를 정리해 볼 수 있는 활동지
를 주는 방법도 있다. RIASEC(홀랜드) 흥미유형에 맞게 직업을 분류하

도록 해도 좋다.

아래 사진은 직업카드를 분류하며, 관심 있는 카드를 골라 정보를 정리해 보는 활동이다.

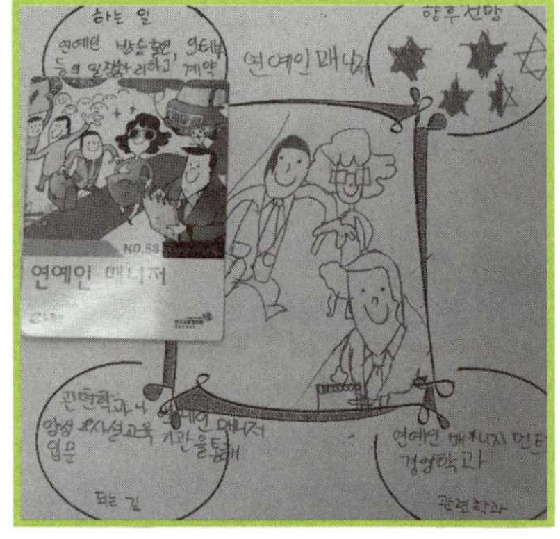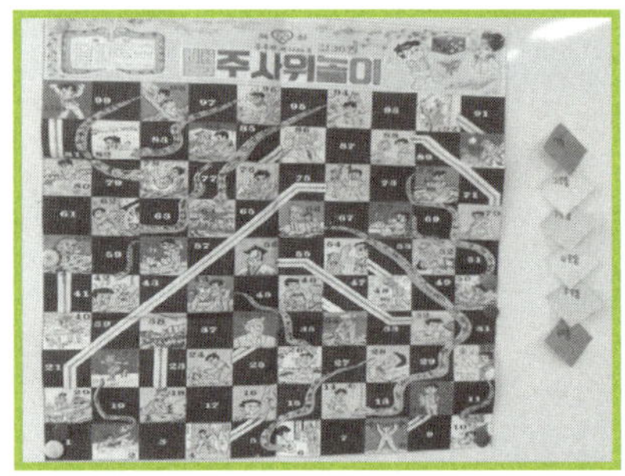

이 활동 후에는 돌아가면서 자신이 그린카드의 정보를 읽어주도록 하고, 다른 학생들이 그 직업이 무엇인지 맞춰보는 게임을 해도 좋다.

직업카드를 수업에 활용하는 방법은 무궁무진하다. 아이들에게 직업카드를 잘 살펴볼 수 있도록 시간을 준 후에 '뱀 사다리 게임 판'을 가지고 윷놀이 식의 조별게임을 진행하는 것도 아주 재미있는 활동이 된다.

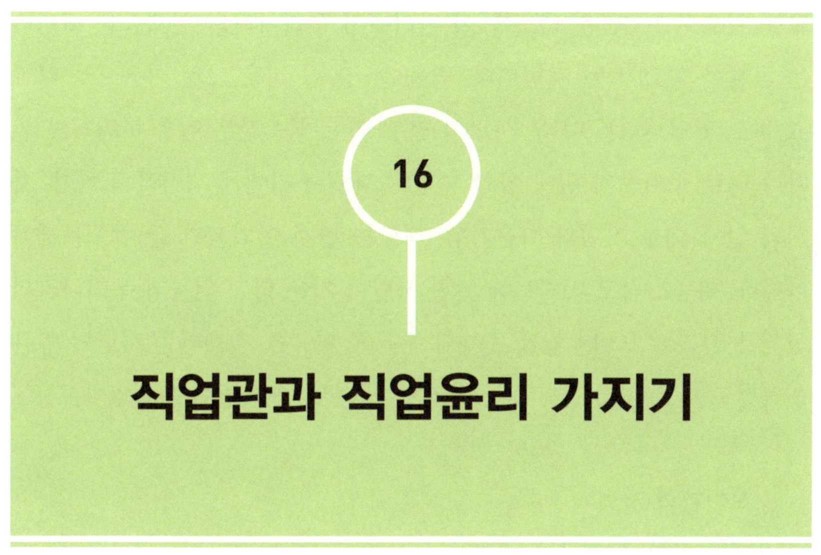

직업관과 직업윤리 가지기

Ⅰ. 직업관과 직업윤리를 가져라!

건물을 짓는 공사장에서 한 무리의 인부들이 열심히 일을 하고 있었다. 지나가던 한 사람이 일을 하고 있는 한 사람에게 다가가 "당신은 지금 무얼 하고 있습니까?" 하고 물어보았다. 그 사람은 "아니, 보면 모릅니까? 지금 벽돌을 나르고 있지 않소? 성가시니 저리 가시오." 하고 짜증을 내며 지나갔다. 길을 가던 그 사람은 조금 더 가서 또 다른 인부에게 같은 질문을 하였다. "당신은 지금 무얼 하고 있습니까?" 그런데 그는 아까 잔뜩 짜증을 내던 인부와는 다르게 밝은 표정으로 이렇게 대답했다고 한다. "저는 지금 아이들이 공부할 학교를 짓고 있습니다. 아마도 이 학교는 앞으로 100년은 넘도록 이 자리에서 우리나라의 인재들을 길러내는 튼튼한 학교가 될 것입니다. 벽돌 한 장 한 장을 그런 마음으로 나르고 쌓고 있답니다!" 이 두 사람의 인부 이야기는 같은 일을 하면서도 얼마나 다르게 자신의 일에 임할 수 있는지를 우리에게 생각하게 한다. 자신의 일에 대한 가치와 마음가짐, 태도는 단지 여기서만 끝나는 문제가 아니다. 짜증스럽고 마지못해 일한 사람이 지은 학교 건물과 우리나라의 인재를 길러낼 100년 넘게 존재할 튼튼한 학교를 짓겠다는 사람의 일은 출발점도 다르지만, 일을 하는 과정도, 결과도 다를 것이 틀림없다.

1. 직업관의 정의

직업관(직업의식)이란 개인이나 사회의 구성원들이 직업에 대해 가지고 있는 태도나 가치관을 뜻한다. 청소년기에는 이성적 사고가 발달하고, 정의감이 확립되기도 하고, 도덕적 신념이 형성되는 시기이기도 하다. 이때 형성된 신념이나 직업관은 성인이 되어서까지 연장된다. 이 시기에 잘못 형성된 직업관은 성인이 되어 바로잡기에 많은 시간과 노력이 든다. 따라서 청소년기에서부터 합리적인 직업관을 가질 수 있도록 하는 것은 중요한 일이다.

직업관은 사회의 변화와 시대상에 따라 변화하기도 하지만, 상당기간 동안 지속되며 개인마다 어떤 특성을 갖는다. 개인 또는 사회가 어떤 직업관을 갖느냐는 개인의 진로결정 및 직업 수행 뿐 아니라, 개인이 속한 사회의 발전에도 큰 영향을 준다. 즉 건전한 직업관을 갖고 있는 개인들로 구성된 사회는 안정되고 건강하게 발전하지만, 그렇지 못한 사회는 불안정하고, 경제 구조는 변질되고 파괴된다.

건전한 직업관이란 개인의 생계유지에 보탬이 되면서도 소명의식을 고려해야 하며, 업적, 출세, 이익보다는 일 자체의 수행과 성취에 비중을 두며, 성별이나 신분 등을 초월해 소질, 능력, 성취도를 중시하며 사회에까지 유용한 직업관이라야 한다.

이러한 직업관은 개인과 사회라는 두 가지 측면에서 살펴볼 수 있는데 개인적 측면의 직업관과 사회적 측면의 직업관으로 나누어 볼 수 있다. 개인적 측면의 직업관이란 직업을 선택하고 직무를 수행함에 있어서 어떤 의식이나 가치관을 가지고 임하는 가를 의미한다. 사회적 측면의 직업관이란 역사적으로 직업에 대한 의식이나 가치관이 사회의 발달에 따라 어떻게 변천되었는가를 의미한다. 개인적 직업관과 사회적 직업관은 서로 긴밀한 영향을 주고받는 위치에 있다. 건전한 직업관을 갖고 있는 개인들로 구성된 사회는 안정되고 건강하게 발전하지만, 그렇지 못할 때는 경제적 기본 질서가 무너지고 양심과 도덕이 사라지게 될 것이다. 불건전한 사회에서는 개인이 자신의 양심과 정의를 지키며 살아가는 것 또한 어려운 일이다. 따라서 개인적으로도, 사회적으로도 건전한 직업관을 갖는 것은 매우 중요하다.

2. 직업관의 유형

1) 생업적 직업관과 소명적 직업관

생업적 직업관은 직업을 생계유지의 수단으로 보는 직업의식이며, 소명적 직업관은 직업을 하늘로부터 부여 받은 일로 생각하여 자기가 하는 일에 전력을 다하는 것이 하늘의 뜻과 인간의 도리라고 생각하는 직업관이다. 소명적 직업관 즉, 천직 의식을 가진 사람은 자신의 직업에 긍지를 가지며 열과 성의를 다해 충실하게 그 일을 수행한다.

2) 결과 지향적 직업관과 과정 지향적 직업관

일의 업적과 결과를 중요시하느냐 아니면 일이 진행되는 과정을 더 중요시 하느냐로 가치를 구분하며 결과 지향적 직업관은 금전적 보수나 명예, 권력 등과 같이 직업을 통해서 얻게 되는 결과를 중요시하는 반면, 과정 지향적 직업관은 일 자체의 올바른 수행에 도덕적 가치를 두는 것이다.

3) 물질 지향적 직업관과 정신 지향적 직업관

물질 지향적 직업관은 직업에서 얻은 물질적 보수에 높은 가치를 두는 직업관을 말한다. 반면에 정신 지향적 직업관은 직업 활동을 수행하는 과정에서 발견하는 정신적 가치를 중요하게 생각하는 직업관이다. 인간이 보다 편리하게 생활할 수 있도록 기술을 발전시키려는 기술자의 노력, 인간의 존엄성을 귀하게 여기는 태도 등에서 볼 수 있는 것이 정신 지향적 직업관이다.

4) 업적주의적 직업관과 귀속주의적 직업관

개인의 능력과 성취도를 중요하게 생각하는 것이 업적 주의적 직업관이고, 개인의 외적인 배경, 부모의 사회적 신분을 중요시하는 것이 귀족주의적 직업관이다.

5) 개인 중심 직업관과 집단 중심 직업관

직업에서 형성되는 인간관계를 중심으로 개인의 욕구 충족을 중요하게 생각하는 것이 개인 중심 직업관이고, 집단 내에서 주어진 역할을 어떻게 수행하느냐를 더 중요하게 생각하는 것이 집단 중심 직업관이다.

3. 바람직한 직업관과 태도

1) 소명의식과 천직의식

바람직한 직업관을 위해서는 개인의 직업에 대한 사명감으로서 소명의식을 가지고 있어야 하며, 자신의 직업에 대해 긍지와 자부심을 가지며, 그 일에 열성을 가지고 성실하게 임하는 자세가 필요하다. 즉 자신이 하는 일에 소명의식과 천직 의식을 가지고 꾸준히 노력해 나갈 때, 자신은 물론 사회가 건강하게 유지, 발전할 수 있을 것이다.

우리는 일상생활 속에서 많은 직업인들을 만나게 된다. 그 가운데 버스운전기사를 생각해 보자. 두 사람의 운전기사가 있다. 한 사람은 매일같이 아침부터 저녁까지 버스를 운전하는 일이 그다지 자신에게 맞지 않는 다는 생각을 가지고 있다. 하지만 나이도 있고 섣불리 직장을 옮길 수 없는 상황이다. 그나마 이일을 하면서 가장 즐거울 때는 월급날이다. 하지만 잠시뿐 또 되풀이 되는 일상이 지겹다는 생각이 들고 있다. 이러한 상황에서는 일을 통한 개인의 자아정체감 확립이나 자기충족 또는 자아실현을 기대하기 어렵다. 버스운전사 개인의 직업관은 필연적으로 다른 이들에게까지 많은 영향을 미치게 된다. 이 버스에 타는 승객들을 생각해 보자. 승객들은 불만이 많다. 말 한마디 붙이기도 어려워 보이는 이 버스운전 기사는 급브레이크를 자주 밟는 바람에 버스를 탈 때마다 위험한 상황이 여러 번 연출된다. 이 버스를 타면 아침의 상쾌한 기분이 날아가 버린다.

이번에는 또 다른 버스운전기사가 운전하는 버스에 타보자. 이 사람은 투철한 직업관을 가진 사람이다. 승객을 정해진 장소에 안전하게 내려주는 것을 자신에게 주어진 소명으로 여기고 있다. 그는 정복을 갖춰 입고, 이어마이크를 끼고, 승객이 탈 때마다 반갑게 인사를 건

넨다. 버스가 정차하고 문을 열면서 "좋은 하루 되십시오."라는 인사를 잊지 않는다. 두 사람의 운전기사는 같은 일을 하고 있지만 전혀 다른 삶을 살고 있다. 개인의 직업관이 얼마나 많은 사람에게 영향을 미치는지 잊어서는 안 될 것이다. 자신이 하고 있는 일이 무엇이든 일 자체로서의 즐거움과 가치를 찾을 수 있도록 노력해야 하고, 우리가 지도하는 학생들에게도 직업관이 자신의 삶을 행복하게도 하고 불행하게도 만들 수 있다는 것을 인지하도록 해야 한다. 자신의 삶 뿐 아니라 타인과 사회 더 나아가 나라의 분위기까지도 좌우할 수 있는 것이 바로 직업관이다.

2) 직분의식과 봉사정신

우리는 직업을 통해서 사회적인 역할 분담을 하고 있다. 이 사회적 역할 분담은 거대한 기계의 부속품과 톱니바퀴들처럼 서로서로 유기적으로 연결되어 있다. 좀 더 구체적으로 말하자면 각 개인은 직업을 통하여 타인과 자신이 소속된 사회 공동체에 기여하게 된다. 어떤 사람은 교사라는 직업을 통해서, 어떤 사람은 약사로, 어떤 사람은 디자이너로, 어떤 사람은 조리사로, 어떤 사람은 경찰관으로 사회적인 역할을 분담하고 있다는 의미이다. 이때 아무 의미 없이 일하는 사람이 아닌 자신의 직분의 중요함과 다른 사람들에게 얼마나 도움을 주는 값진 일인지를 생각하면서 일하는 마음가짐이 필요하다.

3) 책임의식과 전문의식

나날이 변화하고 진화하고 있는 직업세계에서 책임의식과 전문의식은 실로 중요한 덕목이다. 직업인은 많으나 책임지지 않는 직업인이 많고, 직업인은 많으나 전문가를 찾기 힘든 사회라면 그 사회는 제대로 기능하고 발전과 성장을 할 수 없는 사회가 된다. 자신의 직업의 중요성을 인식하고, 직무를 충실히 수행하고자 하는 책임의식과 일을 잘 수행할 수 있는 전문적 지식을 갖추도록 해야 한다.

4. 그릇된 직업관과 태도

한 개인의 그릇된 직업관은 자신의 삶에서만 피해를 입히는 것이 아니다. 타인의 삶과 생활에 있어서도 크고 작은 피해를 끼칠 수 있다. 또한 자신의 직업관이 아무리 긍정적이더라도 타인에게 해를 끼치는 일은 합리적이지 않다. 더불어 사는 세상에서 타인을 배려하는 자세를 가지고, 타인을 존중하는 태도를 갖도록 해야 한다. 다음의 사항들은 그릇된 직업관과 태도를 유발하는 요인이 된다.

① 직업을 생계를 유지하기 위한 수단으로만 본다.
② 직업 생활의 최고 목표는 높은 지위에 올라가는 것이라고 생각한다.
③ 능력으로 인정받으려고 노력하지 않고 학연과 지연에 의지한다.

Ⅱ. 올바른 직업관을 위한 직업 고정관념 타파

1. 직업은 수단일까, 목적일까?

직업을 대하는 그 사람의 태도를 보면 그가 가지고 있는 직업관이 어떠한지를 쉽게 알 수 있다. 우리는 주변에서 직업을 그저 돈을 벌기 위한 생계의 수단, 출세나 명예를 위한 수단으로 여기는 사람을 종종 보게 된다. 이런 사람에게 직업은 그다지 중요한 의미와 가치가 되지 못한다. 자신이 하고 있는 직업에 그 자체로서 즐거운 목적이 아니라 여러 가지 욕구를 충족시키기 위한 하나의 수단에 지나지 않기 때문이다. 이들은 자신의 직업에 불만을 가지기 쉽다. 왜냐하면 직업이 목적을 달성하기 위한 수단에 지나지 않으므로 목적에 의미가 있는 것이지 수단에서는 별로 의미를 찾지 못하게 되기 때문이다. 예를 들어 한 의사가 단지 돈을 벌기 위해서 일을 한다고 생각해 보자. 의사로서 일하는 것은 단지 돈을 벌기 위한 수단일 뿐이다. 이런 의사는 환자를 돈으로 보게 될 것이고, 돈이 될 것 같은 환자는 환대하고, 돈이 안 될 것 같은 환자는 소홀히 여길 수도 있지 않겠는가?

따라서 직업을 가지고 일을 하게 될 때 일을 목적을 이루기 위한 수단으로 여길 것이 아니라 그 일 자체를 목적으로 여기고, 일을 하는 과정에서 보람과 즐거움을 찾을 수 있도록 해야 한다. 이것이 바로 개인의 행복은 물론 생산성 향상을 통해 사회와 나라까지도 성장하는 결과를 가져오게 할 것이다.

2. 직업에는 귀천이 있을까, 없을까?

부모님들이 자녀의 직업으로 선호하는 직업이나 학생들이 선호하는 직업 등을 조사해 보면 몇몇 특정 분야에 쏠림 현상이 나타남을 알 수 있다. 하지만 우리가 사는 사회는 인간의 필요에 의해 직업이 생성되고 소멸하는 사회이다. 단지 몇몇 특정 직업만 있어서는 굴러갈 수 없다는 얘기다.

대학병원에 의사로 출근하는 여성이 있다. 업무가 바쁘기 때문에 집안 살림을 제대로 할 수 없는 상황이다. 이 여성이 직업인으로서 제대로 자기 일을 감당하기 위해서는 일주일에 두 번씩 가사 일을 해 주는 가사

도우미의 힘이 절대적으로 필요하다. 세 살배기 어린아이를 맡아줄 보육교사도 필요하고, 집이 비었을 때 택배를 받아주는 아파트 경비아저씨도 필요하다. 우리가 살아가고 있는 사회의 그 어떤 것도 귀하다 천하다를 임의대로 생각할 수 있는 것이 아니다. 우리가 일의 진정한 의미를 깨닫게 되면 소위 인기 직업이라는 것은 별 의미가 없다는 것을 알게 된다.

현대사회에서는 모든 직업이 다 제각기 나름대로의 특성을 가지고 있으며 또한 전문성을 요구하고 있는 시대이다. 따라서 어떤 직업이든 개인에게 적합한 것이면 누구나 다 그 분야에서 성취감과 행복감을 맛볼 수 있다. 직업자체에 대한 편견을 버려야 한다. 편견을 가지고 있는 직업이 있다면 반드시 바로 잡아 주어야 한다. 직업에 대한 편견을 바로잡게 하기에 좋은 방법은 대부분의 사람들이 편견을 가지고 있는 직업이지만 그 일을 하면서 가치를 부여하고 행복한 삶을 만들어 가고 있는 직업인들의 이야기나 영상을 보여주는 방법이 효과적이다.

3. 남성 직업일까, 여성 직업일까?

우리나라를 비롯하여 대부분의 국가에서 남성과 여성이 경제활동을 하는 산업과 직종이 다른 성별 직종분리현상(occupational segregation)을 보이고 있다. 성역할에 대한 고정관념을 버리자는 의미는 여성과 남성의 차이를 무시하자는 말이 아니다. 분명히 여성과 남성은 여러모로 다른 점이 있다. 따라서 직업에 있어서도 여성에게 더 적합한 직업이 있고, 남성에게 더 적합한 직업이 있다는 것은 당연한 결과이다. 하지만 기억해야 할 것은 이것은 보통의 일반화된 통계라는 것이다. 예를 들면 대부분의 남성들은 공간 지각력이 여성보다 우수하다고 한다. 그래서 대부분 버스운전기사, 택시운전기사, 중장비 운전 등의 직업에서는 여성보다 남성 비율이 많다. 한편 여성은 남성보다 사람들을 배려하고, 공감하고, 돌보는 일에서 우수하다고 한다. 그래서 대부분의 상담가, 간호사 등의 직업에서는 여성이 더 많이 종사하는 편이다. 하지만 예외라는 것이 존재해서 어떤 여성은 남성 못지않은 공간 지각력을 가지고 운전기사라는 직업에 종사하기도 하고, 여성 못지않은 배려와 공감능력으로 간호사라는 직업에 종사하는 남성도 있다. 하지만 현실에서 종사한 이들이 한 목소리로 토로하는 것은 직업현장에서 만나는 사람들이 편견을 가지고 바라보기 때문에 힘들다는 것이다. 예를 들어 남성이 간호사일 때 사람들은 불편하다, 친절하지 않을 것이다 등의 선입견을 가지고 있어 그것을 깨기까지 적지 않은 시간이 걸린다고 한다.

현대에 와서는 이러한 직업적인 고정관념을 깨고, 직업을 선택하는 사람들을 접할 기회가 종종 있다. 그렇지만 아직도 뉴스나 신문 등에서 공공연하게 이슈화가 되는 것을 보면 성역할에 대한 고정관념이 여전히 존재함을 알 수 있다. 이는 남성 위주의 전통적 사회에서 형성된 성역할이 그대로 오늘날까지 전해 내려오는 결과라고 할 수 있다. 게다가 일반적으로 여성은 임금이 낮고, 근로조건이 열악하며 능력개발이나 승진의 기회가 제한된 직종에 집중적으로 취업하는 경우를 유발하기도 한다.

그러나 현대 사회에서는 여성들의 교육기회 증대, 산업구조의 변화 등으로 성에 대한 구별이 많이 약화 되었다. 학생들로 하여금 성역할에 대한 편견을 버리고 직업세계를 바라볼 수 있도록 해야 한다. 또한 학생들이 자신의 성격, 흥미, 재능 등에 맞고 꼭 하고 싶은 직업이 성역할에 걸림이 되어 지레 마음을 접는 경우가 발생하도록 해서는 안 될 것이다.

〈직종에서 여성비율로 본 남성 직종, 여성직종〉

여성 직종	여성비율	남성 직종	여성 비율
간호사	99.8	고위공무원 및 기업 고위임원	0.0
보육사 및 생활지도원	97.1	금속 및 재료공학 기술자 (엔지니어)	0.0
안내 및 고객관련 서비스직	86.3	농림어업 관련 관리직	0.0
기타 보건의료 관련직	85.8	로봇조작 및 전기, 전자장비제조 관련 조직원	0.0
비서 및 사무보조원	85.6	발전장치조작원	0.0
이, 미용 및 관련 서비스직	85.6	장치조작원	0.0
조주사	81.4	섬유공학기술자 (엔지니어)	0.0
생산관련 단순직	80.6	수의사	0.0
농림어업 관련 단순직	78.7	운송장비정비원 (자동차 제외)	0.0
회계 및 경리 관련 사무직	78.1	전통건물 건축원	0.0
주방장 및 조리사	77.4	전공	0.3
학예사, 사서 및 기록물 관리사	77.2	전기설비 조작원	0.3

학원 강사	75.4	건설기계 운전원	0.4
보험 관련 영업직	75.4	기계장비 설치 및 정비원	0.5
식당 서비스 관련직	73.4	크레인 및 지게차운전 관련직	1.1
청소 및 파출부 관련직	72.4	냉난방 관련 설비 조작원	1.2
직물, 모피, 가죽, 의복 가공 관련직	70.5	목공	1.2
작가 및 출판 관련직	68.6	건설, 생산 정보통신 관련 관리직	1.3
치료사	67.3	기계공학 기술자 (엔지니어)	1.4
약사	61.6	자동차정비원	1.4

Job map 원재료에서 재구성

여성 직종(female occupation)이란 특정 직종에 종사하는 여성 비율이 전체 취업자 중 여성비율보다 높은 직종, 즉 전체 취업자 중에서 여성이 차지하는 비율보다 특정 직종에서 여성이 과대대표(overrepresented)되어 있으면 해당직종을 여성 직종 이라고 한다. 남성 직종(male occupation)은 전체 취업자중에서 남성이 차지하는 비율보다 특정 직종에서 차지하는 남성 비율이 높은 직종을 말한다.

Ⅲ. 직업윤리의 의미

1. 직업윤리의 정의

직업윤리는 개인이 직업 생활을 하면서 지켜야 할 도덕적 원리 내지는 행동 규범을 말한다. 바람직한 직업 생활을 위해서는 건전하고 올바른 도덕적 원리나 행동 규범을 준수하고 실천하는 자세와 태도가 매우 중요하다. 직업윤리라는 말은 직업과 윤리가 결합된 말이며, 사람들이 직업 활동을 하면서 최적이라 생각되는 일정 유형의 도덕적 관계를 규정하는 행동의 규범, 약속 등을 의미한다. 직업윤리는 일에 대한 습관, 가치관, 태도를 지칭하는 능력으로서 직장 생활, 인간관계 등에 결정적인 영향을 미치기 때문에 중요하다.

2. 직업별로 요구되는 직업윤리

직업은 사회적인 역할을 담당하고 있고, 그 일을 하는 직업들로 구성된 거대한 사회구조 속에서 서로서로 이해관계를 갖게 된다. 이로 인해 직업이 사회와의 관계 속에서 최적이라고 생각되는 일정 유형의 도덕적 관계를 규정하는 행동규범과 약속이 발생하게 된다. 예를 들어, 판사라는 직업에 종사하는 사람들은 공평하며, 공정한 윤리의식이 다른 직업에 비해 더욱 필요하다. 의사라면 생명을 존중하는 윤리의식이 식품관련업에 종사하는 사람들은 위생에 대한 윤리의식이 더욱 필요하다. 간혹 신문이나 뉴스를 보다보면 뺑소니사고를 낸 택시운전기사, 식품의 유통기한을 속여 파는 행위 등과 같은 기사가 나서 우리사회를 시끄럽게 만들기도 한다. 이런 사건들이 일어나는 원인은 무엇일까? 이는 개인의 이익만을 추구하고자 하는 이기적인 욕심이 앞서있기 때문이며, 직업윤리가 없기 때문이다. 통상적으로 음식을 만드는 업체라면 국민들의 먹을거리를 만들고 있으므로 위생성과 정직성을 갖춘 직업인이 되어야 할 것이다. 운전기사의 경우 교통법규를 준수하는 질서의식과, 준법정신이 있어야 할 것이다.

직업윤리는 한 사회의 의식수준과 신뢰도를 예측할 수 있는 지표라 해도 과언이 아니다.

교과와 직업 주목하기

Ⅰ. 교과와 직업을 주목하라!

학생들이 '공부는 공부일 뿐'이라고 생각하고, 학습의 흥미를 잃어버리게 되는 가장 큰 요인은 무엇일까? 물론 여러 가지 요인이 있겠지만 첫째는 생활과 공부를 동떨어진 것으로 생각하기 때문이다. 두 번째는 공부를 그냥 해야 할 것으로 여기는 당위적 사고를 하기 때문이다. 생활과 공부가 유리되어 있다는 것은 자신의 생활이나 삶에 별 관련이 없다고 생각한다는 것이다. 이런 생각은 학습에 대한 학생들의 생각을 더욱 무력화 시키는 역할을 하게 된다. 또한 공부를 해야 할 것으로만 여기는 당위적 사고는 학생들이 공부나 교과에 대한 흥미를 떨어뜨리는 요인이 된다. 이를 극복하기 위해서는 학생들이 현재 배우고 있는 교과와 직업에 의미를 부여해 주는 것이 필요하다. 학생들이 지금 배우고 있는 교과 공부와 관련한 직업을 알아보도록 하여 직업세계에 대한 이해를 넓혀주는 것이 필요하다. 이러한 활동을 통해 교과가 단지 상급학교 진학과 입시를 위한 것만이 아닌 우리의 생활과 그것을 이루고 있는 직업까지 모두 유기적으로 연관이 되어 있음을 알 수 있게 될 것이다.

그러나 이 말에 오해가 없길 바란다. 지금 현재 배우고 있는 교과 공부가 앞으로의 직업을 위한 '준비로서의 교육이 되어야 한다.'라는 주장을 하는 것이 아니다. 이러한 생각은 공부를 수단화 시키는 것이 되어 학생들의 학습동기를 방해하는 요인이 된다. 단지 지금 학생들이 배우고 있는 교과가 그 자체로서 우리 삶을 구성해 가는데 얼마나 의미가 있는 것인지를 학생들이 인지하도록 하자는 것이다.

Ⅱ. 교과와 직업 연결 짓기의 효과

1. 학습자체에 흥미를 갖도록 동기부여 할 수 있다.

하루 중 대부분의 시간을 학교에서 보내는 학생들에게 교과는 어떤 의미가 있을까? "공부해야할 것이 교과이다"라는 당위적 생각에 사로잡힌 아이들은 교과에 대한 흥미를 잃어버리기 쉽다. 학습에 있어서 흥미의 요소는 굉장히 중요한 동기요인이 된다. 어떤 것에 대한 특별한 관심, 좋아하는 일이나 재미를 느끼는 활동을 흥미라고 부른다. 좋아하는 일은 누가 시키지 않아도 스스로 열심히 하게 되고, 이때 재미있어서 열심히 하다 보니 능숙하고, 능력이 쌓여 점점 더 잘하게 될 가능성이 커진다.

이때 이것을 통해 타인들로부터 칭찬과 인정을 받게 되면 자존감과 자신감이 커지면서 그 일을 더 좋아하게 된다. 이를테면 일종의 선순환 효과가 나타나게 되는 것이다. 학창시절 좋아하는 과목을 수업시간에 더 집중하게 되고, 재미있었던 경험은 바로 흥미의 소산이다. 한 가지 더 강조하자면 우리가 간과하기 쉬운 흥미의 요소 가운데에는 '이해관계'가 있음을 인지할 필요가 있다. 지금하고 있는 것이 나에게 어떤 의미가 있고, 무엇을 줄 수 있는지 여부에 따라 흥미와 관심 정도는 달라진다. 일단, 내가 하는 일이 나에게 의미가 있는 것이라는 생각이 들게 되면, 그 일을 할 때 자신을 잃어버리기도 하고, 그 일을 하면서 자신을 찾기도 한다. 즉, 몰입하고 열정적 상태를 갖게 된다는 의미이다. 학생들이 자주 접하게 되는 교과를 활용하여 직업세계를 이해하는 폭을 넓히는 것은 학생들로 하여금 지금 현재 배우는 교과의 의미를 재고하고 흥미를 갖도록 만드는데 중요한 역할을 할 것이다.

2. 자신의 특성을 쉽게 확인할 수 있다.

학교현장에서 학생들을 지도하다 보면 자신의 특성이 무엇이고, 흥미와 적성이 무엇인지 모르겠다고 호소하는 학생들이 있다. 이럴 때 자신의 특성을 쉽게 확인할 수 있는 방법으로는 어느 수업시간을 흥미 있어 하는지, 어떤 과목을 잘하는지 등을 확인하는 방법이 있다. 그리고 이와 관련한 직업들을 찾아, 정보를 모아보는 것이다. 자신이 흥미를 가지고 있고, 관심 있게 생각하며, 다른 과목보다 재미를 느낀다는 것은 그 쪽에 흥미나 적성이 발달해 있다는 의미이다. 그 교과와 관련한 직업에 대한 정보를 탐색해 보다보면 직업세계에 대해 좀 더 관심을 가질 수 있을 것이다.

3. 우리의 생활과 교과가 관련되어 있음을 알 수 있다.

학생들이 자신이 공부하고 있는 교과와 삶에 의미를 부여할 수 있는 가장 좋은 방법 가운데 하나는 직업과 매칭 시켜보고, 교과와 관련한 직업들에 대해 생각해 보는 것이다.

직업세계는 우리생활과 사회구조와 밀접한 연관이 있기 때문에 교과와 직업을 연결 지어 보는 활동을 통해 지금배우고 있는 공부에 의미를 불어넣는 일이 될 수 있다. 따라서 현재 배우는 공부가 사회를 살아가는 나름대로의 기초지식이 됨을 알 수도 있고, 교과든 직업이든 모두 다 서로서로 연관이 있고 유기적으로 영향을 주고받음을 알 수가 있다.

4. 교과가 우리 삶을 구성해 가는데 얼마나 의미가 있는 것인지를 알 수 있다.

공부를 공부 자체로서 즐기지 못하고 하나의 수단으로 여기는 아이들이 대부분이다. 현실적으로 공부 자체를 즐거움으로 여기는 아이를 찾는 것은 하늘의 별을 따는 것만큼이나 어려운 일일 것이다. 하지만, 교과와 직업세계의 관계를 알고 깨닫는다면 교과가 단순히 입시를 위한 것만이 아닌 그 자체로서 삶을 추구하는 일임을 깨달을 수도 있을 것이다. 교과를 대할 때 목적을 이루기 위한 수단과 도구로서만 생각하게 되면 교과 자체를 공부하는 과정이 재미없고 지겨운 일이 되기 쉽다.

5. 직업세계에 대한 관심과 정보탐색의 장을 확대할 수 있다.

교과와 직업을 관련지어보는 수업을 통하여 직업세계와 진로에 대한 학생들의 관심과 정보탐색의 장을 확대할 수 있는 계기가 될 것이다. 이를 통해 자신이 선호하는 교과와 관련한 직업도 알 수 있고, 관련한 전공을 알아 볼 수 있어서 보다 구체화된 진로의 계획을 세울 수도 있다.

Ⅲ. 교과와 직업의 세계

1. 인문·사회 계열 교과와 관련 직업

인문·사회계열은 인문 계열과 사회계열로 분류할 수 있다. 인문학은 모든 학문의 근본이 되는 인간과 문화, 인간의 가치와 인간의 자기표현 능력을 바르게 이해하기 위한 과학적인 연구방법에 관심을 갖는 인문학을 교육하고 연구하는 학문이다. 인문학은 다시 언어 및 문학과 인문과학으로 나눌 수 있다.

사회 계열은 사회의 여러 가지 현상을 과학적이고 체계적으로 연구하는 경험과학에 바탕을 둔다. 따라서 인간생활의 다양한 측면과 관련된 기초학문 사회학, 정치학, 경제학, 법학, 행정학 등과 같은 학문을 교육하고 연구한다. 사회 계열은 경제학과 사회학과 법학으로 나눌 수 있다.

1) 국어, 사회, 도덕, 영어 및 외국어

인문·사회 계열과 관련 있는 과목은 국어, 사회, 도덕, 영어 및 외국어 등으로 구성되어 있는 교과군 이라 할 수 있다. 국어교과는 한국인의 삶이 배어있는 국어를 창조적으로 사용하는 능력과 태도를 길러, 정보화 사회에서 정확하고 효과적으로 국어 생활을 영위하고, 미래 지향적인 민족의식과 건전한 국민 정서를 함양하며, 국어 발전과 국어 문화 창달에 이바지 하려는 뜻을 세우게 하기 위한 교과이다.

사회교과는 사회 현상을 올바르게 인식하고, 사회 지식 습득과 사

회생활에 필요한 기능을 익히며, 민주 사회 구성원에게 요청되는 가치
와 태도를 지님으로써 민주 시민으로서의 자질을 육성하는 교과이다.

도덕교과는 학생들로 하여금 자신을 이해하고, 일상생활에 필요한
규범과 예절을 익히며, 국가 민족 구성원으로서, 그리고 세계사회의
일원으로서의 역할과 책임을 파악하게 하여, 한국인, 나아가 세계 시
민으로서의 바람직한 삶을 살아가는 데 도움을 주기 위한 교과이다.

영어교과를 대표로 하는 외국어교과는 세계의 흐름에 동참하여 국
가와 사회 발전에 기여하고, 세계인으로서 질 높은 문화생활을 하기
위해 영어로 의사소통할 필요에 따라 국제 사회와 외국의 문화를 이
해하고, 나아가 우리의 문화를 발전시켜 국력 신장에 기여할 수 있는
언어적 바탕을 마련하는데 역점을 둔 교과이다.

2) 인문사회계열 관련 직업

인문사회계열 관련 직업은 언어능력을 요구하는 직업으로 번역가
및 통역가, 기자, 작가 등이 있으며, 기획전문 직업으로 광고 및 홍보
전문가, 학예사, 연출자 등이 있다. 투자 및 분석전문직업으로 경영컨
설턴트, 펀드 매니저 등이 있다. 법조인 직업에는 변호사, 검사 등이
있다.

2. 자연·공학계열 교과와 관련 직업

자연계열은 주위에서 일어나는 자연현상의 기본적인 원리를 탐구하
고 새로운 자연법칙을 개발하는 기초과학인 자연과학에 바탕을 두는 학
문이다. 자연계열은 농림 수산과 생명과학, 생물과학, 수학, 물리, 천문,
지리로 나누어진다.

공학계열은 순수자연과학과는 달리 일상생활을 비롯해 산업에 활용되는 공업생산기술을 개발할 수 있는 지도적 인재육성과 고급과학기술의 두뇌양성을 목표로 한다.

따라서 기계, 장치 등의 인위적인 자연을 대상으로 하여 실제로 무엇인가를 생산하는 실천 행동에 중점을 두는 계열이다.

건축 및 토목 관련 직업으로 건축공학기술자, 토목공학 기술자 등이 있다.

기계 재료 관련 직업에는 기계공학기술자, 재료공학기술자 등이 있다.

자연과학 관련 직업에는 물리학 연구원, 천문학 연구원, 화학 연구원 등이 있다.

농림어업관련 직업에는 농림업기술자, 농림업 연구원 등이 있다.

1) 수학, 과학, 실과

자연계열군과 관련 있는 수학, 과학, 실과 등으로 구성되어 있는 교과군 이라 할 수 있다. 수학교과는 수학의 기본적인 개념, 원리, 법칙을 이해하고 사물의 현상을 수학적으로 관찰하여 해석하는 능력을 기르며 실생활의 여러 가지 문제를 논리적으로 사고하고 합리적으로 해결하는 능력과 태도를 기르는 교과 이다.

과학교과는 기본적인 과학적 소양을 기르기 위하여 자연을 과학적으로 탐구하는 능력과 과학의 기본개념을 습득하고, 과학적인 태도를 기르기 위한 교과이다.

실과의 경우 학생의 실천적 경험과 실생활에의 유용성을 중시하는 교과로서 가족과 일의 이해, 생활 기술, 생활 자원과 환경관리의 3개 영역으로 구성되어 있는 교과이다.

2) 자연공학계열 관련 직업

자연공학계열 교과와 관련된 직업은 전기, 전자 관련 직업에는 전기공학기술자, 전자 공학기술자 등이 있다. 컴퓨터 및 통신관련 직업에는 통신공학시술자, 컴퓨터 공학기술자 등이 있다. 통신공학기술자는 정보를 어떻게 빠르고 효율적으로 전달하는 것인가를 연구, 개발하며 안테나, 무전기, 교환기, 모바일 폰, 광통신 등과 같은 설비나 시설을 개발하고 관리하는 일을 하며, 연구 개발하는 분야에 따라 광통신연구원, 인공위성개발원, 신호설비계원, 통신기기개발자, 통신망 운용 및 관리계획자 등으로 분류된다.

3. 예체능계열 관련 직업

예체능 계열 교과군과 관련이 있는 예체능 계열 학문은 미적 작품을 형성하는 인간의 창조활동인 예술과 건강한 신체와 운동능력을 기르는 것을 목표로 하는 체육을 바탕으로 한다.

1) 음악, 미술, 체육

예체능계열 교과군은 음악, 미술, 체육으로 구성되어 있는 교과군이라고 할 수 있다. 음악과의 경우 학생의 음악적 잠재력과 창의성을 계발하고, 음악을 통하여 자신의 감정과 생각을 표현하도록 하며, 삶의 질을 높이고 전인적인 인간이 되도록 하는 데 그 목적이 있으며, 역사적, 사회적, 문화적 맥락 속에서 음악을 이해하고 애호하며 즐기는 태도를 가지게 하는 교과이다.

미술과의 경우 다양한 미술활동을 통하여 주변 세계에 아름다움을 느끼며, 향유할 수 있는 심미적인 태도와 상상력, 창의성, 비판적인 사고력을 길러주고, 아울러 미술문화를 이해하며 계승, 발전시킬 수 있는 능력을 갖춘 전인적 인간을 육성하는 교과이다.

체육과의 경우 신체 움직임 욕구의 실현 및 체육 문화의 계승, 발전이라는 내재적 가치와 체력 및 건강 유지·증진, 정서 순화, 사회성 함양이라는 외래적 가치를 동시에 추구함으로써 인간의 '삶의 질'을 높이는 데 공헌하는 교과이다.

2) 예체능 계열 교과와 관련 직업

예체능 계열 교과군과 관련되는 직업은 미술가, 만화가, 메이크업 아티스트, 작곡가, 운동선수 등이 있다.

과목	교과와 관련되는 직업
국어	아나운서, 판사 및 검사, 외교관, 영화감독, 쇼핑호스트, 연기자, 방송 연출가, 번역가, 속기사, 보육교사, 투자분석가(애널리스트), 통역가, 노무사, 만화가 및 애니메이터, 변호사 등
영어	통역관, 외교관, 관광가이드, 선교사, 번역사, 국제변호사, 국제 검사, 항공 승무원, 어학교사, 선물거래 중개사, 도선사 등
도덕	사회사업가, 수필가, 시인, 소설가, 직업상담원, 심리학자, 철학교수, 교사, 선교사, 목사, 신학자, 역술가, 공무원, 종교철학자, 성직자, 사상가, 평론가, 경영인 등
사회	법률가, 신문편집인, 기자, 목사, 사회기업가, 철학자, 경제학자, 사회학자, 지리학자, 산업심리학자, 역사학자, 고고학자, 외신 통신원, 공인회계사, 증권 분석사, 감정 평가사 등

수학	응용통계인, 공인회계사, 계리사, 조사연구원, 판매원, 은행원, 산업물리학자, 수학교사, 상업교수, 보험회사원, 세무사 회계사, 비행사, 항해사, 항공설계인, 무리학자, 감리사, 관세사, 세무사 등
물리	전기기사, 엔지니어, 전기공학가, 물리화학자, 전자공학자, 지구물리학자, 토목 공학가, 원자물리학자. 교사 등
화학	생화학자, 산림관, 실험실기술사, 범죄화학자, 화학약품판매인, 화학가공현장감독, 전기도금사, 기상공학자, 화학교사, 지질학자, 화학연구원, 영양사, 약사, 치과의사, 농업화학자 등
생물	동물학자, 곤충학자, 조경사, 간호원, 세균학자, 의사, 생물학자, 생화학자, 박물관 관리자, 농부, 목장인 등
기술	디자이너, 기계공, 교사, 벌목사, 항공시술자, 산소 용접인, 도장공, 도안 기능공, 목수, 전기 보조원 등
가정	영양사, 의상 디자이너, 의복 검사인, 간호사, 요리사, 식품전문가, 아동 감독인, 작업치료사, 작가, 식품 감독관, 연구기사, 보모, 의복 수선공 등
체육	운동코치, 수영강사, 오락 지도자, 스포츠사회학자, 운동선수, 체육행정가, 교사, 교수, 스포츠사업가, 건강관리사, 지압사, 트레이너, 운동해설가, 물리치료사 등
음악	작곡가, 지휘자, 음악평론가, 악기수리공, 음악전문가, 피아니스트, 악기연주자, 교사, 연구원, 오페라가수, 국악인, 판소리, 가수, 음악심리치료인, 종교음악인, TV디렉터 등
미술	미술가, 조각가, 상업미술가, 만화가, 실내장식가, 상업사진가, 의상디자이너, 컴퓨터디자이너, 미술교육가, 목공, 석공, 도공, 미술평론가, 광고 설계인 등

Ⅳ. 교과와 직업은 전문가를 기르는 것이 아니다!

초·중·고등학교 시절에 배우는 모든 교과는 특정 직업에 대한 전문적인 내용으로 구성된 것이 아니다. 일반 시민으로서 갖춰야 할 교양적인 지식을 갖추도록 하는 목적을 가지고 구성되었다. 따라서 교과와 직업 사이의 관계를 지나치게 강조할 필요는 없다. 예를 들어 국어교과는 어느 직업을 갖더라도 누구나 학습해야 할 교과이다. 왜냐하면 우리 사회의 모든 언어체계가 국어로 구성되어 있기 때문이다. 다른 모든 교과도 마찬가지이다. 오늘날의 교육과정은 시대를 반영하고, 민주사회를 구성하는 시민의 자질을 함양하기 위해 구성된 것이다. 모든 교과가 우리가 살아가고 있는 사회를 구성하고, 이어주는 것임을 알도록 해야 한다. 이럴 때 교과는 단지 공부로서가 아닌 학생들의 삶과 연결된 의미가 되고, 당위적 사고가 아닌 그 자체로서 중요함을 깨닫게 될 것이다.

Ⅴ. 수업현장 돋보기

이 수업을 통해 학생들은 직업과 교과는 연관성이 있음을 알 수 있고, 하나의 직업에는 여러 개의 교과가 관련이 있음을 알 수 있다. 활동지를 나누어 주고, 각 교과와 관련된 직업을 조별로 생각하고 정리해 보도록 한다. 조별로 정리한 것을 발표하고, 관련 교과와 직업에 대해 정확한 정보를 알 수 있도록 함께 정리해본다. 자신이 가장 좋아하는 과목을 찾아 그 교과와 관련된 직업을 생각해 보고, 책 만들기 활동으로 표현한다.

학생들은 좋아하는 교과를 진로, 직업과 연관하여 생각하므로 좀 더 실제적으로 직업을 살펴보게 된다. 더불어 다양한 친구들의 의견을 공유하게 됨으로써 같은 교과를 좋아하더라도 선호하는 직업이나 좋아하는 이유가 다르다는 것도 알 수 있다.

직업과 교과를 연관지어 보면서 현재 배우는 교과의 의미를 재해석하게 될 수도 있다. 우리가 학교에서 배우는 교과목 중에는 자신이 좋아하는 과목도 있고, 싫어하는 과목도 있다. 자연히 싫어하는 과목은 열심히 하지 않기 때문에 성적도 안 좋게 나오고, 좋아하는 과목은 열심히 하기 때문에 좋은 성적이 나올 수 있다. 현재 자신이 배우고 있는 교과와 생활을 전혀 상관없는 것으로 생각하는 태도는 학생들의 학습태도를 더 무력하게 만드는 원인이 된다. 직업과 교과를 연관짓는 활동을 함으로써 학생의 학습동기를 더욱 촉진할 수 있다. 이러한 활동을 통해 학생들은 우리가 배우는 교과가 직업과 우리 삶의 기초가 됨을 이해할 수 있을 것이다. 학생들 대부분은 입시위주의 교육으로 인해 국, 영, 수, 사, 과의 교과만 중시하는 경향이 있다. 하지만 모든 교과가 각 나름대로 우리생활에 기여하고 있다는 것을 알아야 한다. 이것을 깨달을 때 비로소 교과에 대한 배움의 기쁨을 누릴 수 있을 것이다.

또한 어떤 직업이든 한 교과의 영향만을 받는 것은 아니다. 국어의 경우 관련된 직업으로는 기자, 소설가, 만화가 등이 있다. 그런데 기자라는 직업은 사회부 기자, 예술부 기자 등 그 분야를 또 세분할 수 있다. 기자가 언어를 많이 사용하는 직업이긴 하지만, 사회부 기자의 경우 사회과목을 좋아하는 사람이, 예술부 기자는 예술분야에 관심 있는 사람이 맡으면 더 좋을 것이다. 이렇듯 직업과 교과를 살펴보면서 우리사회의 구조가 서로 긴밀하게 연결되고, 유기적으로 돌아감을 알 수 있다.

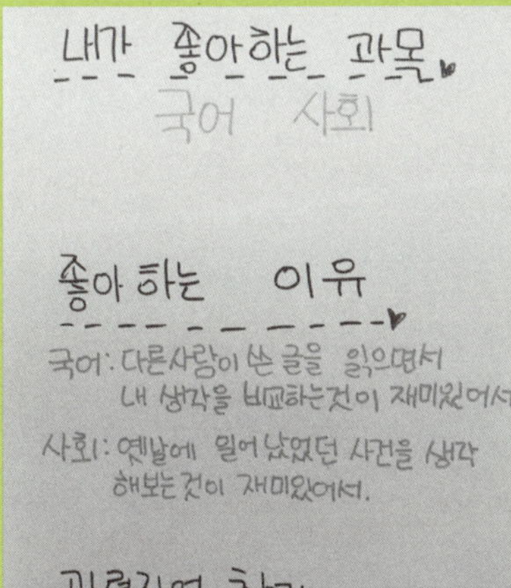
내가 좋아하는 과목
국어 사회

좋아 하는 이유
국어: 다른사람이 쓴 글을 읽으면서
     내 생각을 비교하는것이 재미있어서.
사회: 옛날에 일어났었던 사건을 생각
     해보는 것이 재미있어서.

관련직업 찾기
국어 ♡♡   사회 ♡♡
기자 시인   관광가이드 박물관원
작가 아나운서   국회의원   기자
교사 검사   고고학자   철학자
프로듀서 리포터   사업가   사회학자

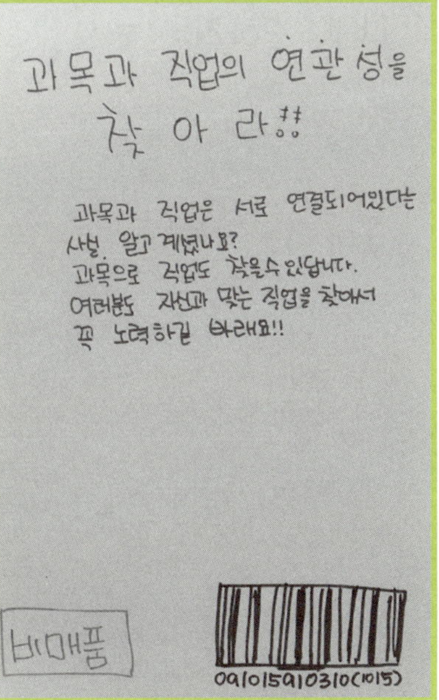
과목과 직업의 연관성을
찾 아 라!!

과목과 직업은 서로 연결되어있다는
사실 알고 계셨나요?
과목으로 직업도 찾을수 있답니다.
여러분도 자신과 맞는 직업을 찾아서
꼭 노력하길 바래요!!

비매품

0910159103IO(1015)

교과와 직업이라는 특성을 반영하여 책 만들기로 꾸며본 활동이다. 활동이 끝난 후 〈북 페어〉를 열어 학생들의 작품을 전시하고, 발표를 해도 재미있는 활동이 된다.

직업 체험하기

Ⅰ. 직업을 체험하라!

"들은 것은 잊어버리고, 본 것은 기억만 되나 직접 해 본 것은 이해된다." 공자가 남긴 이 말은 경험으로 얻어진 학습의 중요성에 대해 다시금 깨닫게 한다. 우리가 학생들에게 많은 것을 전달한다고 하더라도 그들이 교사가 전달한 것 모두를 이해했다고 단언할 수는 없다. 단순히 학생들에게 듣거나, 보게만 할 것이 아니라 체험하고 경험할 수 있는 기회를 주어 그들의 삶이 곧 교육이 되도록 하는 것이 교육의 진정한 목적이 아닐까 한다.

학생들이 관심을 가지고 있는 직업에 대해 좀 더 자세히 알고 싶어

한다면 직접 체험을 해보는 것만큼 좋은 방법은 없을 것이다. 이론적으로 직업에 대해 많은 정보를 많이 알고 있다 하더라도 실제 '경험'을 통해 더욱 다양한 정보와 배움을 얻을 수 있다. 직업체험은 직업현장에 나가 오감을 통해 직접 경험하고 여러 가지 정보와 지식을 체득할 수 있도록 한다. 또한 직업의 생생한 현장을 볼 수 있어 학생들의 흥미와 적극적인 참여를 이끌어 낼 수 있는 활동이다. 특히나 요즘은 '학습자 배움 중심 교육'을 강조하는 시대이다 보니 진로교육의 최근 트렌트 역시 '직업체험'을 강조하는 방향으로 흐르고 있다.

1. 직업체험의 필요성

1) 청소년들의 직업에 대한 무지해소를 위해 필요하다.

우리나라 청소년들의 경우 직업에 대한 지식이 상당히 부족하다. 그 이유는 진로 보다 진학을 생각할 수밖에 없는 입시위주 교육이 가장 큰 원인이다. 입시위주 교육은 지나친 사교육과 학습을 강요하게 되고, 그러다 보니 상대적으로 직업세계에 대해 경험할 기회가 부족하고 공부에만 사로잡혀 있다 보니 진로는 아주 먼 일처럼 여기게 된다. 공부하는 이유가 자신의 꿈을 이루기 위한 것이어야 함에도 '공부는 공부고, 진로는 진로이다'라는 생각을 할 수밖에 없는 현실로 학생들을 몰고 가는 것이다. 우리 아이들이 공부하는 이유가 단순히 대학에 입학하기 위한 것이 아닌 자신의 진로와 꿈, 목표를 위한 것임을 알게 될 때 보다 더 행복한 삶을 살 수 있을 것이다. 따라서 청소년기 학생들에게 학습만을 강요할 것이 아니라 직업체험의 기회를 갖도록 하여 직업세계에 대한 이해의 범위를 넓히고 직업에 대해 관심을 갖도록 해야 한다.

2) 직업정보의 제한을 해결하기 위해서 필요하다.

직업체험이 필요한 두 번째 이유는 교사들이나 부모들에게서 얻을 수 있는 직업 정보에 제한이 따르기 때문이다. 직업현장의 체험과 경험을 실제로 해봄으로써 학생들은 직업에 대한 구체적이고 실제적인 정보를 얻을 수 있을 것이다.

3) 직업체험의 긍적적인 효과 때문에 필요하다.

직업체험은 학생들의 직업에 대한 기초지식과 가치관을 정립하는 기회가 되고 스스로 자신에 맞는 진로를 찾을 수 있도록 한다. 학생들은 직업체험 활동을 통해 직업의 소중함을 느끼고, 근로정신을 배운다. 직업의 의미와 역할을 올바르게 이해하고 건전한 직업관을 가지게 된다. 또한 직업체험 활동은 학생들의 진로에 대한 관심을 증가시킨다.

4) 교실 수업의 한계를 보완할 수 있기 때문에 필요하다.

직업체험은 일상적인 학교생활의 틀에서 벗어나 다양한 진로와 관련된 현장을 견학하여 견문과 지식을 넓혀주고 일정한 탐구주제에 따라 체험학습의 기회를 갖게 함으로써 교실수업의 한계를 보완할 수 있다.

5) 주 5일수업의 확산

산업체에서도 주5일 근무제가 실시되고 학교에서도 주5일 수업이 됨에 따라 이 시간을 건설적이고 생산적인 활동으로 유도하기 위하여 진로체험 기회를 체계적으로 제공하는 것이 필요하다.

2. 직업체험의 효과

1) 관심 있는 직업을 좀 더 구체화 할 수 있다.

학생들이 관심 있어 하는 직업을 직·간접적으로 경험해 봄으로써 그 직업에 대한 이해를 좀 더 구체화 할 수 있다. 주된 업무가 무엇인지 알 수 있고, 어려운 점이나 재미있는 점, 자신에게 잘 맞는지 등에 대해서도 경험을 통해 알 수 있다.

2) 직업현장에 대한 이해를 높일 수 있다.

듣고 보는 것만으로 막연하게 그려지던 것을 직업을 체험함으로써 직업의 주된 업무환경을 이해할 수 있고, 주로 다루는 도구, 만나는 사람들, 직업현장의 분위기 등을 이해할 수 있는 견문이 넓어진다.

3) 직업에 대한 궁금증을 해소할 수 있다.

직업체험을 하게 되면 학생들이 궁금해 하던 것을 해소할 수 있도록 도움을 줄 수 있다. 스스로 체험함으로써 해소되는 궁금증도 있을 것이며, 직업인에게 직접 물어보면서 궁금증을 해소할 수도 있을 것이다.

4) 직업에 대한 호기심이 모험에 대한 욕구를 유발시켜 직업에 대한 효능감이 향상된다.

'자기효능감'은 특별한 상황에서 요구되는 행동들을 자신이 성공적으로 달성할 수 있다는 개인의 신념이며 어떤 과제를 특정수준까지 해낼 수 있다는 개인의 판단이다. 학생들이 자기효능감을 가질 수 있도록 하기 위해서는 직접적이고 강력한 성공경험을 주어서 기대수준을 높여주는 것이 필요하다. 직업효능감이란 어떠한 직업에서 요구되는 행동들을 자신이 성공적으로 달성할 수 있다는 개인의 신념이며 그 직업이 요구하는 과제를 특정수준까지 해낼 수 있다는 개인의 판단이다. 직업체험은 학생들에게 직업에 대해 직·간접적으로 체험할 수 있는 성공경험의 기회를 주어 직업 효능감을 향상하기에 아주 좋은 방법이다.

3. 직업체험의 종류

직업체험이 가진 이점에도 불구하고 현재 우리나라 청소년들이 체험할 수 있는 직업체험은 다양화 되어있지 않다. 그러나 정부차원에서도 진로교육에 대한 필요성을 인식하고 강조하고 있으며 지자체와 기업들도 참여하여 청소년들의 직업체험의 기회를 확대하는데 점점 많이 동참하는 추세이다. 학생들이 처한 상황과 여건을 고려하여 체험의 기회를 제공하고, 직업세계에 대한 이해도를 더욱 넓혀주어야 한다.

현시점에서 학생들이 직업 체험할 수 있는 예를 들자면 아르바이트, 직업진로체험캠프, 청소년 진로체험교육, 실업계 고교방문, 박물관 등의 현장방문, 관공서 방문 등이 있다. 또, 여성친화프로그램, 각 대학에서 진행하는 중·고생 체험활동, YMCA진학지도상담실의 직업체험, 한국고용정보원에서의 체험활동, 기업들의 사회 환원 차원에서 청소년 진로체험교육을 제공하는 경우 등이 있다. 이밖에도 직업체험의 기회를 제공하고, 학생들에게 직업세계의 이해를 높여주며, 올바른 직업가치관 형성을 위해 세워진 한국잡월드나 키자니아 같은 직업체험관을 이용하는 방법도 있다.

Ⅱ. 직업체험의 방법 및 유의점

직업체험을 할 때는 아무 준비 없이 무턱대고 갈 것이 아니라 사전지도와 현장지도, 사후지도의 과정을 꼭 거치도록 해야 한다. 사전에 해야할 활동으로는 탐색할 직업과 장소 시간 등을 정하고, 준비물, 질문지 등을 사전에 기획하도록 한다. 현장에 가서 해야 할 탐색활동을 미리 구조화 하는 것이 현장지도이며, 직업체험을 마친 후 다녀와서 사후지도를 통해 정리하고, 발표하는 활동이 사후지도이다. 사전지도, 현장지도, 사후지도의 과정을 잘 조직하여 학생들이 직업 체험에 대한 좋은 기회를 의미 있게 인지할 수 있도록 지도한다. 직업체험의 전반적인 과정을 기획하는 것부터가 학생들에게는 탐구주제 학습의 기회가 되며 이것을 기획, 탐색, 정리 하는 활동은 직업을 체험하는 것 못지않게 중요한 일이다. 직업 체험학습은 학습의 장이 교실이 아닌 삶의 현장이 되므로 학교보다는 산만해 지기 쉽다. 따라서 더 조직적인 계획과 지도기술이 필요하다. 직업체험의 각 과정을 정리해 보면 다음과 같다.

1. 사전활동 (준비활동)

1) **직업체험학습과제 선정**: 탐색할 직업, 장소, 시간 등을 선정
2) **직업체험 학습계획**: 체험방법, 체험을 위한 조직 및 분담, 체험순서 결정
3) **직업체험 학습의 유의점 지도**: 사전연락, 시기, 장소 고려, 질문사항 준비, 체험내용 이해, 필기도구 준비 등

2. 현장 탐색활동

1) **직업체험 학습 실행**: 계획된 체험활동, 분담한 내용 관찰 및 조사, 자원인사와의 정보 교환 · 상호정보교환, 정보수집

2) **체험결과 확인**: 자기평가, 상호평가, 교사평가

3) **직업체험 학습 시 유의사항**: 폐를 끼치거나 현장에 방해되지 않게하기. 체험과정에서의 안전에 유의하기, 사회에서의 기본예절 지키기

3. 사후지도 (정리활동)

1) **분담한 직업체험 학습결과 정리**: 분담원의 의견종합 체험결과발표준비

2) **직업체험 학습결과 발표 및 협의**: 체험결과 알게 된 사실, 느낀 점 등 발표

3) **체험내용정리**: 분담한 내용은 종합하여 개별 또는 모둠정리

Ⅲ. 유형별 체험 활동 정보

체험활동을 할 때 자신의 흥미유형을 고려하면 좀 더 재미있게 직업을 체험할 수 있다. 단체로 하는 직업체험의 경우 개개인의 흥미를 만족시키기보다 그룹별로 흥미유형에 맞는 과제를 조직해 주는 것도 좋으며, 개인으로 하는 직업체험은 자신의 흥미유형을 참고하는 것이 좋다.

흥미유형	체험학습장
몸으로 뛰어노는 아이 R형	자동차 박물관, 경찰 박물관(서울), 철도박물관(서울), 야구장, 축구장 등

책읽기와 탐구하는 것을 좋아하는 아이 I형	스마트 플랙스(서울), 국립과천과학관(경기도), 항공우주박물관, 정약용 실학박물관(경기도), 서대문 자연사 박물관(서울)
사람들을 좋아하는 아이 S형	항공사 승무원 체험(서울), 자원봉사센터, 복지관
리더십이 있는 아이 E형	국회의사당(서울), 청와대, 방송국, 신문사 기자체험
꼼꼼하고 책임감이 강한 아이 C형	화폐금융박물관(서울), 안전체험관(서울), 은행, 관공서 등

똑! 소리 나는
진로 선택

최선의 선택, 합리적 의사결정 1

Ⅰ. 합리적 의사결정 1

"인생은 B와 D사이의 C이다." 라는 사르트르의 말이 있다. B는 Birth 삶이고, D는 Death 죽음, C는 Choice, 선택이다. 즉, 삶과 죽음 사이에 있는 선택들이 모여서 인간의 삶의 방향과 내용, 질을 결정한다는 명언이다. 순간의 선택들이 모여 우리의 삶을 결정한다고 할 때 "최선의 선택"을 위한 지혜의 중요성은 아무리 강조해도 지나치지 않다.

자신이 처한 환경과 상황에서 선택할 수 있는 최선의 것을 선택하는 지혜! 그것이 곧 인생을 보다 더 행복하게 살 수 있는 비결이다!

Ⅱ. 의사결정의 개념과 중요성

의사결정은 무엇을 하고자 하는 생각이며, 여러 가지 대안들 중에서 가장 최선의 대안을 선택하고 결정하는 행위이다. 진로교육의 최종 목표는 우리가 만나는 학생들이 보다 더 자신에게 맞는 진로를 선택하여 탁월한 의사결정을 하도록 돕는 것이라 해도 과언이 아니다. 진로를 설정한다는 것은 그것이 무엇이며, 어떤 선택이든 간에 '의사결정'이란 형태로 나타난다. 진로지도는 자아탐색에서 출발하여 직업세계에 대한 이해를 거쳐 의사결정으로 꽃을 피운다. 올바르게 자신의 진로를 선택하고 의사 결정할 수 있도록 돕는 것, 그것이 바로 진로지도의 중요한 목적 가운데 하나이다. 자신을 탐색하고, 직업세계에 대해 알아본 것은 결국 진로에 대해 의사결정하기 위한 초석이었음을 잊지 말아야 한다.

〈진로지도의 과정〉

자아탐색	직업세계의 이해	의사결정 →	진로설계 목표설정

그러나 오늘날 너무나 많은 학생들은 자신의 진로를 결정함에 있어 자신에 대한 정확한 이해 없이, 또 직업세계에 대한 정보도 모른 채, 다른 사람들을 의식하거나 혹은 부모의 강요에 의해, 불합리하게 의사를 결정하는 일을 종종 보곤 한다. 이렇게 선택한 의사결정이 만족한 결과와 행복한 삶으로 연결되기는 어렵다. 자기선택과 결정이 아닌 성공은 무의미하기 때문이다. 단언컨대 의사결정은 진로교육의 핵심목표로서

의 중요성을 갖고 있다. 자신의 진로를 결정함에 있어서 잘못된 의사결정은 시간적으로나, 경제적으로나 부모에게도, 아이에게도 큰 부담을 주고, 사회적으로나 국가적으로도 큰 손실이 아닐 수 없다. 따라서 아이들이 자신의 진로를 합리적으로 결정 할 수 있도록 하기 위해서는 의사결정 기술을 향상할 수 있도록 도와주어야 한다.

Ⅲ. 자기결정이론(self-determination theory)이 주는 시사점

개인의 의사결정에 있어서 자기결정이론(self-determination theory)이 시사하는 바는 크다. 자기결정이란 Deci와 Ryan(1987)이 제안한 개념으로 자기 자신의 행동과 운명을 자율적으로 선택할 수 있다는 믿음이다. 학생들은 자기결정력을 가질 때 과제에 보다 오랫동안 참여하게 되고, 과제에 대하여 유의미하고 창의적인 사고를 하게 된다. 그리고 활동에서 즐거움을 경험하게 되며 보다 높은 수준의 성취를 이룬다(Amabile & Hennessey, 1992 ; deCharms, 1972 ; Deci & Ryan, 1987 ; Wang & Stiles, 1976). 반면에 환경이나 자신이 하는 일에 대해 자기결정력을 가지지 못할 때에는 자신의 삶의 과정을 결정하는데 소극적으로 임하게 되고 내적동기보다 외적 요구에 따르게 되는 경향이 있다.

따라서 진로교육을 통하여 우리가 만나는 학생들의 자기결정력을 높여주어 학생들 스스로가 삶의 주체가 되도록 도와주는 것은 실로 중요한 일이다.

Ⅳ. Harren의 진로의사결정 유형이론

  사람들이 대체로 선택상황을 맞닥뜨리게 되면 자신도 모르게 일정한 패턴을 가지고 의사결정을 한다. 의사결정유형이란, 우리가 어떤 선택 상황에 부딪혔을 때 결정을 내리기 위해 문제 상황을 파악하고 대처하는 결정 방식의 유형별 구분이다. 의사결정 유형은 다음의 세 가지로 구분된다. 첫째, 직관적 유형이다. 직관적 유형은 의사결정을 할 때 자신과 상황에 대하여 느껴지는 감정이나 느낌에 따라 결정하는 유형이다. 감정과 느낌을 이용하여 결정이 이루어질 때, 이에 수반되는 모든 과정을 순간적으로 거치는 유형이다. 예를 들면 친구들과 음료수를 사먹더라도 "오늘은 왠지 콜라가 댕겨~" 하며 자신의 감정에 따라 의사를 결정하는 유형이다. 이 유형의 장점은 의사결정이 신속하다는 것이다. 반면에 단점은 감정에 따라서 결정했기 때문에 실패할 확률이 그만큼 크다는데 있다. 따라서 일관성을 요하거나 장기적인 일을 결정할 경우 부적합하다.

  둘째, 의존적 유형이다. 의존적 유형은 타인의 영향을 많이 받으며 의사결정 상황에서 수동적인 결정을 많이 따른다. 예를 들면, "나는 뭐먹지? 오렌지 주스 마실까? 다들 콜라를 시켰네, 그럼 나도 콜라!" 하면서 다른 사람들의 결정에 의존하는 경우이다. 의존적 유형의 장점은 다른 사람들의 의견을 골고루 수렴하여 여러 대안들을 알아볼 수 있다는 것이다. 단점은 우유부단한 면이 있어 혼자서 주도적으로 결정을 내리지 못하며, 자신이 선택한 결과가 아니기에 결과가 나쁠 경우 책임을 회피하고, 남의 탓을 하기 쉬우며, 일의 결과가 좋을 때도 성취감을 많이 느끼지 못하는 편이다. 따라서 중대한 일을 결정할 때는 바람직하지 않다.

  세 번째는 합리적 유형이다. 합리적 유형은 결정을 내려야 할 때 자신의 상황을 고려하고, 여러 가지 다양한 정보를 수집, 논리적으로 분석하여 최선의 대안을 선택하는 유형이다. 예를 들면, "지난번에 TV에서 보니 콜라는 건강에 나쁘대. 나는 몸에 좋은 오렌지 주스 마실래. 근데 돈이 700원 있으니까 돈에 맞춰 이걸로 하자."와 같이 비교적 논리적 사고를 하는 경우를 들 수 있겠다. 합리적 유형의 장점은 신중하고 논리적, 분석적 사고를 통해 대안을 선택하여 실패의 확률이 비교적 적으며, 자신의 결정에도 책임을 진다는데 있다. 단점은 다양한 정보를 모으고, 신중하고, 논리적이고 분석적 사고를 하기 때문에 비교적 많은 시간이 소요된다는 것이다. 그래서 때로는 지나친 신중함으로 시간이 지체될 경우 좋은 기회를 놓칠 수도 있다.

그렇다면 이 세 가지 유형 중에서 가장 좋은 유형은 무엇이라고 생각하는가? 아마도 많은 사람들이 합리적 유형이라고 자신 있게 대답할 것이다.

그러나 각각의 유형에 장점과 단점이 있는 것처럼, 처한 상황과 문제에 따라 적합한 의사결정의 유형이 있다는 것을 반드시 기억해야 한다. 비교적 사소한 문제이거나, 자신이 잘 모르는 분야의 일일 경우에는 의존적 의사결정유형이 효과적이다. 매순간 의존적 의사결정을 하여 선택한 결과가 좋지 않았을 경우 남의 탓을 하거나 핑계를 대는 것은 좋지 않지만, 문제가 비교적 가볍거나 사소한 경우 또는 내가 잘 모르는 일에 대해서는 전문가의 의견을 따르는 것이 훨씬 좋은 결과를 줄 수도 있다.

직관적 의사결정의 경우에는 감정과 느낌에 따라 의사 결정하기 때문에 실패할 확률이 높다는 단점이 있는 반면에 신속하다는 장점을 가지고 있다. 따라서 돌발 상황이나 위급상황에서는 직관을 발휘하여 의사 결정하는 것이 좋다. 합리적으로 자료를 모으고 분석할 시간이 없는 응급한 상황에서 말이다.

그렇다면 합리적 의사결정은 어떨 때 적합할까? 합리적 의사결정은 좀 더 비중이 크고 중대한 일을 결정할 때 좋은 의사결정 유형이다. 많은 자료들을 수집하여 논리적으로 분석하고, 자신이 할 수 있는 최선의 대안을 설정하는 유형이 바로 합리적 의사결정유형이다. 인생에서 비교적 큰 선택을 해야 할 경우에는 이러한 합리적 의사결정이 절대적으로 필요하다. 진로를 설정하거나, 배우자를 선택하거나, 직장을 선택하는 일, 진학에 대해 선택하는 일, 전공을 선택하는 일 등은 바로 합리적 의사결정이 필요한 일의 예라고 할 수 있을 것이다.

결론적으로 말하자면 가장 합리적인 의사결정 유형은 합리적 의사결정이 아니다! 다시 말해 각자가 처한 상황에서 자신이 선택할 수 있는 가장 적합한 의사결정 유형으로 최선의 결정을 하는 것, 그것이 곧 가장 합리적인 의사결정자의 표상이다.

	직관적 유형	의존적 유형	합리적 유형
특징	· 감정적, 즉흥적, 느낌 · 미래보다 현재감정중시 · 결정에 대한 책임감	· 수동적, 순종적 · 사회적 인정욕구, 타인의 영향 · 책임을 부정	· 정보수집, 논리적, 분석적 · 신중함, 합리적 · 결정에 대한 책임감
장점	· 신속하고 빠른 결정	· 다양한 의견수렴가능	· 신중함, 실패확률이 낮음
단점	· 잘못되거나 실패할 확률 높음 · 일관성을 요하거나 장기적인 일에는 부적합	· 남의 탓, 책임회피 · 독립과 성숙 방해 · 중대한 문제에 부적합 결정	· 의사결정에 많은 시간 소요 · 지나친 신중함으로 기회를 놓칠 수 있음 · 돌발 상황에 부적합

20

최선의 선택, 합리적 의사결정 2

Ⅰ. 최선의 선택! 합리적 의사결정 2

"순간의 선택이 10년을 좌우한다."이 문구는 한 때 L회사의 유명한 광고 카피라이터였다. 가전제품을 사서 쓰다보면 한 10년은 괜찮은데, 10년 후 부터는 A/S가 잦고, 구식이라 바꾸고 싶어 하는 소비자들의 심리를 간파한 문구이다. 이 광고를 패러디한 선거는 또 왜 이리 많았는지…… 학기마다 회장, 부회장 선거를 할 때 후보자 중의 한 명은 꼭 "순간의 선택이 한 학기를 좌우합니다." 또는 "순간의 선택이 우리 반의 1년을 좌우합니다." 하는 후보 발언을 지금까지도 간혹 들을 수가 있다. '선택'이 얼마나 중요 한가 다시 한 번 생각하게 하는 대목이다. 이처럼 한 사람의 의사결정으로 빚어진 순간의 선택이 때로는 많은 이들을 행복하게도 만들지만, 때로는 어마어마한 재앙이 되기도 함을 우리는 역사나 영화, 우리의 삶 주변에서 쉽게 찾아볼 수 있다. 권력을 많이 가지고 있는 사람일수록 그의 의사결정은 많은 사람들의 인생까지도 좌우할 수 있는 것이 된다.

개인적으로도 한 순간의 선택이지만 정말 심사숙고해야 할 때가 있다. 특별히 진로에 대한 결정을 할 때 이러한 심사숙고한 자세는 절대적으로 필요하다. 누군가에게 휩쓸리고, 떠밀려서, 눈치를 보며 결정할 일도 아니요, 느낌이나 감정에 치우쳐서 즉흥적으로 결정할 문제도 아니다. 진로는 큰일이고, 중요한 일이다. 따라서 자신에 대해 깊이 탐색하고, 직업세계에 대한 이해를 넓히고, 심사숙고해서 의사 결정하도록 해야 한다.

요컨대 진로 의사결정은 지극히 합리적으로 결정해야 한다. 합리적 의사결정자들은 몇 가지 두드러진 특징을 가진다.

첫째, 뚜렷한 목표를 가지고 있다. 즉, 무엇보다도 먼저 명백한 목표를 설정한다. 그리고 그 목표의식 아래서 행동한다. 둘째, 목표달성을 위한 여러 대안과 그 대안이 초래할 결과를 알고 있다. 셋째 여러 대안을 비교하고 그 중에서 어떤 것이 더 좋은가를 결정해 순위 배정을 위한 지침 또는 규칙이 있음을 알고 있다. 넷째, 합리성에 큰 비중을 두며 목표달성을 극대화 한다. 진로의사결정의 과정에서 이러한 합리적 의사결정자의 특징을 학생들이 가질 수 있도록 진로수업을 통해 학생들에게 합리적 의사결정 과정을 경험토록 하는 것은 중요하다. 매순간 의사결정을 하면서 살아야 하는 것이 인간이 가진 숙명이라면 학생들로 하여금 합리적 의사결정의 방법을 익혀 궁극적으로 합리적 의사결정자가 되도록 이끌어 주는 것이 필요하다.

Ⅱ. 진로의사결정의 정의와 중요성

1. 진로의사결정의 정의

진로의사결정이란 의사결정이 진로영역에서 일어나는 것이다. 보다 구체적으로 말하자면 자기 자신을 올바르게 이해하고, 일과 직업 세계에 대한 폭넓은 정보와 지식을 바탕으로 진로와 관련된 여러 가지 갈등에 대한 대안을 탐색하고 합리적으로 결정하는 것이다. 자신에게 적합한 직업이나 진로를 선택할 때 고려해야 할 요인과 각 요인들의 의미와 특성이 무엇인지를 이해하여 합리적으로 진로를 결정하고 자아 정체감을 함양시켜가도록 한다.

2. 진로의사결정의 중요성

진로의사결정은 진로상담 및 진로지도의 핵심이라고 할 수 있다. 왜냐하면 어떤 의사결정을 하느냐에 따라 개인의 인생과 직업상의 성공, 만족 수준이 좌우되기 때문이다. 또한 자기이해와 직업세계의 이해 등을 통해 학생들의 진로에 대한 고민이 해결된 결과가 진로의사결정으로 나타나게 된다. 진로교육을 하다보면 간혹 진로교사가 자기의 직업을 결정해 줄 것 같은 기대심리를 가진 학생들을 만나곤 한다. 그러나 반드시 명심해야 한다. 다양하고 정확한 정보를 가지고 도움을 줄 수는 있지만, 결국 선택과 의사결정은 학생 본인 스스로가 하도록 해야 한다!

진로수업에서 의사결정을 다루는 이유는 학습자들이 의사결정력을 향상하는데 도움을 주기 위해서이다. 즉, 진로의사결정 과정의 학습과 경험으로 학생들로 하여금 효율적인 진로의사결정자가 되도록 조력하여야 한다는 것이다. 의사결정 방법을 가르치는 것은 학생들이 현명한 의사결정자가 되는데 바람직한 영향을 준다. 이러한 수업은 학생들의 진로성숙도의 증가를 가져오며, 의사결정의 질적 향상에도 기여한다는 것이 많은 자료와 연구를 통해서도 여실히 증명되어진 바이다.

그러나 현실적으로 많은 학생들이 진로를 결정함에 있어 제대로 된 의사결정을 하지 못하고 있다. 그 원인으로는 자신의 특성에 대한 정보와 교육적·직업적 대안의 부족, 요구되는 정보를 수집하는데 필요한 시간과 노력의 부족, 자신에게 적절한 정보를 확인 할 수 있는 방법의 부족 등으로 생각해 볼 수 있다. 진로와 같은 중요한 문제를 다룸에 있어서 무엇보다 진지한 자세와 심사숙고함이 필요함에도 불구하고, 대부분의 학생들이 등 떠밀려서 어쩔 수 없이 의사 결정하는 것을 많이 볼 수 있다.

실제로 우리나라 고등학생들을 대상으로 자신의 '대학입시 학과 선택 시점'을 조사(2010년, 한국교육개발원)한 설문이 있었다. 그 결과 60% 이상의 학생들이 고3이 된 이후에 무슨 학과로 진학할지를 결정한다고 한다. 놀랍게도 전체 학생 중 '입학원서 작성 시'에 학과를 결정한다는 비율이 23%, '대학 등록할 때'는 14%에 이른다.

무려 절반 이상의 학생들이 미리 정하고 준비함 없이 성적에 쫓겨 조급하게 결정하고 대학에 진학한다는 것을 의미한다. 이렇게 들어간 대학이 운이 좋아서 자기 적성과 잘 맞으면 좋겠지만 대학에 들어간 이후

"여기 왜 왔지?" 하다보면 큰일이고 낭패다. 이렇게 들어갔으니 학과 공부가 재미있을 리 없고, 학점이 좋을 리 없다. 졸업 후 사회에 나와서 취업을 할 때도 문제가 되고, 직장에 취업하더라도 행복감이 없다. 청년 실업률이 해마다 높아질 수밖에 없는 당연한 결과다. 이것은 개인적으로도 사회적으로도 큰 악순환을 불러오는 악재이다. 진로의사결정이 얼마나 중요한가를 다시 한 번 상고하게 된다.

따라서 진로의사결정 과정을 통해 학생들로 하여금 진로 선택 과업을 위한 준비도를 증대시키고, 이들 과업에 부합하는 행동 반응을 촉진하게 하는 의사결정 태도와 능력을 개발할 수 있도록 해야 한다. 학생들이 진로의사결정에 있어서 합리적 의사결정의 일반적 단계를 활용할 수 있도록 경험의 장을 마련해 주자!

합리적 의사결정의 단계는 1) 문제인식과 명료화 2) 정보 수집과 대안탐색 3) 대안의 설정 4) 대안의 평가 5) 의사결정의 단계를 따른다. 학습자들의 수준에 적절한 가상적인 의사결정 상황을 설정하고 제시한 후 이를 제시한 단계에 따라 결정하도록 한다. 이러한 학습 경험을 통해 학습자들은 자연스럽게 합리적인 의사결정의 방법을 습득하게 될 것이다.

1) 문제의 인식

합리적 의사결정의 첫 단계는 문제를 인식하고 명료화 하는 것이다. 우리는 어떤 상황이 실제 수준과 그에 대한 기대 수준 사이에 간극이 발생할 때 의사결정을 필요로 하는 문제가 있음을 깨닫게 된다. 문제 인식이란 이러한 간극이 있을 때, 문제가 발생한 원인, 문제의 국면과 연관 요인, 문제 해결의 장애 요인 등을 확인하고 문제를 분명히 하는 것이다.

2) 정보 수집과 대안 탐색

　문제의 성격과 의사결정 상황의 조건에 따라 탐색 활동의 방향과 범위가 크게 달라진다.

　문제가 일상적, 정형적인 경우에는 기존 경험의 범위 내에서 대안을 탐색하는 것이 보통이다. 반면에 문제의 성격이 예외적이거나 비정형적인 경우에는 대안의 탐색 범위와 방향이 보다 더 넓어진다. 대안을 탐색할 때 열쇠는 의사결정에 영향을 미치고 있는 여러 가지 요인들과 관련된 정보들이다. 자신에게 적합한 직업이나 진로를 의사결정함에 있어 여러 가지 요인들이 영향을 미치고 있으며, 이러한 정보들은 대안을 탐색하는 열쇠가 된다.

　진로 의사결정에 영향을 미치는 요인은 크게 ① 개인적 요인, ② 환경적 요인, ③ 직업적 요인이 있다.

　① 개인적 요인

　개인적 요인에는 흥미, 적성, 관심, 가치관, 신체적 조건 등이 있는데 대안을 탐색할 때 반드시 고려하고 알아야 할 정보들이다. 즉, 자기탐색의 정보를 말한다. 자신을 모른 상태로 아무것도 결정할 수 없고, 모른 채로 결정했다면 틀림없이 문제가 발생한다. 진로의사결정을 잘 하려면 무엇보다 자신에 대한 이해가 바탕이 되어야 한다. 아무리 좋은 직업이라도 자신의 흥미나 적성, 가치관에 맞지 않는다면 행복한 삶을 살기는 어려울 것이다. 따라서 개인적 요인은 진로의사결정에서 제일 먼저 수집해야 할 정보이다. 그 어떤 것보다 중요한 요인이다. 혹자는 "진로는 자아성찰이다"라고 할 정도로 진로 지도의 출발은 자기 이해가 우선되어야 한다.

② 환경적 요인

환경적 요인은 다시 물리적 환경과 인적 환경으로 구분할 수 있다.

• 물리적 환경

우리가 지도하는 학생들의 진로를 좌우하는 가장 큰 물리적 요인은 개인의 경제적 조건과 성적 등을 들 수 있다. 자아 탐색을 해본 결과 흥미와 적성에 맞고, 가치관에도 딱 맞는 직업이라 할지라도 그 꿈을 이루기까지 물리적으로 필요한 환경들이 있다. 예를 들면 동양화를 그리는 화가를 꿈꾸는 학생이 있다고 하자. 이 꿈을 이루기 위해서는 대학의 동양화학과에 입학해야 한다는 생각을 가지고 있다. 하지만 집안의 경제사정상 대학에 보낼 형편도 안 되고, 미술학원에 보낼 형편도 되질 않는다면 다른 대안을 탐색하도록 해야 할 것이다. 마찬가지로 의사를 꿈꾸는 학생이 있는데 성적으로 도저히 의대 진학이 어려울 수도 있다. 그럴 경우 무조건 "안 되겠다, 다른 걸 하자." 하며 포기를 가르치는 것은 바람직하지 않다. 그럼에도 불구하고 자신이 처한 상황에서 찾을 수 있는 대안을 탐색해 볼 수 있도록 지도해야 한다. 미술학원을 갈 형편이 안 된다면 학교 내에서 하는 할 수 있는 미술 수업이 있는지, 또는 지자체에서 운영하는 미술반을 찾아 볼 수도 있을 것이다. 의대에 갈 성적이 되지 않는다면 성적을 올릴 수 있는 방법을 모색해 보도록 하고, 성적을 올릴 수 있는 시간이 얼마 없는 고등학교 3학년 학생이라면 의대와 비슷한 계열을 재고해 보도록 조언해 줄 수도 있다. 이를테면 방사선과, 물리치료과, 임상 병리학과, 약대, 간호대 등이 있다. 자신의 상황을 고려한 차선과 차차선의 선택이라 할지라도 그것이 결국 최선으로

가는 길이 되도록 이끌어 주어야 할 것이다.

- 인적 환경

인적환경은 부모의 지지, 조력자 등의 환경적 요인이다. 부모가 아낌없이 지지자의 역할을 해주는 경우도 있지만 도시락 싸들고 다니며 말리는 직업도 있고, 부모와 자녀간의 생각이 전혀 달라 갈등의 요소가 되기도 한다. 갈등의 원인을 발견하고 대안을 탐색하여 합리적으로 의사결정 할 수 있도록 지도해야 한다.

③ 직업적 요인

직업적 요인에는 근무조건, 주 업무, 급여, 근무시간 등이 있다. 자기 탐색과 자기 이해가 잘 되었다 하더라도 직업에 대한 정보를 제대로 모른다면 막상 그 일을 하게 되었을 때 후회하게 될 수도 있다.

실제로 가르치는 일이 너무나 하고 싶어서 교사가 되었는데 막상 교사가 되니 가르치는 일 외에 행정적인 일처리와 학생들과의 관계가 어려워 교직을 떠날까 고민을 하는 교사도 얼마나 많은가? 백의의 천사라 불리는 간호사가 너무나 좋아보여서 간호사가 되었는데 막상 일을 해 보니 월급도 맘에 안 들고, 근무시간은 생각보다 길고, 아픈 사람들을 상대하는 것을 너무 힘들어 하는 간호사도 우리 주위에는 있지 않은가? 이는 직업적 요인에 대한 정보수집이 잘 이루어지지 않아서이다. 직업적 요인에 대한 정보수집이 잘 이루어진다면 좀 더 자신에게 맞는 현명한 의사결정을 할 수 있을 것이다.

3) 대안의 설정

이 단계는 자기 탐색과 현재 문제 상황과 자신의 진로와 관련된 문

제들을 고려한 후 자신의 진로문제를 합리적으로 해결하기 위한 대안
과 기준을 설정해 보는 단계이다.

4) 대안의 평가

대안을 선택했을 경우의 결과를 예측 항목에 따라 평가하는 단계로
서 바람직한 정도, 성취 가능성, 위험성 등을 분석하여 대안의 예측결
과를 평가한다. 대안을 평가하는 쉽고 편한 방법 가운데 많이 쓰는 것
이 대차대조표이다. 대차대조표 접근법은 Janis와 Mann(1977)의 갈
등모델에서 제안된 것으로서 그 방법이 용이하고 쉬워 많이 사용하는
방법이다. 여러 가지 대안들을 놓고 기준을 정하여 표를 만들고 비교
분석하여 자신이 선택할 수 있는 최선의 대안을 선택하는 방법이다.

어떤 것이든 최종적인 의사결정을 하기까지는 여러 가지 대안을 비
교분석하는 단계가 필요하다. 이 단계를 표로 구성하여 각각을 비교할
기준을 설정하고 비교분석하는 것이 대차대조표이다. 대안이 여러 가
지일 때 무엇을 선택해야 할지 결정이 어려운 경우 대차대조표를 활
용하면 큰 이점이 있다.

예를 들면 스마트 폰을 바꾸기로 했다고 가정해 보자.

스마트 폰도 여러 종류가 있고, 기능과 가격이 다 다르다. 이럴 때
간단하게 대차대조표를 만들어 보고, 비교할 기준도 정한다. A사 B사
C사를 각각의 기준을 가지고 점수를 매겨 보는 것이다. 기준을 정할
때는 디자인, 가격, 크기, 약정기간 등으로 자신이 중요시 여기는 대로
정하면 된다. 이것을 한 눈에 볼 수 있도록 정리하고 간략화 하는 것이
다음의 대차대조표이다.

〈스마트 폰, 어떤 것이 좋을까?〉

기준 \ 종류	A사	B사	C사
디자인	심플 ,10점	보통이다, 9점	깔끔함, 9점
크기	좀 더 크면 좋겠다. 7점	맘에 든다. 10점	어중간함 7점
가격	35,000원 요금제	35,000원 요금제	35,000원 요금제
단말기 값 추가	매달 20,000원	10,000원	없음
약정기간	2년	2년	2년

이렇게 정리를 해 보면 생각이 좀 더 합리적으로 흘러갈 수 있고, 합리적 의사결정을 할 수 있도록 도와주는 유용한 방법 가운데 하나이다.

그러나 대차대조표를 사용할 경우 유의할 점이 있다. 이 방법은 아직 어린나이의 학생들로 하여금 자신의 진로에 대해 섣부르게 배제를 하는 경우를 유발할 수가 있다. 거기에 대한 충분한 안전장치가 없기에 진로지도 시 특히 유의해야 한다. 이것만 고려한다면 합리적 의사결정을 할 수 있도록 하는데 큰 장점을 가진 방법이다.

5) 의사결정

자신에게 가장 합당한 진로를 결정하기 위한 단계로서 대안의 평가를 통하여 그 순위를 정하고 최선의 대안을 선택한다.

합리적 의사결정의 단계에 따라 의사결정을 실습할 수 있도록 여러 가지 가상의 상황을 제시하도록 한다. 아이들의 특성과 수준에 맞고 흥미와 관심을 유발할 수 있는 여러 가지 소재를 주변에서 찾아보도록 한다. 의사결정 상황의 소재는 일상생활에서 찾아도 좋고, 책에서 찾아도 좋을 것이다. 아이들에게 각자의 고민을 적어서 내도록 하고 그 중 몇 가지를 골라서 합리적 의사결정 5단계로 실전연습을 해 보게 하는 방법도 있다.

요즘 아이들은 시각적 매체에 대해 굉장히 관심이 많고 발달되어있으므로 유투브 동영상이나, 드라마, 영화 등에서 한 장면 등을 캡처하거나 보여준 후 합리적 의사결정 5단계를 실습해 보도록 하는 것도 좋다.

다음은 학생들이 좋아하는 드라마 중의 한 부분을 가지고 수업했던 예이다. 조별로 활동을 조직해도 되고, 개인별로 활동을 해도 좋다. 발표를 통해 서로의 의견에 귀를 기울이도록 도와주고, 창의적 대안들을 모색해 볼 수 있는 기회를 열어 주도록 한다.

〈시온이의 새 직업을 찾아주세요~!〉

이름: 박시온/ 나이: 27세 / 대학병원 의사

대학병원의 레지던트 1년차로 근무하는 박시온은 어려서부터 자폐증을 앓고 있다. 시온이는 동물과 교감을 나눌 정도로 동물을 좋아하고, 어린아이들을 좋아한다. 마음이 착하고 그림을 아주 잘 그린다. 삼각 김밥을 좋아하고 좋아하는 것은 계속 반복하는 편이다. 서번트 신드롬*으로 의학적 지식과 공간 지각력에 천재성이 있으며, 기억력이 뛰어나지만, 사회성이 떨어지고 사람들과 소통을 잘 하지 못한다. 그래서 사람들에게 오해를 사기도 하고, 이상한 자폐 행동들이 환자들을 불안하게 만들기도 한다. 이로 인해 병원에 큰 문제가 발생하여 더 이상 의사로서 활동할 수 없게 된 박시온에게 새로운 직업을 찾아주자.

*서번트 신드롬(Servant Syndrome): 아이큐가 심하게 낮거나 정신지체, 자폐증 같은 정신장애를 갖고 있으면서도 음악이나 미술, 계산 같은 특정 분야에서는 극도의 천재성을 보이는 사람들의 증상

<h3 align="center">〈합리적 의사결정 5단계로 시온이의 새 직업 찾기〉</h3>

1. 문제인식/ 문제 명료화(무엇이 문제인가?)

   −자폐증 환자인 시온이의 새로운 직업 찾기

2. 정보수집과 대안탐색

   −정보수집: 자폐증, 천재적 암기력과 공간지각력, 동물을 좋아함, 그림을 잘

   그림, 아이들을 좋아함, 좋아하는 것을 반복함, 삼각 김밥을 좋아함.

   −대안 탐색

   수의사: 동물을 좋아하고 의학적 지식도 뛰어나기 때문

   화가: 그림을 잘 그리고 주로 혼자 조용히 하는 일이기 때문에 잘 맞을 것

   같다.

3. 대안의 설정

   −1) 흥미 2) 적성 3) 근무시간 4) 급여 5) 직업만족도 6) 직업전망

4. 대안의 평가

기준 \ 대안	대안1. 수의사	대안2. 동물화가
시온의 흥미	○	○
시온의 적성	○	○
근무시간	9시~6시	자유로움
급여	연봉 4436만원	못 벌수도 있고 잘 벌수도 있음
직업만족도	82%	높을 것임
직업전망	늘어날 전망 76%	미지수

(급여, 직업만족도, 직업전망의 정보는 2011년 워크넷의 직업정보 참조)

드라마나 영화 등 시각매체를 활용한 수업은 학생들의 관심과 흥미를 이끌어 내고 현실을 들여다보는 거울의 역할을 하기에 굉장히 유용하다.

그러나 유의해야 할 것은 모두가 다 잘 알 수 있는 소재여야 흥미와 관심을 유도하기가 용이하기 때문에 너무 오래된 작품에서 고르기 보다는 수업하는 그 시점의 트렌드를 반영해 주는 것이 좋다는 것을 기억해야 한다.

Ⅰ. 진로장벽을 뛰어넘어라~!

대부분의 청소년기 학생들은 진로 방해 요인을 만나게 되면 아예 시도조차 안하고 좌절하는 경우가 종종 있는데 참으로 안타까운 일이다. 꿈꿀 수 있는 용기와 기회를 알려주고, 장애물은 충분히 극복해서 뛰어넘게 하고, 뛰어넘기에 힘이 부치면 장애물을 돌아서라도 지나갈 수 있도록 이끌어 주는 것이 필요하다. 마치 자신이 바라보는 한계가 세상의 전부인양 생각하는 안타까운 청소년기 일수록 성공 경험의 학습이 필요하고, 간접적인 경험으로라도 극복할 수 있도록 하는 것이 중요하다.

Ⅱ. 진로장벽의 정의

진로장벽(Career barrier)이란 직업이나 진로 계획에 있어서 자신의 진로목표를 방해하거나 가로막는 내적, 외적 요인들(손은령, 2001)이며, 진로발달을 어렵게 하는 개인 내부 혹은 환경적 사건이나 조건(Swanson & woitke, 1997)을 말한다. 즉, 진로와 관련된 여러 경험(진학, 취업, 승진, 직업전환 등)을 수행해가는 과정에서 개인의 직업 선택이나 진로 발달을 방해하는 것으로 지각되는 개인의 내ㆍ외적 사건이나 상황을 뜻한다.

Ⅲ. 진로장벽을 극복하기 위한 이론적 배경

1. 자아효능감 이론(self-efficay theory)

Bandura(1986)는 자아효능감(self-efficacy theory)은 어떠한 과제를 성공적으로 조직하고 실행하는 자신의 능력을 지각하는 특성이라고 정의 했다. 자아효능감은 다양한 수준에서 교사와 학생 모두에게 영향을 준다. 학생들이 느끼는 자아효능감은 스스로에게 긍정적인 감정을 경험하도록 하여 보다 상위의 과제에 도전하려는 열정을 갖게 한다. 열정은 결국 학생들의 동기와 직결되며, 학생들의 학업 성취는 그 동기에 영향을 받는다. 자아효능감은 학습을 하는 동안에 진행되는 학생들의 사고뿐만 아니라 과제를 회피하거나 접근하려는 경향성에도 영향을 주게 된다. 효능감을 지니고 있는 학생은 과업에 적극적으로 집중하지만, 그렇지 않은 학생들은 스스로 무력감을 느끼게 되어 과제를 회피하려 한다(schunk,1990). 또한 높은 자아효능감을 가진 학생들이 낮은 자아효능감을 가진 학생에 비해 실제 자기능력보다 높은 성취도를 가져왔다는 연구 결과(Collins,1982)는 교사들이 학생들에게 높은 자아효능감을 갖게 해야 함을 강조하고 있다.

진로장벽을 대함에 있어서도 학생들의 자아효능감은 중요하다. 높은 자아효능감을 가진 학생들의 경우 꿈을 이루기 위해서 어떤 어려움도 극복할 수 있는 노력을 할 것이다. 반면에 낮은 자아효능감을 가진 아이들은 진로장벽을 만나게 되면 회피하는 경향을 가지게 된다. 그러므로 진로교육을 통해 어떠한 역경에도 굴하지 않고 끝까지 도전하여 목표를 성취하도록 이끌어 주어야 한다.

2. 귀인이론(attribution theory)

한 개인의 행동에서 성공이나 실패에 대하여 자신의 행동에 대한 원인행동이 내부적 원인에 의한 것인지 아니면 외부적 원인에 의한 것인지 그 판단기준을 제공해주는 이론이 귀인이론이다. 귀인이론의 대표적 학자인 B. Weiner(1979,1980)에 따르면 귀인이론은 학교에서 학생들이 그들의 성공과 실패를 어떻게 설명하는가에 대해 체계적으로 이해하고자 하는 것이다. 그는 사람들이 자신의 성공과 실패의 원인을 알고자 하는 특성이 있다고 가정한다. 사람들은 그들의 성공이나 실패를 자신의 과업 수행 중에 있었던 특정한 어떤 일의 탓으로 돌린다. 행운, 불운, 어려운 과업, 쉬운 과업, 주위의 친한 사람들, 적대적인 관계의 사람들, 자신이 어려워하는 일, 자신이 가지고 있는 능력의 정도 등과 같은 것들이 모두 그런 예이다. Weiner는 이러한 요인을 분석하여 사람들이 자신의 실패나 성공의 원인으로 가장 많이 귀인하는 능력, 노력, 운, 과제의 난이도라는 네 가지 요소를 설정하였다. 이와 같은 귀인들은 원인의 소재, 안정성,

통제 가능성이라는 세 가지 차원의 모형을 기준으로 분류할 수 있다.

1) 원인의 소재

성공 또는 실패에 대한 원인의 근원을 의미한다. 즉, 성공이나 실패의 원인이 사람들의 내부에 존재하는지 외부에 존재하는지에 따라 원인의 소재가 달라지는 것이다.

① 내적 원인: 개인의 내부에 존재: 노력, 능력 등

② 외적 원인: 개인의 외부에 존재: 운, 과제의 난이도 등

예를 들어 시험을 보았는데 자신이 노력해서 시험을 잘 보았다, 혹은 노력을 안 해서 시험을 못 봤다고 하는 사람은 성공과 실패의 원인을 내적으로 귀인 하는 사람이다.

반면에 시험을 잘 본 이유가 운이 좋아서, 혹은 시험이 쉽게 출제되어서 라고 생각하거나 시험을 못 본이유가 운이 없어서 또는 시험이 어려웠다고 생각하는 사람은 외적귀인을 하는 사람이다.

2) 안정성 Stability

귀인을 변화시킬 수 있는 가능성의 정도가 안정성이며, 그 정도에 따라 안정적 귀인과 불안정적 귀인으로 나눌 수 있다. 성공과 실패에 대한 원인을 노력에 돌리는 사람은 노력이라는 것은 충분히 자신이 조절 가능한 범위의 안정적 귀인이 된다. 반면에 능력에 귀인 할 경우 능력은 상대적으로 변화시키기가 어렵다.

3) 통제 가능성 Contollabality

성공이나 실패를 통제할 수 없는 선행 사건에 귀인 시키는가 혹은

통제할 수 있는 선행사건에 귀인 시키는가에 따른 분류가 통제 가능성이다. 예를 들어 지능지수나 운은 통제 불가능한 원인의 한 예가 될 수 있다. 반면에 노력은 통제 가능한 원인이다.

진로장벽을 대함에 있어서 학생들이 어디에 귀인 하는가를 아는 것은 아주 중요하다. 외적요소보다 본인의 내적요소에 귀인하고, 자신이 통제 가능하고 자신이 조절할 수 있는 요인에 귀인 하도록 하는 것이 인생을 행복하게 사는 비결임을 인지해야 한다.

3. 프레임의 전환

진로장벽을 대하는 태도에 있어서는 객관적인 상태나 조건도 중요하지만 주관적 인식이 훨씬 더 중요하다. 즉, 진로장벽을 생각하는 마인드에 따라 진로의 장벽이 높게도 낮게도 될 수 있다. 아무리 심각한 진로장벽이라 할지라도 당사자가 어떻게 프레임 하느냐에 따라 그 결과는 극명하게 다를 수 있다. 프레임은 '세상을 보는 마음의 창'이다. 어떤 생각으로 세상을 바라보느냐에 따라 천국과 지옥이 갈라질 수 있다. 마치 에디슨이 전구를 만들 때 천 번이 넘는 실패를 하면서도 "나는 실패한 것이 아니라 전구가 되지 않는 방법을 알아낸 것뿐이다."라고 한 것은 성공 프레임의 한 예를 보여준다. 이처럼 같은 사건을 놓고서도 어떤 이는 걸림돌로 생각하고, 어떤 이는 디딤돌로 생각한다. 이후의 삶을 예측하였을 때 누구의 삶이 더욱 성장하고 발전하겠는가? 이것을 예측하는 것은 어렵지 않은 일이다. 걸림돌로 생각하는 사람에게는 진로장벽이 방해요인이 되겠지만, 디딤돌로 생각하는 사람에게는 진로장벽이 성공의 촉매제의 역할을 담당할 것이다.

진로장벽을 대하는 학생들의 태도에 있어서 특히나 인생을 바라보는 프레임은 아무리 강조해도 지나침이 없다. 포기가 아닌 대안을 찾고, 선택하는 방법을 알려주는 것이 중요하다. 수업에 쓸 수 있는 다양한 매체를 활용하여 역경을 극복할 수 있다는 생각을 불어넣어 주고, 단점을 장점으로 바꿔보는 활동 등을 활용해 볼 수 있다.

Ⅲ. 진로장벽의 종류와 극복 방안

1. 자기이해의 부족

진로 선택 시 고려하는 적성, 흥미, 가치관 등 자신의 특성에 대한 이해가 부족함을 의미한다. 자기 이해가 제대로 되지 않으면 진로장벽은 무수히 많아질 수 밖에 없다. 진로설계의 출발은 자기 이해로부터 시작됨을 잊지 말고, 자신의 흥미, 적성, 가치관, 성격 등에 대한 이해를 보다 심도 깊게 할 필요가 있다.

2. 자아효능감과 자신감 부족

학업태도, 성적문제, 신체적 조건 등 희망하는 진로와 관련하여 자신의 능력이 부족하다고 지각하는 정도이다. 자아효능감과 자신감이 부족한 경우 진로장벽을 만나게 되면 회피하려는 마음이 강하게 작용하게 된다. 자아효능감과 자신감을 향상하기 위한 방법으로는 학생들 스스로에게 작은 성공 경험을 떠올려 보게 하거나, 장점 찾기, 칭찬하기, 성공을 부르는 단기계획 세우기 등의 방법으로 작은 성공경험을 누적시켜주는 것이 중요하다.

3. 중요한 타인과의 갈등

부모, 선생님, 친구 등의 중요한 타인이 자신의 직업 선택에 대해 승인하지 않을 경우 예상되는 갈등이다. 그 중에서도 대부분의 청소년들에게 가장 지대한 영향을 미치는 의미 있는 타인은 부모님이다. 대부분 청소년들은 알게 모르게 부모와의 관계와 양육방식에 의해 가치관이 형성되고, 의사결정에도 많은 영향을 받고 있다. 부모님과 생각이 같은 경우 별 문제가 되지 않지만, 부모님과 진로에 대한 의견이 달라 갈등상황이 빚어진다면 문제는 심각할 수도 있다. 물론 개인이 어느 정도로 그 문제를 심각하게 인식하느냐에 따라 그 정도는 다르지만 이럴 경우 부모님과의 갈등을 원만하게 해결할 수 있는 전략을 마련해 보도록 하는 것이 좋다. 그리고, 서로의 입장에서 생각해 볼 수 있는 계기를 마련하여 이해의 지평을 넓혀주는 것이 필요하다.

4. 경제적 어려움

진로 선택 및 추구행동과 관련된 경제적 어려움이 진로장벽이 되기도 한다. 가능하면 경제적 어려움을 극복할 수 있는 방안들을 모색하도록 하는 것이 좋다.

5. 진로 및 직업정보의 부족

개인이 지각한 직업과 전공에 대한 지식 및 진로 선택 과정에 대한 방법 및 절차에 대한 지식이 부족한 경우이다. 이런 경우에는 직업정보를 쉽게 알아볼 수 있는 진로 정보 검색 사이트를 알려주어 직업 정보의 부족함을 해결하도록 이끌어 주어야 한다.

6. 진로 성숙도 의식 고취

진로장벽을 높게 생각하는 학생들일 경우에는 진로장벽에 대한 생각을 낮춰 주어야 한다. 이를 낮춰주기 위해서는 진로장벽을 극복한 다양한 사례를 제시해 주도록 한다. 또 반면에 진로장벽을 낮게 생각하는 학생들일 경우에는 진로장벽에 대한 생각을 높여주어야 할 필요가 있다. 이러한 학생들일 경우 근거 없는 자신감을 가진 경우가 많다. 예를 들면 성적도 안되고 노력도 하지 않으면서 "저는 판사가 꿈이에요." 한다거나 또 막연하게 "저는 재벌이 될 거예요." 하며 당당하게 의사표현 하는 아이들이 있다. 이럴 경우에는 진로장벽을 높여줄 필요가 있다. 막연하지만 자신감이나 목표를 가지고 있다는 것은 칭찬해 줘야 하고 어떻게 하면 판사가 될 수 있는지, 재벌이 될 수 있는지 찾아보도록 직업 정보 사이트 등을 이용해서 정보를 수집해 보도록 해야 한다. 그러다보면 직업을 갖기 위한 학력이나 여러 자격 요건을 알게되고 구체적인 정보 수집을 통해 진로장벽이 높아지게 될 것이다. 이렇게함으로써 진로계획을 구체적으로 세우고 학생의 진로성숙도를 높여주기 위함이다.

7. 진로 타협의 방법 모색하기

진로 대안영역 안에서 자신이 원하는 흥미 영역의 직업을 선택한다고 해도 그 직업을 선택할 수 있는 현실적인 여건이 안 되는 경우에는 어떤 부분을 포기할 수밖에 없는 상황이 생긴다. 자신이 바라던 최고의 선택을 하지 못하고, 현실적으로 가능한 최선의 선택을 하면서 포기 할 수밖에 없었던 것을 받아들이는 과정이 진로선택 이후의 적응을 좌우하게 된다.

꿈을 시각화하라!

Ⅰ. 꿈을 시각화하라!

언젠가부터 교육계에 진로교육의 열풍이 불기 시작했다. 이는 학업위주, 입시위주의 교육의 쓴 맛을 우리사회가 맛보았기 때문이다. OECD 주요국가 중 우리나라 청소년들의 행복지수는 그야말로 처참할 정도로 낮다. 과도한 입시경쟁과 사교육열풍으로 인해 아이들이 행복하지 않은 나라라는 오명은 진학이 아닌 진로에 관심을 두어야 아이들이 행복해 질 것이라는 결론에 이르게 했다. 사실 진로를 설정하고 가슴 뛰는 꿈을 만나게 되면 아이들은 시키지 않아도 몰입하고 공부하게 된다. 진로교육을 통해 아이들이 자신의 꿈을 발견하고, 노력하도록 이끌어 주는 것은 실로 중요한 일이다.

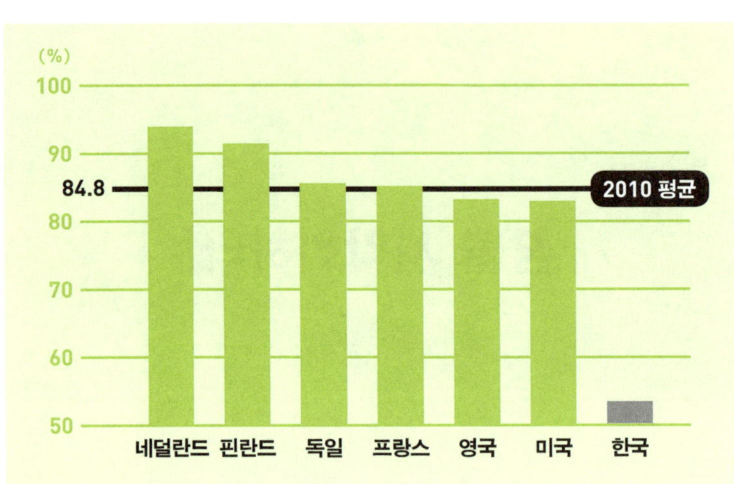

　그러나 한편, 시대의 흐름이 이렇다 보니 아이들에게 꿈꾸기를 강요하는 분위기가 조장되는 것은 아닌가하는 우려도 있다. '현재'를 살아가는 아이들이 '미래'의 진로를 위한 준비로서의 교육만 강조된다면 현재의 행복은 어디서 찾을 수 있겠는가? '현재'에 충실한 삶 이야말로 아이들로 하여금 미래를 잘 맞이할 수 있는 토대가 되지 않겠는가?

　꿈의 시각화 수업에서는 아이들이 꿈을 발견하고 미래의 청사진을 그려봄으로써 생생하게 꿈 꿀 수 있도록, 또한 준비로서의 현재를 살기 보다는 꿈을 만남으로 인해 현재의 삶 까지도 충실하게 살 수 있도록 하고자 하는데 의의를 가진다.

Ⅱ. 꿈의 정의

꿈의 사전적인 정의는 다음과 같다.

1. 잠자는 동안에 깨어 있을 때와 마찬가지로 여러 가지 사물을 보고 듣는 정신 현상.
2. 실현하고 싶은 희망이나 이상
3. 실현될 가능성이 아주 적거나 전혀 없는 헛된 기대나 생각.

이 가운데 진로교육에서 우리가 이야기 하고자하는 꿈은 두 번째, "실현하고 싶은 희망이나 이상"이다. 그런데 현실적으로 많은 학생들이 잠자는 동안에 꾸는 꿈만으로 살아가기도 하고, 실현될 가능성이 아주 적은 헛된 기대나 생각으로 생활하는 모습을 보기도 한다. 유치원부터 시작해서 초등, 중등, 고등학교까지 입시경쟁에 치열하게 부딪히며 살다보니 우리는 아이들에게 꿈 꿀 시간조차 빼앗고 있는 것은 아닌지 모르겠다. 실현하고 싶은 희망과 이상을 가슴에 품고 사는 사람과 그렇지 않은 사람의 삶은 대단한 차이가 있다. 꿈이 있는 사람은 열정과 동기가 있어 활력과 에너지가 넘친다. 눈에 초점이 있고, 삶을 대하는 태도가 다르다. 사는 이유와 목적이 있다는 것은 삶에 대한 태도를 바꾸게 하는 마력이 있다. 실제로 지도하던 학생들 가운데 꿈을 만난 후 공부를 하는 이유가 분명해져 학습태도도 좋아지고, 성적도 향상되고, 꿈을 향한 노력과 땀과 눈물을 아끼지 않는 경우를 많이 보아왔다. 진정한 자신의 꿈을 발견한 아이들은 꿈을 위해 가는 과정까지도 즐길 줄 아는 태도를 갖추게 되는 것도 보았다. 그저 꿈이 있다고 해서 그냥 이루어지는 것이 아니라 노력과 땀을 통해 완성되는 결정체가 꿈이라는 것을 아는 사람이 되는 것이다.

그러나 한편으로는 막연한 꿈을 가지고 있는 학생들도 많이 만나게 된다. 꿈은 있으나 어떻게 해야 그 꿈을 이룰 수 있는지에 대해서 정보를 알아본 적도 없고, 그러다 보니 막연하게 이것이 하고 싶다하는 생각만 있을 뿐 그 꿈을 이루기 위한 노력과 과정에 대해 생각하는 학생들이 별로 없다. 또 자신의 꿈이 아니라 부모님의 꿈이거나, 점수에 맞추어 생각하고 있는 진학에 대한 것을 꿈이라고 착각하는 아이들도 있다. 막연함과 타인이 의도하거나 점수에 맞춘 꿈이 어떻게 삶을 대하는 태도에 열정을 줄 수 있겠는가? 이제 아이들의 진정한 행복을 위해 진학에서 진로로 방향을 바꿔야한다. 공부와 성적보다 더 우선 되어야 할 것이 바로 꿈을 발견하는 것이다. 자신의 꿈을 발견하고 진로를 설정하게 되면 공부의 이유가 생기고, 성적은 저절로 오르게 되어있다. 따라서 진로지도를 통해 학생들이 자신의 꿈을 찾을 수 있도록 도와주고, 그 꿈을 이루기 위해서는 어떤 과정과 어떤 노력들이 필요한지 꿈의 청사진을 그려 볼 수 있도록 하는 것은 현재의 삶에 있어서도 굉장히 중요한 의미를 가진다.

Ⅲ. 시각화의 의미와 중요성

시각화란 볼 수 없는 것을 보이는 것으로 나타내는 것을 말한다. 사실 학생들이 실현하고 싶은 것에 대해 이상과 희망을 품고 기대하는 것은 어쩌면 막연한 상상일 수 있다.

하지만 이 상상을 구체화 하여 볼 수 있는 자료로 만든다면 인생의 청사진이 될 수 있다. 이것은 자기 인생의 설계도를 만드는 것이다. 꿈은 바람(wind)과 같은 면이 있어서 흩어지기 쉽다고 한다. 이 바람(wind)과도 같은 바람(hope)을 꿈(dream)으로 전환시키는 것은 바로 꿈을 시각화하여 볼 수 있는 것으로 나타내는 것이다. 마치 건축가가 설계도를 가지고 건물이 지어졌을 때를 떠올리고 바라보며 건물을 지어가는 것처럼 우리가 꿈을 이루어 갈 때에도 꿈의 청사진이 있다면 방황하지 않고 목표 지점에 도달할 수 있을 것이다. 꿈의 청사진은 시련을 만나 포기하고 싶은 순간에도 방향을 제대로 잡아주는 길잡이 역할을 톡톡히 하며, 학생들로 하여금 자신이 가야할 길을 제시하는 나침반이 될 것이다.

이지성 저서, 〈꿈꾸는 다락방〉에 보면 꿈을 이루는 공식, R=VD, Realization=vivid dream에 대해 자세히 소개한다. 생생하게 꿈꾸면 그 꿈이 현실이 된다는 이야기이다. 이 책에서는 꿈을 이룬 다양한 분야의 사람들을 소개하며, 그들이 어떻게 생생하게 꿈을 꾸었는지를 논리적으로 소개하고 있다.

이처럼 꿈을 시각화 하는 것은 꿈을 보다 더 생생하게 꿀 수 있도록 도와주는 도구가 되기 때문에 중요하다. 꿈을 상상 속에만 머물게 하지 말고, 종이를 꺼내 생생하게 다양한 시각화 자료를 만들어 보자. 시각화 자료의 종류에는 그림, 사진, 콜라주, 기록하기 등이 있다.

Ⅳ. 꿈 시각화 수업의 실제

꿈을 시각화 하는 수업은 다양한 방법이 있지만, 진로수업에서 대표적으로 다루어 볼 수 있는 시각화 수업은 다음과 같다.

① 꿈 리스트 작성하기

꿈 리스트 작성하기는 아직 꿈이나 진로설정이 확실치 않은 학생들에게 권하면 좋은 활동이다. 학생들의 경우 자신이 하고 싶은 직업이 명확하게 정해지지 않은 학생들이 분명히 있을 것이다. 이럴 때는 꿈 리스트를 작성하게 하고, 조별로 발표하면서 서로의 꿈에 대해 알아보도록 활동을 구성해 보면 좋다.

이때 바로 꿈 리스트를 쓰기 보다는 꿈 리스트를 써서 자신의 꿈을 이룬 사람들의 사례를 보여주어 시각화 자료가 갖는 힘과 중요성을 미리 어필하면 학생들에게 제대로 된 동기부여가 된다.

〈존 아저씨의 꿈의 목록〉이란 책으로 유명한 존 고다드는 종이위에 자신의 꿈을 시각화하여 많은 꿈을 이룬 사람으로서 아이들에게 제시해주면 좋은 사례이다. 1944년, 17세의 존 고다드는 우연히 할머니가 숙모와 이야기를 하면서 "내가 그걸 좀 했더라면……."하는 후회를 많이 하는 것을 듣고 "나는 할머니처럼 후회하면서 인생을 살고 싶지 않아."라고하며 자신의 꿈 리스트를 만들기 시작했다. 그는 127개의 꿈 리스트를 작성했는데 1987년에는 무려 114개의 인생목표를 이루었다고 한다.

좀 더 학생들에게 친근한 사례로는 〈멈추지 마, 다시 꿈부터 써봐〉의 저자 김수영씨가 있다. 간혹 TV에서 강연을 하는 모습을 보기도 하는

데 영상을 보여주어도 좋다. 그녀도 꿈의 목록을 쓰고, 꿈을 VD(Vivid dream)하고 있는 청춘의 멘토로 유명한 사람이다. 청소년기를 방황으로 보내다가 실업계 고등학교를 간 그녀는 실업계 학생으로서는 최초로 KBS의 〈도전 골든 벨〉이란 프로에서 골든벨의 주인공이 되었다. 또 연세대학교에 진학을 하고, 외국 유명 기업의 인정받는 커리어우먼이 되었다. 자신의 꿈의 목록을 작성하고 그 목표들을 이루면서 살고 있는 그녀의 이야기는 꿈을 시각화 하여 생생하게 꿈꾸는 사례로 꿈 시각화 수업에 도움이 된다.

꿈을 시각화하여 자신의 꿈을 이룬 성공사례는 이외에도 상당히 많다. 학생들에게 좀 더 인지도가 있고, 관심 있는 인물을 찾아서 제시하면 꿈을 시각화 하는 것이 왜 중요한지 좀 더 쉽게 이해 할 수 있을 것이다. 이때 선생님의 꿈 리스트를 공개하는 것도 좋은 방법이다.

꿈 리스트를 작성하는 방법은 갖고 싶은 것, 하고 싶은 것, 내가 되고 싶은 모습, 나누어 주고 싶은 것 등을 생각나는 대로 작성하는 것이다. 이때 주의할 점은 빈칸을 다 채울 필요가 없다고 알려주어야 한다. 학생들의 경우 다 채워야 하는 줄 알고 부담을 느끼는 경우도 간혹 있기 때문이다. 우선 현재 생각이 나는 것만 기록하고, 나중에 추가하고 싶은 것들이 생길 때 더 추가하도록 지도한다. 될까 안 될까를 고민하기 보다는 가벼운 마음으로 자신의 마음에 귀를 기울여 하고 싶은 것들을 써보도록 한다. 한계를 두지 말고, 크고 거창한 꿈을 써도 좋다. 단, 외계인이 되기, 세상을 정복하기 등과 같이 장난삼아 쓰는 문항이 있다면 바로잡아 주는 것이 좋다. 되도록 구체적으로 쓸 수 있도록 한다. 여행을 가고 싶다면 지명까지 쓰도록 하고, 갖고 싶은 물건이 있다면 어느 회사의 어느 제품인지까지 써보는 것이다. 그리고 조별로 서로의 꿈 목록을 나누다가 친구의 의견이 마음에 들면 그것을 자신에게 맞게 추가로 써도 좋다.

② vision map 만들기

비전(vision)이란 내다보이는 장래의 상황, 미래의 목표, 전망, 꿈 등을 뜻한다. 지금 현재의 내 미래나 꿈이 보이지는 않지만 나의 미래나 꿈, 장래의 상황을 내다보는 것이 바로 비전이다. 비전맵은 꿈의 지도, 꿈의 청사진 이라고 하면 이해하기 쉬울 것이다.

어딘가 여행을 가거나 낯선 곳에 갈 때 우리는 지도를 들고 간다. 지도의 역할은 우리가 어디로 가야 할지 방향을 알려주며, 맞게 가고 있는지 체크해 볼 수 있다는 데 있다. 비전맵은 꿈을 이룬 모습을 시각화 하는 방법으로 자신의 꿈을 이룬 모습과 꿈을 이루기 위한 과정을 나타낸 꿈의 지도이다.

사회복지사가 되고 싶다면 어떤 사회복지사가 되고 싶은지, 그 꿈을 통해 어떤 일을 할 것인지, 더 나아가서 사회복지사가 되기 위해서는 어떤 과정을 거쳐야 하는지, 필요한 자격증은 무엇인지, 어떤 학과를 전공해야 하고, 그 전공을 공부하기 위해서는 학교 공부는 어떤 수준까지여야 가능한지 꿈을 이루는 과정에 대해 지도처럼 시각화하여 표현하는 것이다. 자아탐색과 직업세계의 이해, 의사결정 등을 통해 꿈이나 진로를 설정한 학생이라면 비전맵으로 시각화 작업을 할 수 있도록 지도한다.

하지만 자신이 무엇을 해야 할지 모르겠다고 호소하는 경우도 있을 것이다. 이런 학생들은 꿈 리스트를 시각화 해보는 것이 좋다. 갖고 싶은 것, 하고 싶은 것, 되고 싶은 것 등을 리스트로 작성하게 한 후

잡지나 신문을 통해 이미지와 사진을 오려서 콜라주를 만들도록 하는 방법이다.

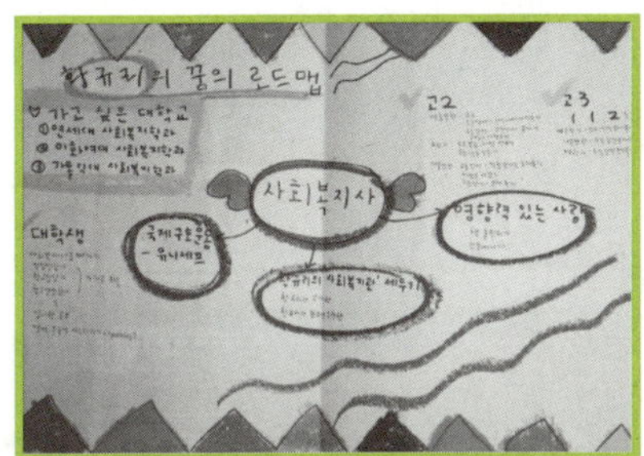
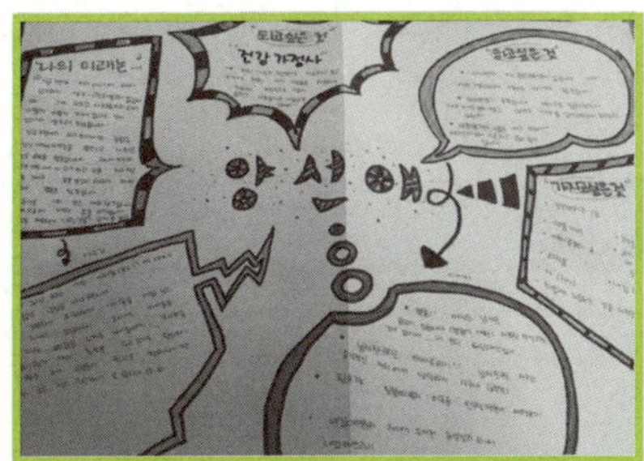

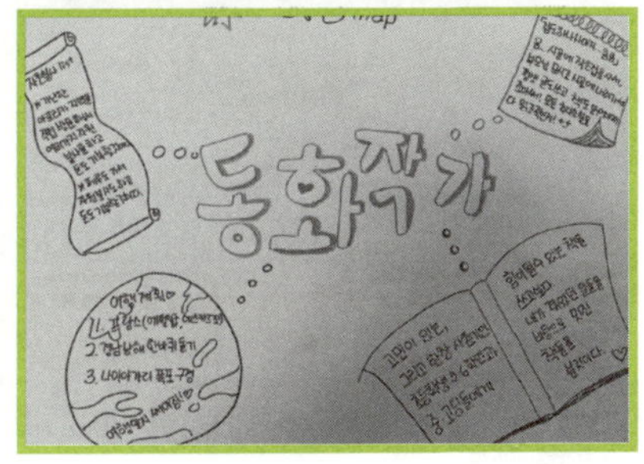

③ 명함 만들기

　미래의 자신의 명함을 미리 만들어 보는 방법도 꿈을 시각화 하는 좋은 방법이다. 활동을 시작하기 전에 학생들이 자신의 미래의 모습을 상상해 볼 수 있도록 지도한다. 타임머신을 타고 미래로 가서 자기가 성공한 최고의 모습을 상상하게 한 후 자신의 직업을 명함으로 꾸미는 것이다. 명함이 무엇이며 명함에는 어떤 것들이 들어가는지를 이야기 나눈후 활동을 하도록 지도한다. 명함을 만든 후에는 각자 자기소개를 해보도록 발표를 유도하는 것도 재미있다. 시간이 없을 경우는 조원끼리 발표한 후 2~3명 정도만 발표를 해도 좋다.

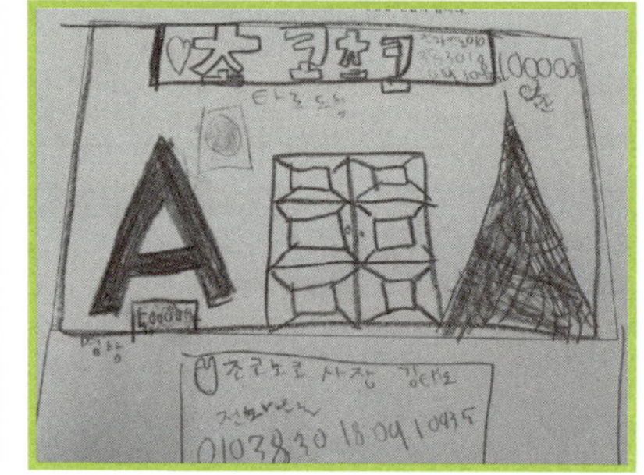

④ 비전 선언서 작성하기

비전맵이 그림으로 자신의 꿈을 시각화 한 활동이라면 비전 선언서 작성은 종이 위에 자신의 비전을 쓰는 활동이다.

사진의 학생은 일본어 선생님이 되고 싶은 꿈이 있다. 일본어 선생님이라 하더라도 어떤 일본어 선생님이 되고 싶은지, 어떤 이들에게 어떤 가치를

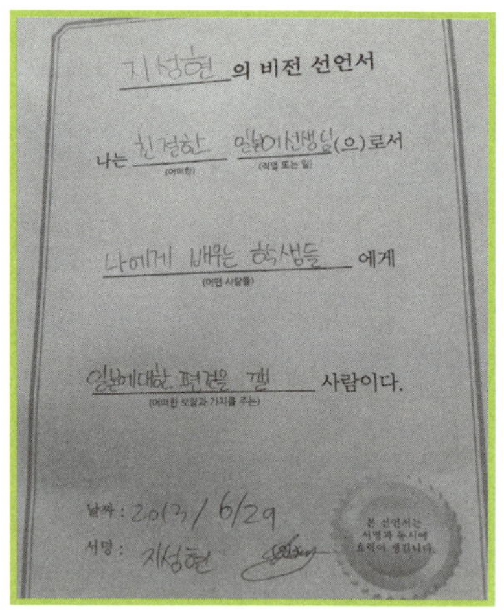
지성현의 비전 선언서

나는 친절한 (어떠한) 일본어선생님(으)로서 (직업 또는 일)

나에게 배우는 학생들 에게 (어떤 사람들)

일본에 대한 편견을 깬 사람이다. (어떠한 모습과 가치를 주는)

날짜: 2013 / 6/29
서명: 지성현

주고 싶은지를 글로 표현해 보도록 하였다. 이 활동은 자신의 꿈을 좀 더 명확하고 구체적으로 표현하며 자기 삶의 가치관까지 드러낼 수 있는 활동이다. 꿈을 이루었을 때 어떤 가치를 추구하며 살 것인지 까지 표현되므로 우리 삶의 나침반의 역할을 할 수 있는 도구이다.

⑤ 미래일기 작성하기

미래일기는 글로 VD(vivid dream)하는 방법으로 미래의 일기를 작성해 보는 활동이다. 주인공을 자신으로 하여 미래 어느 날, 시간, 장소 등을 구체적으로 떠올려 보도록 한 후, 감정과 기분, 느낌을 생생하게 살려 일기를 써보도록 하는 것이다. 이때 다음의 간단한 질문에 답이 포함되도록 한다. 바로 미래일기를 쓰도록 하기 보다는 미래일기를 쓰면 좋은 점, 미래일기를 써서 꿈을 이룬 사람들의 사례 등을 들어주면 학생들이 더 몰입하여 쓸 수 있을 것이다. 이때 먼저 선생님의 미래일기를 들려주는 것도 좋다.

예 20년 후 토요일 8시입니다.

1. 나는 지금 어디에 있나요?

2. 나의 직업은 무엇인가요?

3. 지금 내 옆에는 누가 있나요?

4. 나는 지금 무엇을 하고 있나요?

5. 나의 지갑 속에는 무엇이 들어있나요?

6. 나의 가장 친한 친구는 무엇을 하는 사람인가요?

〈태준이의 미래 일기〉

2033년 8월 0일 토요일 8시

나는 31세, 내 직업은 경찰이다. 지금 내가 있는 곳은 관악경찰서이다.

오늘은 내가 순찰을 돌 차례다. 나와 가장 친한 친구 동석이도 경찰이 되어 함께 순찰을 나갔다. 그때 마침 마트를 털고 도망가는 강도가 있었다. 그래서 우리는 쫓아가서 잡은 후에 강도를 심문 하였다. 현장에서 잡았기 때문에 일이 잘 끝났다.

지금 내 지갑에는 예쁜 마누라와 아이들의 가족사진이 들어있다. 그리고 골드 신용카드도 2장이나 있다. 동석이와 간단하게 근처 식당에서 밥을 먹고 경찰서 소파에서 자는데 또 신고가 들어와서 잠에서 깼다. 주민들이 싸운다는 내용의 신고였다. 나는 빨리 가 보았다. 주민들이 말싸움하고 주먹질 하고, 심한 싸움 이였다. 괜히 말리려다가 주먹에 한 대 맞고 말았다. 아프지만 참고 싸움을 말린 후 경찰서로 들어왔다.

한 대 맞아서 아팠지만 그래도 뿌듯한 하루였다.

나는 이 시대에 정의롭고 멋진 경찰의 모습으로 일을 하고 있다.

Ⅰ. 롤 모델과의 만남

산을 오르다 보면 아무리 깊은 산이라도 사람들이 자주 다니는 곳은 길이 나 있어 등산로를 오르는 것이 그리 어렵지 않다. 반면에 사람들이 다니지 않은 곳에는 나무와 풀이 무성해 새롭게 길을 만들어야 오를 수 있을 것이다. 우리내 인생길은 이처럼 한 번도 가보지 않은 낯선 길이 많다. 그런데 이 낯선길을 나보다 먼저 걸어간 사람이 있어서 내가 가고자 하는 목적지에 다다랐다면 어떻겠는가? 그가 걸어간 길의 발자취를 따라가기만 하면 목적지에 보다 안전하게 갈 수 있지 않겠는가? 아마도 그는 이 낯선 길에서 겪게 될 여러 가지 난관과 미리 준비해야 할 것들을 가르쳐 줄 것이 틀림없다. 그의 조언으로 나는 많은 시행착오를 줄일 수 있을 것이다. 또한 포기하고 싶은 순간에도 이미 도달한 사람을 바라보며 의지와 열정을 다질 수 있을 것이다.

이처럼 롤 모델(role model)은 자신이 이루고자 하는 꿈을 이미 이루고 성공한 사람 가운데서 모범이 되는, 자신이 닮고(modeling) 싶은 사람을 의미한다.

Ⅱ. Bandura의 모델링(관찰학습이론)

학생들에게 롤 모델을 제시함에 있어서 반두라의 모델링학습이론이 시사 하는 바는 크다. A. Bandura(1977, 1986)는 학습이 발생하는데 있어서 우리가 살아가는 사회 상황의 영향에 주목하며 학습과정에 대한 시각을 보다 확장시킨 학자이다. 그는 학습은 단순히 모델을 관찰하는 것만으로도 형성될 수 있으며, 겉으로 표현되지 않는다고 해서 학습이 일어나지 않았다고 단정할 수는 없다고 하였다.

1. 모델링의 기본개념

1) 대부분의 학습은 모델이나 상징적 모델에 대한 관찰과 모방을 통해 이루어진다.

상징적 모델의 예는 영화나 드라마, 책, 주변 인물 등이 있으며, 다양한 경로로 만나게 되는 사람들을 상징화하고 관찰하며 모방학습이 일어나게 된다.

2) 긍정적 결과가 기대되는 모방 행동의 발생확률은 증가한다.

누군가가 칭찬을 받거나 긍정적 결과를 내는 행동을 보게 되면 그러한 것을 모방하는 행동의 발생확률은 증가한다. 예를 들어 친구가 인사를 잘하는 것을 칭찬 받는 것을 보게 되면 자신도 인사를 더 자주 하게 된다.

3) 겉으로 표현되는 행동변화 없이도 학습은 이루어진다.

관찰하는 것만으로도 학습은 이미 이루어진 것이다. 친구가 인사를 잘해 칭찬 받는 것을 보았지만 따라하지 않을 수도 있다. 그러나 행동변화가 일어나지 않더라도 이미 인사를 잘하면 칭찬을 받는구나 하는 것은 학습이 된 것이다.

4) 행동 후 강화 혹은 처벌 받을 것이란 기대가 학습에 영향을 미친다.

교사가 숙제를 잘 해온 학생을 공개적으로 칭찬하는 것은 단지 그 학생에게 강화를 주는 것만이 목적은 아닐 것이다. 한 학생을 칭찬함으로써 다른 학생들이 바람직한 행동을 따라 하기를 기대하는 것도 포함되어있다. 공개적인 처벌의 경우도 마찬가지이다. 수업시간에 떠드는 아이가 있어 공개적으로 혼을 낼 경우 다른 아이들이 수업시간에 조용하기를 바라는 기대가 의도되어있다.

5) 주의, 파지와 같은 인지 과정이 영향을 미친다.

학습자가 상황에 대해 얼마나 관심을 가지는지에 따라서 그리고 자신에게 얼마나 의미를 부여하고, 깨닫는지에 따라 많은 영향을 미치게 된다. 따라서 롤 모델을 정할 때 학생이 관심을 가질 수 있는 인물, 의미를 부여할 수 있는 인물을 선택하느냐에 따라 이후 진로에도 영향을 미칠 수 있다.

2. 진로교육에서 모델링의 효과

1) 학생들의 진로에 대한 성취동기를 강화하는데 도움이 된다.

진로교육에 있어서 학생들에게 바람직한 행동에 대한 모델을 제공하는 것은 중요하다. 관찰하면서 이미 학습이 이루어진다는 것을 감안할 때 학생들이 자신이 이루고 싶은 직업 중에서 성공한 사람을 살피고 그의 삶을 들여다보는 것은 자신도 할 수 있다는 자아효능감과 성취동기를 강화하는데 도움이 된다.

2) 긍정적인 삶의 태도를 모방할 수 있다.

학생들이 관심과 호감을 느끼는 인물, 자신이 꿈꾸는 분야에서 성공한 인물, 자신에게 의미 있는 롤 모델을 정하는 것은 굉장히 중요하다. 학생들은 그의 삶의 태도, 가치관, 행동과 노력, 열정 등에 영향을 받고 그 태도를 학습하게 되기 때문이다.

3) 롤 모델이 성공한 것을 보고 자신도 그 행위를 모델링함으로써 성공할 것이라는 기대감을 갖게 된다.

학생들은 롤 모델을 모델링함으로써 꿈에 가속도를 더할 수 있으며, 자신이 원하는 모습으로 나아가는데 큰 힘을 받게 될 것이다.

4) 실수나 좌절, 그가 겪었던 크고 작은 일들을 관찰하므로 인해 많은 시행착오를 줄일 수 있다.

Ⅲ. 롤 모델 선택하기

롤 모델을 선택하게 되면 자신도 모르게 성공의 기준, 삶에 대한 가치관, 태도 등을 간접적으로 정하게 된다. 따라서 어떤 사람을 롤 모델로 삼아 모델링 할 것인지는 상당히 중요하다. 누구를 모델링하느냐에 따라 삶의 태도에 영향을 받을 수 있기 때문이다. 롤 모델은 꿈을 이루고자 하는데 있어서 가슴을 뛰게 하고, 영감을 불어넣어 주고, 자신의 삶에 용기와 힘을 주는 인물이다. 롤 모델은 개인에게 강력하고 긍정적인 영향력을 지닌 인물을 삼는 것이 좋고, 자신이 꿈을 이루어 가는 과정 가운데 지속적으로 영감을 받을 수 있는 사람으로 정하는 것이 좋다. 그 인물의 어떤 부분이 닮고 싶은 것인지, 그가 꿈을 이루기 위해 걸어간 과정은 어떠한 것이었는지를 정리하다보면 학생들이 자신의 꿈을 이루는데 많은 모델링 학습이 된다. 롤 모델을 정할 때 정해진 절대적 기준이 있는 것은 아니지만 다음의 사항을 참고하여 지도하도록 한다.

1) 자신이 이루고 싶은 직업에서 성공한 사람을 모델링한다.

자신이 원하는 직업에서 성공한 직업인을 롤 모델로 정하면 여러 가지 이점이 있다. 자신이 가야할 길을 미리 개척하고 걸어간 사람이므로 그의 발자취를 들여다보는 것이 그대로 진로계획의 힌트가 되기 때문이다.

같은 성공을 거두지 못했을 수도 있다. 2010년 7월에 김 연아 선수는 미셸 콴과 같은 무대에 선적이 있다. 이날 소감을 묻는 인터뷰에서 김 연아 선수는 어릴 때부터 자신만의 롤 모델을 갖는 것은 꿈을 이루는데 큰 도움이 된다고 하였다.

2) 자신에게 영감을 주는 사람을 롤 모델로 정한다.

자신이 원하는 직업분야와는 상관이 없는 인물을 롤 모델로 삼을 수도 있다. 롤 모델은 자신에게 얼마나 긍정적인 영향력을 주는지에 의해 결정되는 것이다. 대개의 경우 "나도 이 사람처럼 되고 싶다!" 하는 마음으로 롤 모델을 정하기 때문에 내가 원하는 직업 분야의 사람을 택하는 경우가 대부분이지만 그렇게 정한 롤 모델이 자신에게 아무런 영향력을 발휘하지 않는다면 별 의미가 없다. 자신에게 강력한 영감과 꿈의 원동력을 불어넣어주는 사람을 롤 모델로 정하는 것이 좋다.

〈한비야의 롤 모델 케냐 오지마을의 의사〉

〈걸어서 지구 세바퀴 반〉의 저자 한비야는 한 토크쇼에 나와서 자신의 롤 모델을 케냐 오지마을의 어느 의사라고 밝힌바 있다. 그는 그의 고향인 나이로비에서는 아주 유명한 의사로 명성을 얻을 수 있으면서도 케냐의 오지에서 전염병 환자들을 위해 봉사하는 사람이었다. 어느 날 그녀는 그 의사에게 이런 질문을 던졌다.
"당신은 아주 유명한 의사이면서 왜 아무도 알아주지도 않는 이런 오지에서 일을 하나요?" 하고 묻자 그는 이렇게 대답했다고 한다. "이일이 내 가슴을

3) 자신의 주변에서 롤 모델을 정한다.

지극히 만나기 어려운 사람을 롤 모델로 정하기보다는 오히려 자신의 생활 주변에서 자신에게 주어진 일을 열심히 해나가는 사람을 롤 모델로 정하는 것도 좋다. 꼭 유명한 사람이 아니더라도 내가 닮고 싶은 장점을 간직한 사람을 롤 모델로 정해보자. 이렇게 롤 모델을 정할 경우 롤 모델을 직접 만날 수 있는 기회가 열려있어 많은 도움이 되기도 한다.

4) 영화나 책속의 (가상)인물을 롤 모델로 삼아도 좋다.

요즘 학생들에게 가장 낯익은 것이 영화나 드라마의 주인공이다. 현실 속에서 자신의 롤 모델을 정하는 것이 어떨 때는 정말 어려운 일일 수 있다. 학생들은 때때로 자신이 보는 드라마나 영화, 책 등에서 의미 있고 결정적인 만남을 갖게 되고, 그를 통해 꿈을 키워가기도 한다.

5) 자신이 닮고 싶은 여러 장점을 모아 새로운 롤 모델을 만든다.

학생들이 롤 모델을 잘 정하지 못할 경우가 간혹 있다. 이럴 경우 다양한 자료를 통해 롤 모델을 발견할 수 있도록 정보를 제시해 주는 것이 필요하다. 또한 자신이 닮고 싶은 여러 사람의 장점을 따로따로 모델링하여 새로운 캐릭터를 모델링 하도록 지도하는 것도 좋다.

Ⅳ. 롤 모델과의 인터뷰

롤 모델을 정했다면 롤 모델에 관한 내용을 정리하도록 한다. 롤 모델을 직접 만나서 물어보며 작성할 수 있다면 좋겠지만 부득불 만날 수 없는 경우라면 책이나 관련 자료를 찾아서 정리하고 발표하도록 한다. 왜 그 사람을 롤 모델로 정했는지 어떤 면에서 닮고 싶은지, 그는 어떻게 해서 꿈을 이루게 되었는지 조사하고 정리하도록 지도해야 한다.

또한 만날 수 있는 경우에는 사전에 물어보고 싶은 예상 질문을 작성하고 기록지를 가지고 가는 것이 좋다. 그러면 시간을 좀 더 효율적으로 보낼 수 있고, 롤 모델에게도 좋은 인상을 줄 수 있으며 폐가 되지 않을 것이다. 모든 면에서 예의를 갖추도록 주의해야 한다.

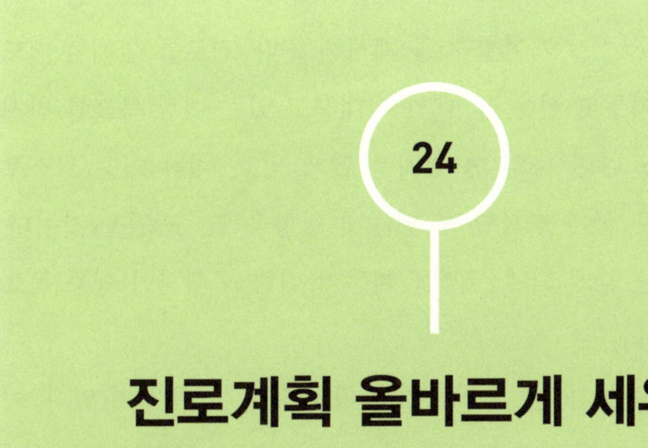

진로계획 올바르게 세우기

Ⅰ. 진로계획을 세워라!

꿈만 있고, 목표와 계획, 행동이 뒤따르지 않는 다면 그것은 몽상일 뿐이다. 꿈과 목표, 계획과 행동이 세트 플레이로 협공을 펼치게 될 때 그 꿈은 반드시 이루어진다. 꿈에 마감시간을 함께 적으면 목표가 되고, 목표를 잘게 나누면 계획이 되고, 그 계획을 실행에 옮길 때 그 꿈은 실현된다. 진로로드맵은 자신의 꿈과 목표, 계획과 실행들을 고스란히 담은 꿈으로 나아갈 길을 표시해 주는 지도이다.

꿈이 있다면 몽상가가 되지 말고, 꿈으로 가는 네비게이션을 작동시켜보자. 네비게이션을 켤 때 우리가 제일 먼저 하는 일은 목적지를 입력하는 것이다. 목적지를 입력하고 나면 인공위성이 내가 서있는 현 위치를 알려주고, 어떤 코스로 가야할 지를 제시해 준다. 진로를 설계할 때도 마찬가지다. 내가 이루고 싶은 꿈, 내가 기대하고 있는 이상 목표를 먼저 설정해보자. 그리고 나면 나의 현 위치를 알게 되고, 내가 어떤 코스로 나의 목적지로 삼은 꿈에 도착할 수 있는지 방향을 알 수 있을 것이다. 이렇게 과정 목표를 알게 되면 그것을 이루기 위한 구체적인 행동 목표도 세울 수 있게 된다.

예를 들어 이상 목표가 "존경 받는 초등학교 교사"인 학생이 있다. 이 학생은 초등교사가 되기 위해 교대를 가야 할 것이고, 임용고시를 봐야 한다. 이런 것이 과정 목표가 된다.

이 과정 목표를 이루기 위해서는 현재 해야 할 공부, 시간관리 등을 점검해야한다. 이것이 행동 목표이다.

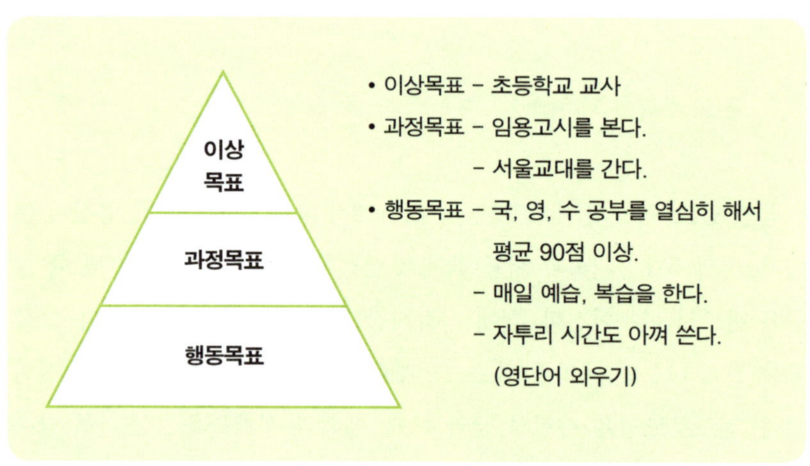

진로로드맵을 통해 진로계획을 세우는 것은 꿈을 시각화하는 작업과는 차이가 있다. 꿈을 시각화 하는 활동은 자신이 꿈을 이룬 모습을 상상

하고, 생생하게 떠올려볼 수 있는 시각화 자료를 만드는 활동이다. 진로 로드맵은 자기탐색, 직업세계 이해, 의사결정 등의 과정을 반영하여, 뚜렷한 진로의 목표를 설정하고, 그것을 이루기 위한 장기, 중기, 단기 목표와 실행 계획까지 기록하는 체계적인 활동이다. 무엇이 더 나은 활동이라 단언할 수는 없지만 시각화 활동과 진로 계획 활동을 적절히 활용하여 학생들이 자신의 꿈에 대해 행복한 상상과 체계적인 로드맵을 그려볼 수 있도록 지도하는 것이 좋다.

Ⅱ. 진로계획의 정의와 특징

1. 진로계획의 정의

진로계획이란 개인이 행복하고 보람된 삶을 살기 위하여 진로에 대한 기초 소양과 지식을 토대로 자신의 적성, 흥미, 능력, 성격, 가치관 등을 객관적으로 이해하고, 진학 및 취업에 대한 정보를 활용하여 자신에게 맞는 진로 목표를 설정하고 달성할 수 있도록 미리 설계하는 것이다.

2. 진로계획의 특징

진로계획은 다음의 6가지 항목의 특징을 가지고 있다.

① 인생 설계 및 생애 설계를 포함한다.

② 단계별 계획을 통한 꼼꼼한 준비를 유도한다.

③ 자기 이해를 바탕으로 스스로 설계하는 것이므로 진로목표 달성에 대한 동기를 높인다.

④ 다양한 정보를 토대로 설계하므로 특정 단계에서 직면하는 문제

(진로장애요인)의 예상 및 해결에 용이하다.

⑤ 계속적으로 수정, 보완할 수 있다.

⑥ 진로목표를 달성할 가능성을 높여준다.

Ⅲ. 진로계획의 방법

1. 인생 전체의 방향성 즉 인생 설계나 생애 설계가 포함되어야 한다.

진로계획을 할 때는 단순히 어떤 직업을 갖겠다. 하는 한정된 사고를 갖기 보다는 인생 전체의 방향성 즉 인생 설계나 생애 설계적인 관점에서 계획을 세우도록 해야 한다. 즉 , 청소년들에게 어떤 사람이 되고 싶으며, 그러한 방향성을 만족시키기 위해 20대, 30대, 40대 등 각 연령별로 어떠한 것을 꿈꾸는지에 대해 생각해 본 후 진로를 설계해 보도록 해야 한다.

1) Super의 전 생애적 관점의 진로발달이론

Super는 "진로발달은 개인과 환경의 적응과정으로 인간의 전 생애에 걸쳐서 이루어지고 변화되는 것이다." 라고 하였다. Super는 진로에 대한 것을 단지 직업에 한정하는 것이 아니라 개인의 전 생애적 관점에서 통합적이며 포괄적으로 접근하여 아동 · 학생 · 여가인 · 일반시민 · 근로자 · 가정관리자와 같은 생애 역할과 진로성숙의 경로와 같은 성장기 · 탐색기 · 확립기 · 유지기 · 쇠퇴기를 통합하여 생애 진로무지개를 만들었다.

〈 **Super의 진로발달단계** 〉

① 성장기(growth stage, 출생~14세)

가정이나 학교에서 주요 인물과 동일시함으로써 자아개념이 발달

한다.

② 탐색기(exploration stage,15~34세)

학교, 취미 · 여가활동, 파트타임제 일을 통해 자기검증, 역할수행,

직업적 탐색을 한다.

③ 확립기(establishment stage,25~44세)

자신에게 적합한 직업분야를 발견하고, 그 분야에서 영구적인 위치

를 확보하려고 노력 한다.

④ 유지기(maintenance stage, 45~65세)

직업세계에서 확고한 위치가 확립되어 이를 유지하기 위한 노력

이다.

⑤ 쇠퇴기(disengagement stage, 65세 이후)

육체적, 정신적 힘이 쇠약해짐에 따라 직업 활동에 변화가 오고 급

기야 중단하게 된다. 새로운 역할을 개발해야 한다.

오늘날은 사람의 수명이 길어지고, 명퇴, 조퇴 등 직업시장이 빠른 속

도로 변화하고 있으며, 불안정하다. 오늘날과 같은 시대에는 super가 제

시하였듯이 진로계획의 최종 목표를 직업선택으로 제한하는 것은 맞지

않다. 왜냐하면 개인의 진로발달이란 전 생애기간 안에서 이루어지는 연

속적인 과정이기 때문이다. 따라서 개인이 의미 있고 만족스런 생애를

영위하기 위해서는 각각의 역할 수행에 필요한 책임과 의무를 정확히 인

식하고, 실천할 수 있는 능력을 학습할 수 있도록 해야 한다. 또한 자신

이 진로발달단계에서 어느 정도의 단계에 있는지를 분석하고, 이러한 결과를 바탕으로 진로성숙의 취약한 부분들을 보완할 수 있도록 지도해야 한다.

<생애진로무지개>

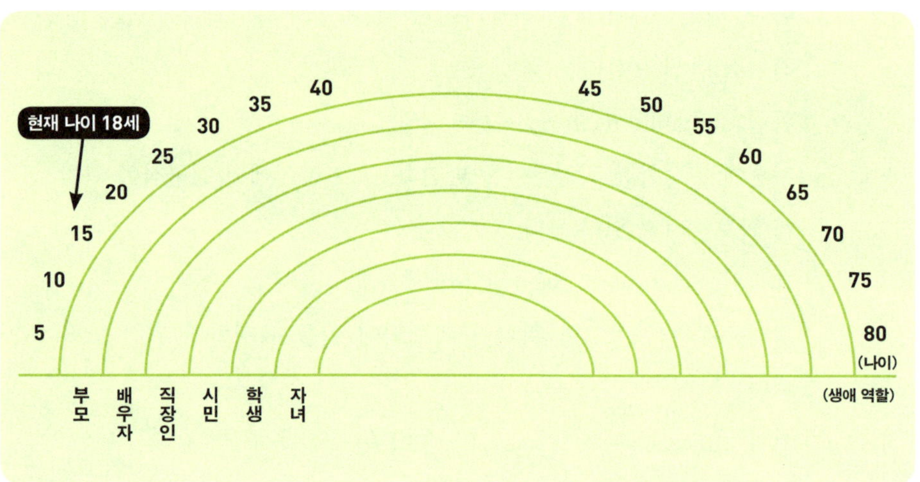

진로계획을 수립하기전 생애진로무지개를 활용하여 자신의 나이를 표시한 후 자신의 생애역할에 대해 생각해 보는 시간을 갖도록 한다.

1. 현재 나는 어떤 역할을 하고 있는지 표시해 보세요.
2. 여러분이 하는 일 중에서 가장 중요한 역할과 그 이유를 써보세요.
3. 다양한 역할을 수행하면서 예상할 수 있는 어려운 점과 그 이유를 적어보세요.

2. 자신의 흥미, 적성, 소질, 성격, 가치 등을 알아보는 자기 탐색 작업이 있어야 한다.

지금까지의 인생 경험을 되돌아보거나 각종 검사 등의 도움을 받아 내가 잘 하는 것, 좋아하는 것 등에 대한 탐색을 시도하게 하는 것이다. 자신이 누구인지 정확히 알지 못하면 진로를 결정하기 어렵다. 직업에 대한 지식이 많다고해도 결국 자신을 모르면 진로를 결정할 수 없는 것이다. 자신이 어떤 사람인지 아는 것이 자아개념이며, 진로를 결정할 때 비로소 자아개념은 실현 되는 것이다.

3. 직업 탐색 및 환경 탐색 작업도 필요하다.

각 직업에서 요구하는 조건과 자신의 진로에 영향을 미칠 환경에 대해 탐색하는 것은 진로계획을 세우기 위한 필수 요소이다.

4. 진로의사결정 과정도 필요하다.

진로 계획을 세울 때는 진로 목표를 정해야 하고, 그 목표를 달성하기 위한 단계적 계획을 수립할 때도 많은 의사결정을 반복해야 한다. 또한 이미 설정된 진로 목표의 계획 수립 및 수행 과정을 통해 수정되는 과정이 반복되기도 하기 때문에 진로 의사결정은 진로계획에 중요한 요소라고 할 수 있다. 결론적으로 청소년들을 대상으로 진로지도 및 상담을 할 때에는 생애설계, 자기탐색, 직업 및 환경 탐색, 진로의사결정 등을 통해 진로계획을 잘 세우도록 도와야 한다.

한 가지 더 알아둘 것은 최근에는 진로 결정보다 '진로 준비'와 '진로 적응'에 대해 강조하는 분위기가 강하다는 것이다. 이는 현사회가 빠르고 다양하게 변모하고 있으므로 이러한 변화에 대처하고 적응하는 능력을 더 중요하게 보는 견해이다. 결정보다 더 중요한 것은 순간순간 주어지는 기회를 활용하고, 그 기회를 활용할 수 있는 진로준비와 진로적응력이라는 것이다.

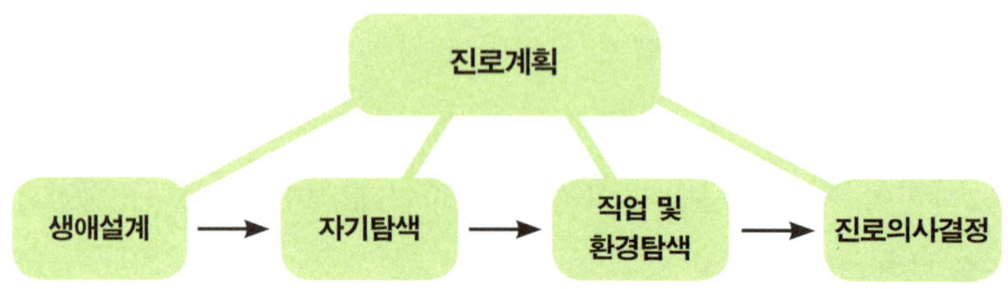

Ⅳ. 진로계획 시 유의점

1) 장기(10~20년)적인 진로목표를 생각해 본다.

2) 장기적인 목표 달성을 위해 중간(3~5년) 및 단기(월~1년)적인 목표를 생각해 본다.

3) 장기목표와 중간목표, 단기목표 사이의 연관성과 각 단계별 진로목표 달성에 예상되는 어려움을 염두에 두면서 구체적인 실천 계획을 세운다.

4) 실천계획은 현실적이고 실천 가능한 것이어야 한다.

5) 실천계획은 막연하지 않고 구체적이어야 한다.

6) 마감시기를 정하는 것이 좋다.

7) 만약 구체적이지 않거나 비현실적이라고 판단되는 실천계획이라면 계획을 융통성 있게 수정해야 한다.

Ⅴ. 진로계획의 예

진로계획의 방법	진로계획 단계	진로로드맵 작성의 예
진로목표 설정	나의 생애설계	**행복을 나눠주는 사회복지사** 20대: 중앙대학교 사회복지학과 자격증 취득 30대: 사회복지사로 근무 40대: 전문가로서 왕성한 활동 50~60대: 사회복지관 설립, 운영
	자기탐색 정보	나는 사회성이 강하고, 대인관계 능력이 우수하고, 봉사하는 일이 좋다
	직업 및 환경 탐색	인터넷 정보탐색, 진로선생님과 상담
	진로의사결정	여러 가지 정보를 종합 분석하여 결정함
구체적인 진로계획	이상목표(장기목표)	나는 앞으로 10년 후에 사회복지사가 되겠다.
	과정목표 (중간목표)	중앙대학교 사회복지학과에 진학한다. 재학 중에 사회복지사 자격증을 취득한다.
	목표달성 방해요인	현재(고1) 나의 성적으로는 원하는 대학에 들어가기 힘들다.
	행동목표 (단기목표)	2학기 성적을 국, 영, 수 1/1/2 등급으로 만들자.
	구체적인 실천계획	매일 국, 영, 수 1시간씩 공부하고, 예 · 복습을 하겠다. 구체적인 학습계획 세우기 나만의 공부방법 찾기

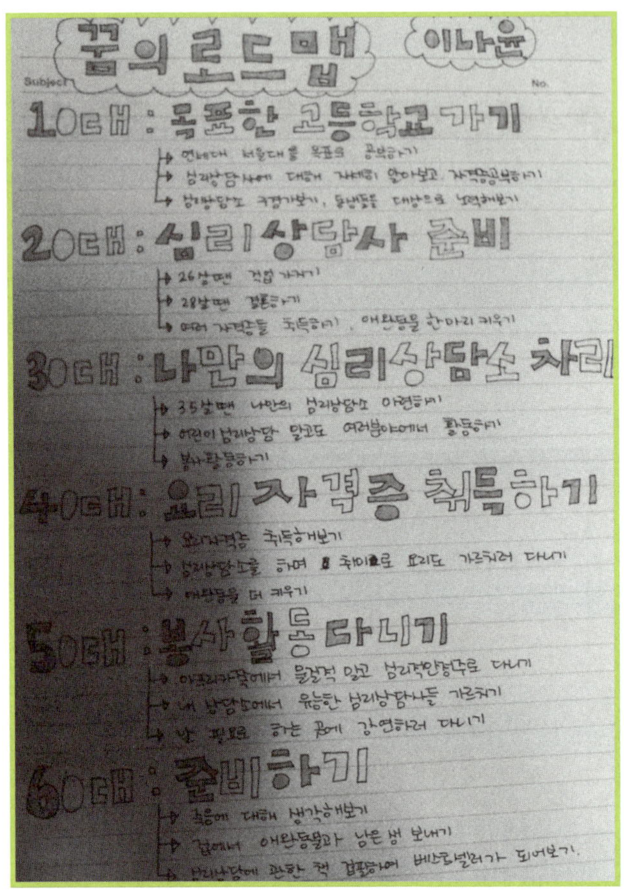

　　진로계획을 세우다 보면 목적을 향해 달려갈 수 있는 힘이 생긴다. 전 생애를 고려하여, 자기탐색, 직업 및 환경 탐색, 의사결정 등을 반영하여 자신의 진로계획을 세우는 것은 진로를 향해 나아가는 희망의 빛이 되어 줄 것이다.

부모님과 함께하는 진로 이야기

다중지능으로 본 나와 자녀

Ⅰ. 학부모와 자녀가 함께 하는 연수 준비

2년 전, 학교에서 진로 수업을 시작한 학기 초에 교내 학부모 학습 동아리에서 진로 교육 연수를 의뢰해왔다. 학부모들이 구청에서 지원을 받아 자발적으로 교육과정을 정하고 열심히 배우는 교육 모임이며 학습 동아리여서 기꺼이 연수를 하기로 했다. 그런데 학교 담당 커리어코치라는 이유에서인지 아이들도 함께 동행하는 연수를 받아보고 싶다는 요청이 있었다. 쉽지 않은 연수라 생각되었고 아이들의 연령 차이도 커서 걱정이 앞섰다. 하지만, 지금껏 학부모와 학생 별도로만 진행해왔던 연수와는 다른 차이에 도전해볼만하다는 생각도 들어 수락했다.

1. 주제 정하기

주제를 '다중지능'으로 정한 후 생각해보니 아이들이 문제였다. 평소 대로 학부모 대상의 강의를 준비하자니 토요일 오전 부모 손에 이끌려 온 아이들은 할 일이 없고 지루할 일이었다.

그래서 부모와 자녀가 서로 얼마나 공통점과 다른 점이 있는지를 데 이터로 직접 보며 나누는 것은 어떨까하는 생각을 하기에 이르렀다. 이 에 동아리 회장님께 연수당일 참석할 학부모를 대상으로 다중지능 검사 를 실시할 것을 요청했다. 이 날 연수는 저학년 자녀 학부모 대상이었기 때문에 평소 어린 자녀의 능력을 어느정도 이해하고 있다고 판단한 부 모님만 실시하였다. 만약, 고학년이라면 부모, 자녀 모두 해보는 것을 권 하는 것이 좋다고 여겨진다. 주제는 처음에 생각한 '다중지능'에서 좀 더 확장된 '다중지능으로 본 나와 자녀' 로 정하였다.

2. 사전 준비

학부모들에게 다중지능 검사를 따로 하기 위해 유료사이트를 소개하 는 것은 부담이 될 것 같아 무료 검사가 가능한 커리어넷에 가입 후, 직 업적성검사를 실시한 후의 결과를 가져오도록 하였다.

부모와 함께 온 아이들을 위해서는 영상과 게임 또는 활동을 준비해 야 했다. 하지만, 연수의 초점은 역시 아이들보다 부모에게 맞춰야 하기 때문에 단순한 재미를 위한 것 외에 보다 더 진로에 관련한 게임이나 활 동으로 하려고 애썼다.

- 영상: 박지성 체조, 감자도리 노래 영상, 360도 달리기 영상
- 개사 활동 (반짝반짝 작은 별): A4 용지

II. 내용 - 다중지능으로 본 학부모와 자녀

아래는 학부모 연수를 한 내용을 그대로 옮긴 내용이니 참고자료로 활용하기 바란다.

1. 다중지능의 이해

최근 들어, 교육적인 측면에서 가장 대두되고 있는 화제는 '진로'라고 할 수 있다. 그러나 청소년들은 진로 정보를 인터넷과 부모님께 의존하고 있다. 현명한 부모들은 진학보다 진로가 중요하다는 것을 깨닫고 있지만, 진로를 아이들에게 어떻게 제시해야 할 것인지 고민에 빠질 수밖에 없다.

"우리 아이는 이것저것 시켜보지만 무엇이 진짜 아이의 길인지 모르겠어요."초 · 중 · 고교생 자녀를 둔 많은 학부모의 하소연이다. 자녀가 좋아하는 것이 잘 할 수 있는 것인지 확신이 서지 않고, 아이가 하고 싶은 것과 부모가 생각하는 진로가 다를 때도 많다. 자녀를 가장 잘 아는 건 부모라지만 판단의 잣대는 지극히 주관적이다. 이런 경우, 저학년의 자녀일수록 다중지능검사를 통해 진로지도를 효과적으로 할 수 있다. 아이의 다중지능을 파악하면 자녀와 부모와의 관계에 긍정적인 변화가 나타날 수 있다. 자녀의 약점을 객관적인 수치를 통해 인정하면 이해의 폭이 넓어진다. 다른 아이들과 똑같이 시켜도 결과가 좋지 않아 혼만 내던 부모의 태도도 바뀔 수 있다.

- **다중지능 (多重知能)이란?**
  - Multiple Intelligence: 다중 지능: 지능은 하나가 아니라 여러 가지

이다.

- 주창자: 1983년 하워드 가드너(Howard Gardner) 박사, "마음의 틀"(Frames of Mind)

- 엄격한 기준에 의한 지능 선정

  1. 두뇌에서 담당 부위가 있어야 한다.

  2. 최저와 최고의 수준 차이가 있어야 한다. (개인차)

  3. 독립적인 형태로 관찰 가능해야 한다.

  4. 누구나 겪는 발달 과정이 있어야 한다.

  5. 상징체계를 각각 갖고 있어야 한다. 등등

- 초기(1983년)에는 7가지 지능, 2000년 자연친화지능이 추가되어 총 8개 지능으로 구분

  1. 언어지능: 말, 글로 자신을 표현하는 능력 / 시인, 소설가, 기자, 아나운서

  2. 음악지능: 멜로디, 리듬으로 자신을 표현하는 능력 / 성악가 연주자 가수

  ※ 저학년들이 좋아하는 감자도리 노래를 틀어주며 바로 따라 할 수 있는 음악적 지능이 있는 지 알아보자고 함. 매우 즐거워하며 진행.

  3. 논리수학지능: 숫자, 기호, 규칙, 법칙을 이해하는 능력 / 수학자, 과학자, 법조인, 펀드매니저, 외환딜러, 컴퓨터 프로그래머 등

  4. 공간지능: 도형, 그림, 지도 등으로 위치와 방향을 인지하는 능력 / 건축설계사, 화가, 디자이너, 조각가, 사진사, 조종사, 항해사, 택시 운전사

  5. 신체운동지능: 춤, 운동, 동작 등에 민감한 능력 / 운동선수, 무

용가, 엔지니어, 연기자, 경호원 등

※ 이 때 위에서 언급한 박지성 체조 영상을 틀어주며 '신체운동지능의 발달을 알아볼 겸 따라해볼까요?' 라는 말로 아이와 함께 움직이는 시간을 갖게 함.

6. 인간친화지능: 타인의 감정, 의도, 욕구 등을 이해하는 능력 / 세일즈맨, 카운슬러, 간호사, 사회복지사, 교사, 비서 등

※ 옆에 학부모들과 인사하며 아이들과도 인사를 나눠보게 함.

7. 자기성찰지능: 자기 내면의 동기, 욕구, 감정 등을 이해하는 능력 / 성직자, 심리학자, 작가

8. 자연친화지능: 동물과 식물의 인식과 분류에 민감한 능력 / 동식물학자, 조경사

- 후보지능: 실존지능은 두뇌 부위가 확인되지 않아서 반쪽짜리 지능임. 총 8.5개
- 지능은 인성, 성격, 도덕성 등과는 차이가 있다.

• **등장 배경: IQ의 한계**

타당도의 문제:

- 인간의 다양한 능력을 반영하지 못함(논리, 수리, 언어, 공간 능력 중 일부에 국한)
- 학습 및 삶의 성공과 행복을 설명하는 분량이 적음

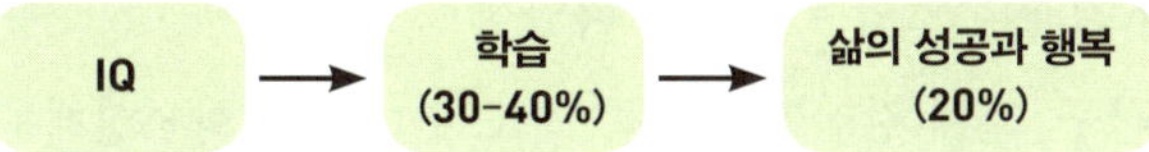

신뢰도의 문제: 측정 오차, 학습 효과에 영향 받음

1. 다름의 미학

→ 모든 사람은 다양한 색깔의 재능을 갖고 있고, 다양한 방식으로 학습(지능의 민주화 / 재능의 무지개)

2. 과학 & 철학

3. 재능이 지능이다 (2007년 동아일보 "21C 신 천재들")

→ 재능과 지능을 차별하지 않는다(강점지능 = 재능 = 지능 = 소질 적성)

4. 진로 교육의 기본 자료로 활용 가능

재능 탐색 → 진로 선택 → 직업 선택 → 몰입, 자아실현

5. 몰입(Flow)과 자아실현으로 진정한 삶의 성공, 행복에 기여

→ 행복한 아이, 행복한 부모, 행복한 세상

6. 학교교육의 한계를 보완: 부모 역할이 가장 중요

학교교육: 다수를 대상으로 하는 보편적인 교육 추구 (방과 후 교육 등에서 활용 가능)

다중지능: 각 개인의 다양한 재능과 특성에 맞는 교육 강조, 부모 역할이 중요

7. 전공과 직업으로 쉽게 연결:

→ 진로, 직업 교육에 직접 활용 가능

(지능 조합의 다양성 → 재능의 다양성 → 전공, 직업의 다양성)

8. 다양한 지능의 조합 = 재능의 다양성

백범 김구: 일제 강점기의 민족 지도자 (인간친화+ 신체운동 + 자기성찰 지능)

윤동주: 시대의 어둠과 아픔을 어루만진 민족시인 (언어+ 자기성

찰+ 실존지능)

레오나르도다빈치: 역사상 최고의 멀티 지능 (음악 + 논리수학 +

공간 + 자연친화지능)

박지성: 신체운동 + 공간 + 자기성찰 지능

장승수('공부가 가장 쉬웠어요'저자): 논리수학 + 신체운동 +자기성찰

- 논리수학 + 언어 + 인간친화지능 = (   )

- 신체운동 + 인간친화지능 = (   )

- 공간 + 인간친화지능 = (   )

- **지능(재능)의 탐색: 지능의 탐색은 어렵기 때문에 매우 신중해야 함**

  - 생활 장면에서의 자연적 관찰
  - 지능 측정은 어려운 과제이므로 신중해야 함. 관찰과 검사지 등을 종합하여 판단해야 하며, 이러한 점을 피검자들에게 명확히 인식 시켜야 함.

- **다중지능에 대한 부모/ 교사의 오해**

  - 소수의 영재나 천재들에게만 해당된다.

    → 모든 아이들에게 해당 (모든 것을 다 못하는 아이는 없다)
  - 강점지능의 계발 (영재교육)만이 중요하다

    → 약점지능의 보완도 중요 (영재교육 + 전인교육)
  - 아이들에게만 해당된다.

    → 부모 자신이 재능 계발과 실현, 몰입(Flow)과 자아실현, 삶의 행복의 모델이 되어야 한다. (영재교육 + 전인교육 + 평생교육)
  - 지능(재능)을 쉽게 측정할 수 있다

→ 지능은 실체가 아니라 구성 개념(construct)이라 측정이 어렵기
때문에 신중함이 필요하다.

• **지혜로운 부모/교사 (줄탁동시 啐啄同時)**

닭이 알을 깔 때에 알속의 병아리가 껍질을 깨뜨리고 나오기 위하여
껍질 안에서 쫏는 것을 줄이라 하고 어미 닭이 밖에서 쪼아 깨뜨리
는 것을 탁이라 하는데 이 두 가지가 동시에 행하여지므로 師弟之間
(사제지간)이 될 緣分(연분)이 서로 무르익음을 비유로쓰임.

• **일상생활에서 다중지능 발견과 기르는 방법 제시 (첨부자료 제시)**

• **다중지능의 발달**

다중지능은 변함없는 것이 아니라 적절한 환경과 자극이 주어지면
성장이 가능함을 잊고 간혹 아이들을 꾸짖고 부족하다고 단정 짓는
경우가 있다. 예를 들어 논리수학 지능이 아직 다 발달된 아이가 아
님에도 학부모가 논리수학지능이 매우 높고 본인의 어린 시절에 우
수했던 과거의 소유자라면 자칫 아이의 능력을 무시하거나 아이로
인한 조급증에 아이와 부모 둘다 상처를 입힐 수 있는 문제가 야기
될 수 있음을 예로 들어 설명한다.

2. 학부모 다중지능 검사 결과

인원이 많기 때문에 개인 별 해석은 힘들지만, 앞의 내용을 통해 이해
를 도왔다. 검사 결과에서 각 지능별 특징을 알게 하는 자료를 보면서 확
인하고 대체하며 부모가 보는 아이의 능력과 부모 자신이 갖고 있는 능

력의 차이를 스스로 이야기 하면서 느낀 점을 발표하도록 해보았다. 대
부분 부모 자신이 갖고 있는 능력을 아이와 비교해서 주눅 들게 하거나,
부모 자신의 지능과 관련된 것만 아이와 나누려해서 균형있는 교육을 시
키지 못함을 이야기했다.

⑩ 신체활동지능과 대인관계지능의 엄마 vs 소극적 아이 3학년 남
  이 경우의 엄마는 아이가 어릴 때부터 같은 동네의 또래 아이엄마들과 이야기
  도 하고, 만나고 싶었지만 또래 아이들에게 밀려 아이가 울거나 토라지고 소
  극적으로 행동해 모임 참석이 어렵다고 했다. 아이에게 적극적인 교우관계나
  수업 참여를 권했으나, 아이가 새로운 환경이나 사람을 좋아하지 않는 것 같
  다고 했다. 본인의 아이가 관심 있어 하는 것을 물어보니 동물이나 곤충을 좋
  아해 관련 책을 읽는 것을 좋아한다고 했다. 동물이나 곤충(자연친화지능으로
  예상)을 통해 공감대 형성에 주력하기를 권했다. 예를 들어, 그 또래 친구들
  중에 동물이나 곤충에 같은 관심사가 있는 아이들을 찾기는 어렵지 않다. 게
  다가 관련 도서를 많이 읽은 아이들이 함께 동물원이나 곤충 박물관 등을 다
  니며 활동을 즐길 수 있도록 해주는 것이 좋음을 알려주었다. 이 이야기를 듣
  자마자 동아리 내의 한 어머니가 일어나 우리 아이도 곤충과 동물에 관심이
  많으니 함께 하자는 말을 꺼내 화기애애한 분위기가 형성됐다.

III. 학부모와 자녀가 함께하는 연수 마무리

간단한 활동으로 '반짝반짝 작은 별'이라는 노래를 개사하여 A4 용지
에 오늘 연수를 통해 느낀 점을 적어 자신의 아이에게 불러주기로 했다.

어머니의 언어지능과 음악지능을 알아보자는 말을 곁들이면 웃으면서
더욱 열심히 한다.

예 우리 예쁜 다희야　　엄마 너무 미안해
　　못한다고 혼내고　　빨리 빨리 재촉해
　　이제 엄마 잘할게　　다희 많이 사랑해

예 너는 뛰어 놀아라　　엄만 너를 지켜볼게
　　대신 조금 천천히　　다치지는 말아야지
　　가끔씩은 책 읽자　　몸도 마음도 튼튼히

　이렇게 개사해서 노래를 부르면, 같이 따라 부른다고 하는 아이들이
있다. 그러면 함께 부르며 즐거워하기도 한다 그러나 노래를 부르며 우
는 어머니도 많이 나온다. 심지어 아이도 영문도 모르고 따라 울기도 한
다. 그 만큼 소통의 힘을 보여주는 시간이기도 하다.

26

내비게이션 高
다양한 고등학교 진학지도

I. 미래 직업 세계와 고등학교 진학의 중요성

진로수업의 핵심은 빠른 성공을 향해 맹목적으로 가기보다는 바른 방향으로 나아가야 성공과 행복을 동시에 쥘 수 있게 된다는 것에 있다. 그래서 자신을 알고, 급변하는 미래에 발맞추어 외부 세계에 민첩히 대처하는 안목을 키워야 한다. 그래서 우리 아이들은 더욱 치열하게 미래 세계 변화에 대해 준비해야 할 것이다.

그러나 이런 변화의 흐름은 상관없이 여전히 아이들은 학교 공부에만 매진하고 있다. 변화에 민감하게 상황대처능력을 키우고, 다양한 경험을 쌓기 보다는 국, 영, 수 등의 학과목에 정진하느라 시간이 없다. 진로 수업을 확대해도 여전히 성적이 진로의 기준이 되어 아이들의 발목을 잡고 있다. 각자 개인의 적성과 흥미를 고려한 조언은 남의 나라 이야기 이고, 부모와 학교는 변함없는 기준으로 공부 잘하는 모범생이 되기를 강조하는 영향으로 초등학교 수업 시간에 아이들에게 소원이 무엇인지 물어보면 돈 많이 버는 것과 머리가 좋아지는 것, 공부 잘하는 것이라고 대답하는 실정이다.

최근 우리에게 카이스트 대학생과 서울대생들 중 불투명한 진로문제로 고민하다가 자살했다는 불행하고 충격적인 뉴스가 전해졌다. 카이스트에 다니던 학생이 유서에 남긴 말은 "열정이 사라지고 진로가 고민된다."였다. 이 소식은 우리에게 충격뿐 아니라 이해하기 어려운 의문점을 안겨주었다. 카이스트는 어릴적부터 과학기술분야에 영재성을 드러내며 누구보다 확실한 진로를 가진 아이들이 가는 곳이라고 알고 있었다. 그런데 왜 이러한 일이 일어났을까? 이제라도 아이들의 진로에 대한 의식과 고민은 바람직하게 이뤄지고 있는지 살펴볼 필요가 있다. 공부를 잘하면 별 걱정 없이 학교에 다니고, 매우 잘하면 더더욱 좋은 상급학교 진학에 신경 쓰게 된다.

우리는 진로란 '공부를 잘 못할 경우에 다른 길을 찾아보는 것이다'라는 생각으로 팽배해 있는 듯하다. 공부를 잘하든 못하든 자신의 흥미와 적성, 성격과 가치관에 따라 미래를 준비하는 시간이 충분히 필요한 것임을 알아야 한다. 만약 앞에 자살했던 그 대학생들이 진로에 대해 충분히 생각하고 고민하며, 스스로 진로를 준비했다면 이런 비극은 없지 않았을 까라는 안타까움이 있다.

그럼 우리는 언제부터 진로에 초점을 맞춰 고민하고 준비해야 바람직할까? 초, 중학교 때 진로를 탐색하면 충분히 준비할 시간적 여유가 있어서 어느 정도 대비책까지 마련할 수 있고 다양한 선택 기회를 가질 수 있으니 대학입시에 초점이 맞춰진 고등학교 학생들보다 훨씬 수월하다. 그러나 초, 중학교 학생들이 진로 탐색을 할때는 향후 10년 이상을 내다보는 안목이 필요하며 미래 직업세계의 방향성까지 읽어야 한다. 미래는 급변하고, 여러 다양한 요소들로 복잡해지고 전문화 될 것이다. 미래 직업 세계의 변화 방향은 아래와 같을 것이다.

- 최첨단 기술
- 유비쿼터스
- 산업과 기술의 융합
- 삶의 질 향상
- 다문화 사회

- 녹색 기술
- 세계화
- 일과 삶의 균형
- 고령인구의 증가

따라서 이제 초, 중학교 교육이 성적만 강조하는 교육에서 학생 개개인의 적성과 흥미를 읽고, 찾아주는 교육으로 전환이 필요하다. 그냥 부모들이 말하는 공부 잘하면 특목고, 못하면 일반고를 간다거나, 특성화고는 예전에 상고나 공고이므로 공부 못하는 학생들이 간다는 인식을 버려야 한다.

고등학교를 진학하는 것부터 단순하게, 타의에 의한 것이 아니라 자신의 적성과 흥미를 충분히 고려한 뒤 다양한 고등학교를 바로 알고 아이들과 부모가 같이 고민하고 찾아보아야 한다. 그러기 위해 여러 기준으로 나뉘는 고등학교의 종류에 대해 먼저 살펴보도록 하자.

1. 국공립고등학교 VS 사립 고등학교

현재 대한민국 고등학교의 종류는 운영주체를 기준으로 국공립고등학교와 사립 고등학교로 구분할 수 있다.

- 국립학교: 국가가 설립하여 경영하는 학교
- 공립학교: 특별시·광역시·도·시 또는 군 등 지방자치단체가 설립하여 경영하는 학교
- 사립학교: 사학법인이 설립하여 경영하는 학교

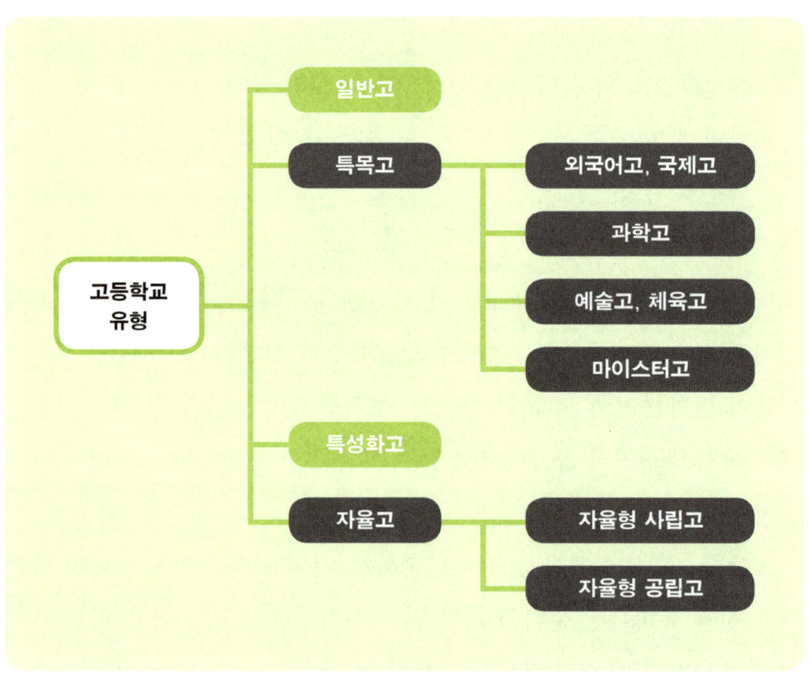

2. 일반고 VS 특목고 VS 특성화고 VS 자율고

공립, 사립보다 더 자주 접하는 구분으로, 운영형태를 기준으로 구분하

면 아래 표에서와 같이 크게 일반고, 특목고, 특성화고, 자율고로 나뉜다.

3. 전기 특목고, 후기 일반고

전기에는 특목고 · 자사고 · 특성화고 등이 포함된다. 특목고에는 외고와 과학고, 국제고 이외에 예술고, 체육고, 마이스터고 등이 포함되며 자율형 사립고와 특성화고등학교와 함께 전기에 모집한다. 후기에는 일반고 뿐만 아니라 자율형 공립고와 자율학교, 중점학교(과학 · 예술 · 체육)를 모집한다.

전기 - 특목고(외고, 과학고, 국제고, 예술고, 체육고, 마이스터고),
　　　자사고(자율형 사립고), 특성화고
후기 - 일반고, 자공고(자율형 공립고), 자율학교,
　　　중점학교(과학, 예술, 체육)

지원은 중복해서 할 수 없으며 전기에서 지원한 학교에서 떨어지면 후기고에 진학하게 된다. 따라서 특목고, 자사고 등에서 자신에게 가장 적합한 유형의 학교를 선택해야 하며, 각 학교별 전형기준에 맞춰서 미리 준비하는 자세가 필요하다.

II. 마이스터고와 특성화고

아이들 수업 시간에 공부를 왜 하냐고 물어보면 대부분 좋은 대학을 가기 위해서라고 한다. 그럼 왜 좋은 대학을 가느냐고 질문하면 좋은 직장에 들어가기 위해서라고 말한다. 지금의 성적순으로 결정되는 교육 상황에서는 맞는 말이지만 미래 변화에 발 빠른 대응을 하기 힘들다.

또한 학생들에게 알고 있는 고등학교가 무엇인지 물어보면 어떤 대답이 나올까? 초, 중학교 학생들은 외고, 과고, 국제고, 예술고, 자사고 등 특수목적고 이외에 일반고 정도를 알 뿐 다른 특목고의 일종인 마이스터고나 특성화고에 대한 정보는 거의 없다. 공부 잘하는 학생들이 가는 학교의 정보만 듣고 있을 뿐이다. 그러나 부모들이 말하는 특목고는 전국 상위 4% 이내의 아이들이 치열하게 경쟁해서 입학하는 학교이다. 설사, 특목고 진학에 성공한다고 해도 그 곳에서의 경쟁에서 밀려 좌절하거나 적응하지 못해 그만두는 경우도 허다하며, 내신까지 무너지는 경험을 하게 되는 경우도 있다. 오히려 우수한 학생들의 진로를 꺾고 있는 실정이다.

솔직히 우리나라에서 대학교육을 받을 수 있는 방법은 매우 넓지만, 취업할 수 있는 길을 진입하기에는 매우 좁고 특히 좋은 일자리는 더욱 찾기 어려워 질 전망이다. 그럼에도 아이들에게 적성과 흥미를 알아볼 시간도 없이 성적으로 고등학교, 대학교를 진학한다면 88만원 세대라는 이름으로 나락에 떨어진 청년시대를 그대로 이어가게 할 뿐이다. 공부에 좌절하고 지쳐가는 아이들에게 마이스터고와 특성화고의 정보를 주면 눈빛이 빛나기 시작한다. 부모들이 제시하는 고등학교만 이야기를 듣고 주눅 들고 가망없는 자신이라고 생각하던 아이들에게 다른 길도 있다는 사실을 알려주면 매우 흥미로워 한다.

1. 마이스터고

보통 학부모들은 공고, 상고는 공부 못하는 아이들이 모이는 학교라

면학 분위기가 매우 안 좋다고 생각하기 때문에 자녀들을 보낼 수가 없다고 말한다. 하지만 예를 들어 수도공고(서울강남소재)는 일반적으로 서울 내 소재 대학을 졸업해도 가기 힘든 한국전력공사 등 우수한 근무 조건을 가진 곳에 취업한다.

취업을 전제로 한 마이스터고란, 유망분야의 특화된 산업 수요와 연계하여 예비 마이스터 (Young Meister)를 양성하는 특수 목적 고등학교로 분류되며, 최고의 기술 중심 교육으로 예비 마이스터를 양성하는 학교로서 '졸업 이후 우수기업 취업, 특기를 살린 군 복무, 직장 생활과 병행 가능한 대학교육'등의 기회 제공을 특징으로 한다.

학생들에게는 수업료, 입학금, 학교운영지원비가 면제되고, 우수학생과 저소득층 학생에게 별도의 장학금을 지급하며, 학생들의 교육 집중을 위해 쾌적한 기숙사를 제공한다. 또한 해외 직업전문학교 연수, 국가·지자체의 세계화 사업 등과 연계하여 학생들이 해외에 진출할 수 있도록 지원한다. 또한, 학교 운영 전반에 걸쳐 산업체, 지자체와 협력하여 우수한 기업에 취업할 수 있도록 지원한다.

마이스터고 마다 기업체와의 유기적인 협력을 통해 협력 기업에 채용 협약을 체결하며

취업이 확정된 졸업생은 최대 4년간 입영을 연기할 수 있고, 군 복무 시 특기 분야에 근무할 수 있다. 군 복무 중 e-Military University제도(전문학사 학위 취득과정)를 통해 대학 졸업시 취득한 것과 동일한 전문학사 학위 취득이 가능하다.

또한, 직장에서 3년 이상 근무 시 산업체 재직자 특별전형, 계약학과, 사내대학 등 취업 후 학위를 취득할 수 있는 경로도 마련된다.

기계	뉴미디어	모바일	바이오산업
반도체장비	에너지	의료기기	자동차
전자	조선	철강	항공
친환경 농축산	로봇	해양	항만물류
석유화학	어업 및 수산물가공	말(馬) 산업	정밀가공

2. 특성화고

특성화고란 특정분야의 전문인재 양성을 목적으로 전문교육을 실시하고 있는 곳으로 기존의 실업계고의 단점을 보완하고 좀 더 폭넓은 분야의 전문인재를 키우기 위한 대안적인 고등학교라 할 수 있다. 적성과 소질 및 능력이 유사한 학생들을 대상으로 한 고등학교이다.

기본적으로 마이스터고와 비슷한 혜택을 제공한다. 학생들에게는 수업료, 입학금, 학교운영지원비가 면제되고, 우수학생과 저소득층 학생에게 별도의 장학금을 지급한다. 해외 직업전문학교 연수, 국가·지자체의 세계화 사업 등과 연계하여 학생들이 해외에 진출할 수 있도록 지원한다. 또한, 학교 운영 전반에 걸쳐 산업체, 지자체와 협력하여 우수한 기업에 취업할 수 있도록 지원한다.

특성화 고등학교는 마이스터고와 달리 취업만 하는 것이 아니라 대학 관련 학과에 특별전형으로 진학이 가능하다.

영상제작	세무	원예	미용	애니메이션

상업	승마	자동차	골프	도예
금융	공예	조리	인터넷	유아
마케팅	멀티미디어	게임	보건	공업
통역	보석세공	디자인	관광	전산

III. 홀랜드 검사를 통한 고등학교 선택

앞에서 우리는 평소에 관심이 없었거나, 아직 여러 정보를 접하지 못해 잘 몰랐던 마이스터고와 특성화고를 살펴보았다. 그렇다면 마이스터고와 특성화고는 어떤 적성과 흥미를 가진 학생들이 선택해야 할까?

〈각 유형별 특성과 분야별 직업〉

R 유형 실재형	– 하루 종일 공구를 가지고 나사를 조이고 기계를 만지는 일을 잘함. – 손재주가 많고 말이 많지 않다. – 기술자, 건축가, 항공관련, 정비사, 보석세공사, 운동선수 등
I 유형 탐구형	– 하루 온종일 책을 보며 실험을 하는 것을 즐긴다. 호기심이 많아 연구를 잘하고 수학, 과학에 흥미를 보임 – 약사, 발명가, 과학자, 기타 탐구력, 관찰력을 요하는 직업 등
A 유형 예술형	– 개성이 강하고 상상력이 풍부하며 늘 새로운 것, 아름다움을 추구 – 디자이너, 만화가, 미디어아트, 미용 등

S 유형 사회형	– 사람들과 어울리기 좋아하고 말하기를 좋아하며 동정심과 공감능력 탁월 – 관광가이드, 유치원교사, 통역 등
E 유형 기업형	– 다른 사람들을 잘 이끌어 가고 쉽게 친해지는 사람. 적극적이고 경쟁적 – 마케터, 게임디렉터, 영상제작 등
C 유형 관습형	– 정확하고 빈틈이 적은 사람이며 정리정돈과 규칙이 있음. 같은 일을 하는 것에 지겨워하지 않고 책임감이 있게 일함. – 세무, 금융, 애니메이터 등

검사 결과로 제시된 유형이 한 사람의 흥미와 적성에 딱 맞지는 않지만, 위와 같이 각 유형의 특성을 살펴 특성화고와 마이스터고의 분야별 특성과 비교하여 알아본다면 좀 더 자세한 진로 결정으로 초점을 맞출 수 있다.

학부모 독서클럽 운영 노하우

Ⅰ. 학부모가 행복해야 자녀가 행복하다.

'학교교육'을 생각하면 어떤 사람이 떠오르는가? 대부분의 사람이 '선생님', '학생'을 먼저 떠올릴 것이다. 그런데 학교에 없어서는 안 되는 정말 중요한 사람이 있다. 바로 학! 부! 모! 아이들의 교육은 가정에서 가장 먼저 시작된다.

학교에 입학하기 전, 아이들은 가정에서 '부모님'에게 먼저 가르침을 받는다. 그리고 그 교육은 아이들이 학교에 입학한 이후에도 계속된다. 그만큼 학부모의 위치는 절대적으로 중요하다, 또한 시대변화에 따라 학교의 교육과정이 바뀌고 입시제도 또한 바뀌고 있는데 학부모와 학교,

학부모와 교사 간의 소통이 점점 중요하게 여겨지고 있다. 교육부에서는 2009년 이후 교육의 핵심주체인 학부모의 자녀교육 역량제고와 교육 참여 활성화를 위해 학부모 지원 정책을 본격 추진하고 있다.

경기도 설악에 있는 작은 시골학교인 설악중학교에 2012년 5월 총동문회 요청으로 교육기부를 하게 됐고, 그것이 계기가 되어 비전 업 학부모 프로그램을 운영하게 되었다. 일반적으로 학부모 교육과정은 단시간 내에 이루어지는 경우가 많다. 특히 일회성 특강의 경우 2시간정도로 이루어지는데 2시간 내에는 할 수 있는 이야기가 제한되기 때문에 학부모들의 궁금증과 불안만 키우는 경우가 많다. 그런 경험을 한 부모님들은 혼자서 할 수 있는 영역이 아니라고 판단하고 곧바로 달려가는 곳이 사교육 기관이다. 악순환의 반복인 셈이다.

이번에 실시된 비전 업 학부모 특강 프로그램은 총 12시간 과정으로 한 달 반 동안 진행됐다. 프로그램 내용은 학부모들이 가장 궁금해 하는 진로, 진학, 자기주도 학습 등으로 구성되었다.

비전 UP! 학부모 교육 프로그램

바로서는 학부모, 우뚝 서는 아이들!!

- 학교 교육 및 입시제도 변화를 이해하고 있어야 아이의 미래설계의 조력자가 될 수 있다.
- 입시에서 말하고 있는 입학사정관제도의 실제를 살펴보고, 입학사정관제도와 자기주도 학습연관성, 자기주도 학습을 위한 생활 속 실천사항들과 같은 기본기를 살펴본다.
- 추천도서: 세로토닌 하라!(이시형 저), 내 아이를 위한 사랑의 기술(존 카트맨 저)

차시	강의 제목	강의내용
1차시	자기주도 학습의 이해와 학습 능력	자기주도 학습의 개념 및 필요성과 학습능력 완성모델
2차시	대학입시의 이해 및 최근 경향	최근의 대학입시의 변화 및 부모의 역할
3차시	효율적인 자기관리를 위한 부모 역할	신체 관리 및 감정 관리의 중요성
4차시	양적, 질적 시간관리 핵심	가용시간, 자기주도 학습시간 활용하는 비법
5차시	입학사정관제도 이해 및 부모역할	대입, 고입의 핵심인 입학사정관제도에서의 부모 역할
6차시	새로운 출발	추천도서 공유 및 변화된 부모로서의 역할 발표

자기주도 학습과정을 통해 우리아이들을 자기주도 학습자로 만들기 위해서 필요한 부모의 역할을 배우고, 무작정 공부만 하라고 강요하는 부모가 아니라 진로를 통해서 학습동기를 만들어줄 수 있는 부모가 되고, 복잡한 입시구조를 이해함으로써 불필요한 사교육비 지출을 줄일 수 있는 계기가 되었다는 것이 수업을 듣고 난 후 학부모들의 반응이었다.

Ⅱ. 학부모 독서클럽 탄생

교육은 일과 시간이 끝난 후인 저녁 7시부터 9시까지 2시간동안 이루어졌다. 하루 종일 농사일, 직장 일에 시달리고 피곤한 몸을 이끌고 와서 수업을 듣다보면 중간 중간에 졸음을 참지 못하는 부모님들도 계시지만 어느 교실 못지않게 배우고자 하는 열기는 뜨거웠다.

6주 동안 12시간에 걸친 교육과정을 마치고 학부모님들의 한결같은 바람이 있었다. 12시간동안 배웠지만 이정도의 배움으로는 우리아이를 제대로 교육시킬 수 없을 것 같다는 것이다. 그래서 교육을 수료한 30여명의 학부모들의 의견을 모아 독서클럽을 만들기로 하고 실무 작업을 통해 임원진을 구성하고 필자 또한 재능기부 차원에서 독서클럽의 멘토 역할을 해주기로 약속을 했다. 그래서 만들어진 것이 설악중학교 학부모들로 구성된 "본 · 깨 · 적 독서클럽"이다. 1주년이 넘은 현재 50여명의 회원이 활동하고 있고, 지역의 독서문화증진은 물론 학교와의 협업관계 속에서 학부모가 중심이 되는 농촌지역의 교육문화를 만들어 가고 있다.

1. 본 · 깨 · 적 독서클럽의 미션

첫째 "독서를 통하여 자기계발을 한다. 둘째 독서를 통하여 내 아이를 바르게 키운다. 셋째 독서를 통하여 지역의 교육발전을 위하여 봉사한다." 이다. 부모가 행복하지 않은데 아이에게 행복하라고 할 수 있겠는가? 부모가 먼저 행복해야 가정이 행복하고 아이에게 미래의 행복을 선물할 수 있다. 그래서 첫 번째 미션이 부모가 자기계발을 통해 미래에 꿈도 갖고 먼저 행복해 지는 것이다. 그리고 내 아이가 올바르게 자랄 수 있도록 도와주는 것이다. 아는 만큼 보인다. 지역의 교육은 한 개인의 노력으로 바뀌지 않기 때문에 새로운 문화를 만들어야 한다. 그래서 독서클럽을 통해서 얻은 지식을 지역과 내 자녀가 다니고 있는 학교를 위해서 봉사하고자 하였다. 그런 일들이 누적되면 면단위의 작은 마을이지만 대도시 못지않은 교육문화를 만들 수 있을 것이라 생각하고 그 중심에 그 마을에 안주인인 학부모들이 힘을 보태고자 하였다.

2. 본 · 깨 · 적 독서클럽에서 읽은 책

본 · 깨 · 적 독서클럽에서는 매월 한권씩 책을 읽고 본(본 것), 깨(깨달은 것), 적(내 삶에 적용할 것)을 써오고, 토론하고, 발표하는 순으로 진행된다. 독서클럽에서 주로 다루는 책은 부모의 행복을 위한 행복 도서, 나의 꿈을 찾고, 지금보다 더 낳은 삶을 위한 자기 계발서, 자녀 양육에 필요한 각종 정보를 알기 위한 진로와 진학, 그리고 자기주도 공부습관과 인성교육에 필요한 책들이다. 아래는 그동안 독서클럽에서 읽은 책이며 책을 읽고 각자 작성한 본 · 깨 · 적 노트샘플이다.

1) 본 · 깨 · 적 독서클럽에서 그동안 읽은 책

도서명	핵심내용
내 아이를 위한 사랑의 기술	부모에게 존중받은 아이만이 다른 사람을 진정으로 존중해줄 수 있습니다
세로토닌 하라!	사람은 감정에 따라 움직이고 감정은 뇌에 따라 움직인다.
아이 뇌에 잠자는 자기주도 학습 유전자를 깨워라.	공부하는 뇌를 만드는 자기주도 4단계 학습법
독서천재 홍대리	운명을 바꾸는 책읽기 프로젝트
심리학의 즐거움	삶에 지친 현대인들의 마음을 치유하는 책
뇌내혁명(腦內革命)	뇌 분비 호르몬이 당신의 인생을 바꾼다.
3분 고전(古典)	내 인생을 바꾸는 모멘텀(Momentum)
실행이 답이다	생각을 성과로 이끄는 성공 원동력
진학보다 진로를 먼저 생각하는 10대의 미래 지도	2년 이제는 명문대 졸업장이 아니라 아이의 꿈과 목표에 대해 이야기 하라

인맥에 강한 아이로 키워라	모두에게 사랑받는 사회성 좋은 아이로 기우는 법
대학은 이제 공부벌레를 원하지 않는다.	입학사정관제 83% 시대의 공부법
나는 아이보다 나를 더 사랑한다.	부모가 행복해야 아이가 행복 해질 수 있다.
3초 만에 행복해 지는 명언 테라피	행복은 '이루어지는 것'이 아니라 발견하는 것, 알아차리는 것이다
삶이 그대를 속일지라도	인생 3라운드를 시작하는 이를 위한 삶에 지침서
B급 언어	욕! 뜻은 알고 사용하자.

2) 본 · 깨 · 적 독서클럽에서의 활동지

본 것

- 제목: 독서천재가 된 홍대리 • 2012.8.10 읽음 • 이지성, 정회일 공저

- **이지성 쌤**
  - 독서에는 세 가지가 있다. 향유하는 독서, 지식을 얻는 독서, 삶을 변화시키는 독서.
  - 논어를 읽기 전이나 읽은 뒤나 똑같다면 그는 논어를 읽지 않은 것이다.
  - 지나간 독서는 '사실은 책을 한 권도 읽지 않았음'으로 규정하고 '눈'이 아니라 '심장'으로 읽는 독서, '머리'로 아는 독서가 아니라 '몸'으로 실천하는 독서를 해야 한다.
  - 부정적인 감정이 몰려올 때마다 그것을 이기기 위해 책을 읽었다. '목숨 걸고 읽었다.'
  - 길은 책이 아니라 '마음'에 있다.

- **정회일 쌤**
- 책만 많이 읽고 실제로 변화한 게 없다면 그런 독서는 취미와 다르지 않다.
- 책을 읽고도 실제 삶의 변화를 만들어 내지 못하는 까닭은 본인이 저자보다 더 잘난 것을 확인하고 무조건 비판하려는 자세로 읽기 때문이다.
- 무언가를 배우려는 마음으로 책을 읽어야한다. 책을 한 권 제대로 쓰기 위해선 정말로 많이 공부하고 경험하고 노력해야 하기 때문이다.

깨달은 것

- '삶을 변화시키는 독서'하라! 이전에 책을 읽으면서 이 문제에 초점을 맞추고 독서를 한 적이 있었던가?
  그저 이미 갖추어져 있다고 착각하면서 약간의 플러스알파 정도의 가벼움으로 책을 대해 왔던 것 같다. 단 한 번도 '내 삶을 바꿀 수 있다는 간절함'으로 독서를 한 적이 없었던 나를 발견하게 되었다. 무언가로 머리를 세게 얻어맞은 느낌으로 책을 읽어 나가면서 한순간 흘러가버린 무의미한 독서의 시간이 진정 나의 삶을 송두리째 바꾸어 놓을 수도 있었음을 지금에야 깨닫게 해 준 것이다.
- 이 책 이전의 독서가 단순한 책 읽기 이었다면, 이 후의 독서는 꿈을 '실천'하는 독서가 되었다는 점이 가장 큰 변화이며 그동안의 어떤 책에서도 찾을 수 없었던 보물을 찾은 것과 같다.
- 즉, 책을 읽는 태도가 바뀌면 사고방식이 바뀌고, 행동이 바뀌어 성공할 수밖에 없는 생각과 행동을 하게 되는 나를 발견하게 된다는 것이다. 눈으로 읽고 지나쳐가는 독서가 아닌 진정 내 삶의 운명을 바꿀 수 있는 독서를 해야 한다는 큰 깨달음을 안겨준 책이다.

독서습관 만들기

① 제한 시간을 정하고 시간을 재가며 책을 읽는다.

② 목표와 기간을 정한 후 집중해서 읽는다.

③ 지하철에서 책을 읽는다.

④ 아무리 바쁘고 시간이 없어도 독서를 우선순위에 넣는다.

⑤ 책만 읽는다고 저절로 사람이 변하는 것이 아니다. 자신에 대한 반성이나 성찰 없는 독서는 오히려 독이 될 수 있다, 독서를 통해서 무엇을 변화 시키고 싶은가를 생각하면서 책을 읽는다.

3. 본·깨·적 독서클럽의 다양한 특강

본·깨·적 독서클럽에서는 진로와 입시 및 학습에 관한 특강을 수시로 하고, 기회가 될 때마다 유명 인사들의 재능기부를 받아 특강을 실시했다.

특강주제	주요내용	재능 기부자
홀랜드 실습을 통한 진로탐색	100세 시대 부모의 꿈 찾기	멘토
사설노트로 스펙을 만들자	가정에서의 신문 사설 활용법	멘토
감정을 다스리자	가정에서의 감정 코칭법	멘토
입학사정관제 농촌의 기회다	입학사정관제 포트폴리오 전략	멘토
독서의 중요성	농촌교육의 발전 책이 답이다	지역구 국회의원
학교와 학부모와의 협업	학교의 교육방향 공유	학교 선생님

4. 본·깨· 독서클럽의 도서기부와 재능기부 운동

본·깨·적 독서클럽은 농촌에서 교육에 대해서 관심을 갖게 하는 것이다. 많은 부모님들이 농사일 등 생업에 쫓기다 보면 자칫 교육은 학교에서 하는 것으로 생각하게 마련이다. 지역민들은 물론 동문회 까지 교육에 대한 관심을 갖게 하고자 벌인 운동이 있다. 바로 모교 도서기부와 재능기부 운동이였다. 이 운동을 하면서 깜짝 놀란 사실이 있다. 첫 번째 시골에서 나고 자랐지만 사회적으로 성공한 선배가 많다는 것이다. 두 번째는 동문 및 지역민 모두가 마음이 따뜻하다는 것이다. 도서기부 운동에 모두가 적극적이었으며, 재학생들의 동기부여를 위한 재능기부 특강에도 적극적이었다는 것이다. 자라나는 청소년들에게는 선배들에 한마디가 인생의 터닝 포인트가 된다는 것은 익히 알고 있는 사실이다. 문제는 이런 시간을 누가 어떻게 많이 만들 것이었는데 이런 일을 학부모 독서클럽에서 하고 있다.

Ⅲ. 아이들이 행복한 세상을 만들자

교육의 대상인 학생들에게 선생님 못지않게 중요한 위치를 차지하는 사람이 바로 학부모이다. 그러나 그동안 교육현장에서는 '학부모'에게 많은 눈길을 주지 못했다. 최근 학부모를 학교 구성원으로 인식하고 학생, 교직원, 학부모를 교육 공동체의 일원으로 생각하여 함께 나가자는 목소리가 높다. 이것은 우리 교육이 참된 방향으로 나아가기 위해서 당연한 일인지도 모른다. 본·깨·적 독서클럽이 추구하는 최종 목표도 결국은 '학교 구성원 모두가 진정한 소통을 통해 함께 행복해지는 것'이다.

본·깨·적 독서클럽이 시행하는 여러 가지 사업들이 학교, 교직원, 학부모 모두에게 진정한 도움을 줄 수 있는 자양분의 역할을 해주기를 바란다. 그래서 '교육'이라는 화분을 더욱 아름답고, 건강하게 키워줄 수 있기를, 그리하여 그 화분에서 피어나는 우리 아이들이 행복한 세상을 만들어나갈 수 있기를 간절히 소망한다.

28

학부모 멘토가 운영하는
독서 동아리

Ⅰ. 독서의 중요성을 문화로 체험시키다.

"독서를 통해서 많은 것들을 경험할 수 있다" "지식이 풍부해진다" "상상력이 풍부해진다" 많은 선생님들이 아이들에게 독서의 중요성을 강조 하면서 하는 말씀이다. 나또한 지난 학창시절 수없이 많이 들어본 이야기다.

학부모 독서클럽 3번째 미션은 독서를 통하여 얻은 지식을 지역의 교육발전을 위하여 봉사하는 것이다. 이를 실현하기 위한 첫 번째 사업으로 학교 내에서 학부모가 주체가 되어 운영하는 독서 동아리를 만드는 일이었다. 문제는 학생들 스스로 참여하도록 하는 것인데 독서의 중요성은 교육을 통해 익히 알고 있지만 책만 펴면 졸린 것을 어찌하랴! 중요한 것은 어떤 동기를 부여해서 학생 스스로 독서클럽에 참여하게 할 것인가이다. 그래서 많은 고민 끝에 책을 읽는 문화로 접근하자였다. 그러기 위해 우선 학부모가 먼저 책을 읽어야 한다고 판단하여 학부모 독서클럽을 만들고, 한 달에 한권씩 책을 읽고 토론하는 분위기를 만드는 것이다. 두 번째는 지방자치단체나 총동문회 등이 독서에 관심을 갖게 하는 일이다. 그 일환으로 선배들이나 지역민들이 설악중학교 학생들에게 도서기부 운동을 벌이게 됐고 적지 않은 성과가 있었다. 백여만 원씩 기부해주는 동문들이 있는가 하면 집에 있는 책 1~2권씩을 보내주는 분들이 점차 늘어나면서 자연스럽게 책 읽은 분위기가 조금씩 만들어져 갔다. 그리고 많은 과정을 거쳐 학부모 독서클럽 1주년을 기념한 Book-Concert를 개최했다. 지역민들을 모시고 큰 행사를 개최한다는 것이 쉬운 일인가? 그것도 행사를 진행해 본 적없는 농촌지역 학부모님들이 행사를 개최해야 한다는 것이……. 우선 경험이 있는 필자가 진두지휘 하면서 차근차근 준비하기로 계획을 세웠다. 첫 번째로 예산을 만드는 일이다. 총예산을 뽑아보니 약 90여만 원이면 될 것 같았다. 우선 학교 도움을 받고, 지역 유관기관(총동문회, 이장 협의회, 농협중앙회, 축협중앙회 등)의 도움을 받아 예산을 만들었다. 그리고 저자를 섭외하고 Book-콘서트라는 문화 행사를 개최했다. 특히 지역주민 및 학생들의 참여를 유도하기위해 학교 재학생들이 중심이된 문화공연을 실시했고, 지역 주민의 재능기부로 가야금 공연이 있었다.

결과는 대성공!! 교장선생님과 과목을 지도하시는 선생님, 지역을 대표하는 면장님, 이장협의회장님, 군 위원님, 총동문회장님 등 지역을 대표하는 분들께서 적극참여 하셨다. 행사장에는 재학 중인 학생들을 비롯

해 지역주민 100여분이 넘게 참석했다. 그 자리에서 총동문회장님은 축사를 통해 모교에 도서기부를 동문회 사업으로 정례화 하고, 개인적으로도 매년 일정금액을 후배들을 위해 도서기부를 하겠다고 약속 하셨다. 그리고 저자이신 최복현 작가도 즉석에서 본인이 소장하고 있는 책 100여권을 기부해주시고 발표하는 성과도 있었다.

Book-콘서트가 끝나고 초청강사이신 최복현 작가님에 한마디가 머릿속에 남는다. 많은 곳에 독서관련 강의를 다녀봤지만 농촌지역의 면단위 행사에서 100여명이 넘는 지역민들이 참여한 가운데 강의를 한 것이 처음이고, 지역 초청 인사들이 끝까지 자리를 뜨지 않고 강의를 경청해준 경우도 처음이란다. 아마도 진행이 프로답지 못해 조금은 어설픈 면도 있었지만 지역 학부모님들이 중심이 되어서 주최한 행사이고 지역에 계시는 모든 분들이 함께 힘을 합쳐 진행한 행사이기 때문이라는 생각이 든다.

이런 행사를 통해 얻은 것은 무엇인가? 첫 번째로 지역주민들에게 독서의 중요성을 이론이 아닌 문화를 통해서 전파했다는 것이다. 지역의 질적 발전은 책속에 답이 있다는 것을 알려준 계기가 됐다는 것이다. 두 번째는 학생들의 변화다. 이번 행사를 통해서 책에 대한 소중함을 다시 한 번 깨닫게 되었고, 그 결과물로 학부모가 멘토로 활동하는 독서동아리가 만들어지는 계기가 되었다.

BOOK 콘서트 일정

1부

가야금 공연 KBS	국악관현악단 김정희
설악중학교 실내학 공연	설악중학교 김초향 외 3명
개회사 및 축사	독서클럽 회장 / 초청 인사

2부

초청강사 강연	최복현
질의 응답	사회자 진행

Ⅱ. 학부모 멘토가 운영하는 "종이소리" 독서 동아리 탄생

Book-콘서트를 마치고 나서 독서동아리 구성이 본격화 됐다. 우선 학부모가 독서클럽 회원인 자녀들을 중심으로 구성하기로 했다. 엄마가 활동을 하고 있는 것 자체가 동기부여가 되었고, 이번 Book-콘서트에 참여한 학생들 대부분이 Book-콘서트가 동기가 되었기 때문이다. 우선 독서클럽 회원 중 멘토를 지원받는데 몇 안 되는 남자회원 중 한분이 지원을 해 주셨고 독서클럽 자녀들을 중심으로 독서 동아리를 지원 받았다.

첫 번째 만남에서는 독서동아리의 이름과 운영규칙 등을 정하고 2주에 한권씩 책을 읽고 토론하기로 했다. 물론 이 과정에서 학교 담당선생님이 적극적으로 지원을 해주셨다. 학교의 선생님이 주도하는 동아리가 아니고 학부모 멘토가 주도하는 독서 동아리라는 점에서 의미가 있다고 생각한다. 그런 시간을 통해서 학부모는 학교의 어려움과 선생님들의 학생지도의 어려움을 이해하는 계기가 됐고, 선생님도 학부모와 교육을 같이 고민한다는 공동체 의식을 갖게 되었다. 그렇게 만들어진 첫 번째 독서 동아리가 "종이소리"다. 종이소리는 설악중고등학교 학생 11명으로 구성 되었다.

〈학부모와 함께하는 독서 동아리 "종이소리" 운영사례〉

• 오리엔테이션

　1. 나를 소개 합니다.

　　– 학교, 학년, 이름, 사는 곳

- 여가 시간에 주로 하는 일

- 독서클럽에 들어오게 된 동기

2. 독서가 중요한 이유(나의 생각을 적어 보세요)

3. 꼭 읽고 싶었던 책(생각나는 대로 적어보세요)

4. 우리 독서클럽의 이름 정하기(한 가지씩 추천하고 그 이유를 적어보세요)

- **"종이소리" 진행방법**

1. 각자 읽은 책에 대해서 본깨적 적어오고 발표하기(각자 3~5분)

   ① 본: 책 내용 중에 본인에게 의미 있게 읽은 부분

   ② 깨: 이 책을 통해서 얻은 깨달음

   ③ 적: 이 책을 읽고 내 삶에 적용할 것 또는 적용하고 싶은 것

2. 책을 읽고 토론 내용 생각해 보기

   ① 이 책 내용 중에서 토론을 하고 싶은 내용을 한 가지씩 적어오기

   [사례1] - 내가 주인공이라면 어떻게 했을까?

   [사례2] - 이 책을 통해서 작가가 전달하고자 하는 요지는 무엇인가?

3. 회원들이 적어온 토론내용 중에서 한 가지를 선택해서 토론하기

   (30분)

   ① 사회자가 회원들에 의견을 수렴해서 결정(투표 등)

   ② 모든 회원들의 토론주제를 돌아가며 선정

   ③ 토론 중 가장 활발하게 참여한 회원을 한명씩 추천하기(학기별 집토계하여 상품 포상)

4. 회원 중 한명이 일지 작성

① 발표자의 이야기를 한 사람이 정리하여 기록으로 남김(일지 형태)

② 기록 내용: 토론주제, 토론 주요내용, 좋았던 의견, 토론중 적극적 참여자

③ 일지작성자는 진행자가 선정하고 일지는 독서 사이트 독서 토론 방에 올림

5. 전체 진행에서 좋았던 것, 부족한 것은 무엇이 있었는지 피드백

① 각자 발표

② 회의록에 기록

③ 진행자는 다음 모임 때 반영

6. 다음모임 도서 선정(진행자가 결정 - 학부모 멘토)

① 학교 추천도서 중에서 회원들의 의견을 취합해서 선정

② 회원이 추천한 도서 중에서 선정(매회 모임 참석 시 1권씩 추천)

7. 독서교육 종합지원 시스템(경기도)

① 토론 이후 각자 본깨적으로 정리한 내용을 상기 사이트에 올린다.

② 상기 사이트에 독서 동아리 방을 만들어 독서클럽 활동내용을 올린다.

8. 다음 모임 공지

　① 일시 및 장소: 월. 일. 요일. 시 / 설악중학교 어학전용실

　② 읽어야할 책:

독서 동아리 첫 번째 시간 야심차게 출발했지만 어려운 점도 있었다, 가장 큰 어려움은 역시 책을 읽지 않고 온다는 점이다. 하지만 어차피 격어야 할 어려움이다. 다행히 멘토 선생님께서 여러 가지 자료도 준비해 오셔서 의미 있는 내용들로 채워졌다. 특히 첫 번째 선정도서는 꿈과 관련된 내용이라서 자신만의 꿈 목록을 적어보고 발표까지 했다.

Ⅲ. 학부모와 학생이 함께 공부하는 독서 특강

설악중학교에는 또 한 가지 다른 점이 있다. 학부모와 학생이 함께 독서의 중요성 및 독서 방법 등과 관련해서 선배들이나 선생님들 및 학부모의 재능기부 특강이 이루어진다는 것이다. 특강을 통해 독서가 일회성 전시성 행사로 끝나는 것이 아니라 몸에 체화될 수 있도록 하기 위함이다.

우리 주위에는 역량이 있으면서 재능기부를 희망하는 사람이 의외로 많다. 단지 우리가 눈여겨보지 않았을 따름이다. 독서를 통하여 경영에 성공한 사람들, 독서와 관련하여 전문적으로 강의를 하는 강사 등을 초청하여 주기적으로 독서 특강을 한다. 특강 내용 중 일부를 소개한다.

1. 나의 독서 습관 점검하기

① 매일 30분 이상 책을 꾸준히 읽고 있다.

② 일주일. 한 달 단위로 어떤 책을 읽을지 계획을 세운다.

③ 계획대로 읽고자 하는 책을 계획한 기간 안에 읽어 내는 편이다.

④ 책을 읽고 나서 독서 노트, 블로그 등에 메모를 남기거나 기록한다.

⑤ 정기적으로 서점이나 도서관에 가는 편이다.

⑥ 읽고 싶은 책을 사기 전에 그 책에 대한 정보는 수집한다.

⑦ 학교나 독서 단체에서 권하는 책들은 가능하면 읽으려고 한다.

⑧ 한 분야의 책을 여러 권 읽어서 깊이 있는 지식을 쌓으려고 노력한다.

⑨ 책을 읽고 그 책에 관해 다른 사람과 토의하고 토론 하거나 이야기
　 를 나눈다.

⑩ 자신이 재대로 읽고 있는지 전문가로부터 정기적으로 독서 능력
　 진단을 받는다.

2. 나의 독서방법 점검하기

① 나는 책을 읽기 전에 제목을 보고 내가 알고 있는 내용을 미리 떠
　 올려 본다.

② 차례와 소제목, 전체를 훑어보며 무슨 내용일지 예측해 본다.

③ 책을 읽기 전어 궁금한 것을 질문해 본다.

④ 지은이 또는 작가에 대해 꼭 읽어본다.

⑤ 머리말을 반드시 읽는다.

⑥ 책을 읽으면서 중요한 부분에 밑줄을 긋는다.

⑦ 낯선 어휘를 찾아서 그 뜻을 이해하면서 읽는다.

⑧ 필요한 경우 노트에 필기하면서 읽는다.

⑨ 읽으면서 중요한 생각이 나면 책의 여백에 기록하면서 읽는다.

⑩ 지식을 습득하기 위한 책은 읽은 후에 무엇을 알게 되었는지 정리

하거나 떠올려 본다.

⑪ 책을 다 읽은 후 중요한 요점이나 결론을 노트에 정리한다.

3. 다중지능 유형에 따른 독서방법

유형대표 인물	사고	독서방법
언어 박경리	단어로	· 책을 읽고 알게 된 내용을 다시 자신의 말로 바꾸어 정리한다. · 책에서 알게 된 낱말로 퍼즐놀이, 낱말놀이를 한다. · 말하기 대화나 독후감 대화에 도전해서 재능을 키워간다. · 책에서 알게 된 내용으로 신문이나 잡지 등을 만들어 본다.
논리 수학 안철수	추리에 의해	· 책을 읽기 전어 표지나 제목을 단서로 어떤 내용이 전개될지 예측해본다. · 등장인물의 행동이나 말 가운데 논리적으로 맞지 않은 점을 찾아본다. · 작가의 생각, 주제에 반박하는 논리를 근거를 세워 편다. · 책의 차례를 보며 글의 뼈대를 이해한 수 뼈대를 생각하며 책을 읽는다.
시각공간 백남준	상상과 그림으로	· 책을 읽은 후 전체 내용을 주요 장면이나 인상 깊은 장면을 중심으로 그림으로 그려서 시각화한다. · 역사, 과학 등 설명문을 읽고 나서 알기 쉽게 그림이나 도형, 지도로 다시 그려본다. · 책 내용을 활용하여 북 아트나 입체 카드 등을 만든다. · 마인드맵과 같은 방법으로 내용을 시각화 한다.
신체 운동 박지성	육체적 감각으로	· 책에서 알게 된 내용을 몸으로 다시 표현해 본다. · 등장인물의 성격을 실감나게 표현해본다. · 책을 읽기 전에 체험해보거나 읽은 후 현장에 직접 가본다. · 스포츠 관련 책들을 읽어 흥미를 느끼도록 한다. · 책을 읽은 후 새로운 놀이 방법이나 율동 등을 만들어 본다.

음악 정명훈	리듬과 멜로디에 의해	· 책을 읽기 전이나 읽으면서, 읽은 후 음악을 듣는다. · 책의 이미지나 분위기에 맞는 음악을 선택하도록 한다. · 책에서 기억해야 할 새로운 정보들을 음악에 맞춰 외워본다. · 이야기책을 읽고 뮤지컬, 오페라, 노래극 등을 구성해 본다. · 책을 읽고 노래가사를 만들어 기존의 곡에 붙여 불러본다.
대인관계 마더테 레사	다른 사람들과 의견을 나누며	· 등장인물의 감정이나 행동의 동기를 찾아서 말하고 갈등을 푸는 방법을 제시한다. · 가족, 친구들과 함께 책을 읽으면서 대화를 나눈다. · 동생이나 노인에게 책을 읽어주거나 내용을 실감나게 전달한다. · 책을 읽고 여러 사람을 설득하거나 감동을 주기 위한 호소문 또는 연설문을 만든다. · 책을 읽은 후 등장인물의 성격을 말하고 역할극, 인형극 등을 한다.
자기 성찰 함석헌	자신의 내면깊이	· 책을 읽고 등장인물의 행동을 통해 좋은 가치, 혹은 부도덕성을 발견한다. · 책 속의 인물 가운데 자신과 가장 닮은 사람을 찾아보고 그 이유를 말한다. · 등장인물의 고민이나 문제점의 원인을 찾아보고 상담 해준다. · 책에서 알게 된 내용을 자기 경험이나 생각, 생활 습관 등에 비추어 살펴본다. · 유명한 작가나 철학자, 심리학자들의 명언을 메모하고 그 의미를 되새긴다.
자연주의 최재천	자신이 배우는 것과 자연을 연결시킴	· 밖에 나가 자연을 관찰한 후 책을 보면서 내용을 확인한다. · 직접 반려동물, 식물을 기르면서 관찰하고 책으로 만들어 본다. · 관심 있는 분야(식물, 동물, 우주, 화산 등)의 책을 즐겨보고 관련된 전문가를 만나본다. · 동물도감, 식물도감 등을 읽으면서 알게 된 내용을 참조하여 도감을 만들어 본다. · 자신이 알게 된 분야의 지식을 잘 정리하여 여러 사람들 앞에서 발표한다.

4. 창의적으로 독서하기

1) 책을 읽기 전에 미리 상상해보기

표지 그림이나 제목을 보고 앞으로 나올 내용을 미리 상상해 본다. 표지에서 본 정보를 바탕으로 맛과 질감, 냄새, 색깔 등을 생생하게 머릿속으로 그려 보는 것이다. 또 음악을 들으면서 책을 읽으면 오감이 활발하게 살아나고 책이 말하는 무의식적 이미지나 상징을 더 잘 이해하게 된다는 연구 결과도 있다.

2) 책을 읽으면서 적극적으로 상상하기

책을 읽으면서도 적극적인 오감 활동을 할 수 있는데, 예를 들어 '찬란한 금빛 햇살'이라는 대목을 읽을 때 금빛 햇살이 나뭇잎에, 강물에, 돌담 위에, 잔디밭에 비칠 때의 모습을 상상해 보거나, 눈을 감고 햇살이 몸에 닿을 때의 느낌을 떠올려 볼 수 있다. 또 책을 읽다가 어떤 장소가 나오면 그곳의 자연 풍경을 구체적으로 떠올려 본다. 책을 읽은 후에는 내용 중에 한 부분을 자세하게 묘사해 보는 것도 좋은 방법이다. 소설 속에 등장하는 장소나 집을 정교하게 재현해 보는 것도 좋습니다.

3) 책을 읽은 후 상상하기

책에서 가장 중요한 순간에 어울리는 분위기의 음악을 생각해 보거나, 주인공에게 맞는 옷을 디자인하여 보는 것도 모두 독창적인 활동이다. 이는 문장을 움직이는 영상으로 바꿔보는 것, 독자가 영화감독이 되어 중요한 장면을 영상으로 재현해 보는 것과 같다.

Ⅰ. 진로상담 실제

1. 진로상담의 필요성

우리나라 청소년들이 가장 많이 고민하는 문제는 무엇일까? 여러 가지가 있겠지만, 여러 연구들을 통하여 '진로문제'와 '성적문제'의 비중이 큼을 쉽게 알 수 있다. 진로문제와 성적문제는 서로가 밀접한 관련이 있는 문제이다. 우리나라의 경우 지나친 입시 경쟁과 명문대 졸업, 스펙, 대기업 취업 등에 대한 선입견이 성공의 잣대처럼 인식되는 사회 풍조가 청소년들의 진로와 성적 고민을 더욱 가중시키는 요인이다. 또한 최근 이루어진 우리나라 청소년들의 생활실태 국제 비교 연구에 의하면 주요 주변 4개국 중 우리나라 청소년들의 독립성 및 결정성이 최하위 인 것으로 조사됐다. 우리나라 청소년들이 이 시기에 가장 많은 고민을 하는 부분은 저학년 때부터 고학년으로의 진학과 사회 진로에 대한 고민이라고 이야기 하는 경우가 많다.

그럼에도 불구하고 우리나라 청소년들은 대체적으로 진로 및 진학과 관련한 독립성과 결정성 및 확신성에서 이웃 다른 나라 청소년들에 비해 낮은 비교 값을 나타냈다고 한다. 이는 본인 스스로 진로에 대한 준비 자세와 행동, 그리고 역량 등이 떨어지고 있다는 결과이다. 따라서 청소년들이 자신의 특성을 충분히 고려하고, 합리적인 의사결정을 할 수 있도록 도와주는 진로지도 및 진로 상담의 필요성은 아무리 강조해도 지나침이 없다.

1) 개인적 측면에서의 진로상담의 필요성

개인적 측면에서 진로상담의 필요성을 정리해 보자면, 첫째, 학교교육에서는 진로에 대한 학생들의 욕구를 채워줄 수 없는 부분이 많기 때문이다. 교과 위주의 주입식 교육과 지나친 학력 위주의 교육은 학생들의 적성, 흥미, 능력, 인성을 무시한 채 소신을 가지고 자기의 생애목표를 달성하려는데 큰 장애요인이 된다. 이러한 학교교육은 학생들에게 일과 직업세계에 관련된 자아인식 능력을 길러줄 수가 없다. 뿐만 아니라 이러한 학교교육으로는 학생들이 인생의 목표설정과 진로 선택에 있어서 유연성과 다양성을 발휘하기 힘들다. 개인의 가정여건이라든가 능력을 고려하지 않고, 고학력 선호에 집착하여 개인적으로 많은 손해를 보고 있으므로 자신의 능력에 알맞은 바람직한 진로선택이 요구된다.

둘째, 산업사회의 급격한 발전추세에 따라 복잡하고 다양한 일과 직업의 종류 및 본질에 대한 객관적 이해가 필요하며, 일과 직업에 대한 올바른 가치관과 태도에 대한 교육이 절실하게 요구되기 때문이다.

2) 국가 · 사회적 측면의 진로상담의 필요성

국가 · 사회적 측면에서 진로상담이 필요한 이유는 첫째, 진로상담이 국가와 사회 발전에 필요한 다양한 인력의 균형 잡힌 계발을 유도하고 기여하기 때문이다. 이로써 과열 과외 및 재수생 누적에 대한 다양한 사회문제를 해결결할 수 있다. 더 나아가서는 청소년 실업문제를 해결하기 위한 방안이 될 수 있다.

둘째, 국민들의 직업수행에 있어서 생산성과 적응이 긍정적으로 고양될 수 있다. 이는 적재적소에 적합한 인재를 배치함으로써 직업에 만족하고 보람과 긍지를 느끼며 행복한 인생을 누리면서 자아실현에까지 이르도록할 수 있다.

셋째, 바람직한 가치관 및 직업윤리관 형성을 통하여 장래의 원만한 직업생활과 성공적인 자아상을 정립하여 인생을 즐기며 복지사회 건설에 이바지 할 수 있다.

2. 진로상담의 목표

진로상담은 적절한 진로선택을 위한 정보수집 및 결정을 돕는 과정이다. 진로상담은 한 순간에 진학할 학교의 선택이나 직업 선택을 위한 활동이 아니라 과거, 현재, 미래를 총괄하는 연속적인 과정이며, 개인의 진로 계획 및 직업 준비와 선택, 진로문제의 해결과 적용을 단계적으로 도와주는 과정이라고 할 수 있다. 따라서 진로상담자는 내담자가 당면하는 진로목표나 진로문제의 해결과 적응을 도와 내담자가 원만한 인격적 통합을 이룰 수 있도록 도움을 줘야 한다.

진로상담의 목표는 학생의 생애에 행복하고 보람 있는 자아실현이 이루어질 수 있도록 진로를 선택, 결정, 준비하고 적응하는 일련의 과정을 도와주는데 있다. 즉 진로상담은 개인이 자신을 정확하게 이해하고 진로를 선택하여 자기 자신의 자아실현은 물론 사회 일원으로서 공헌할 수 있는 기틀을 마련해 주는데 있다. (이정근,1998)

진로상담의 구체적인 목표는 다음과 같다.

1. 진로상담은 내담자의 자신에 관한 보다 정확한 이해를 증진하는 것이다.
2. 진로상담은 내담자의 직업의 세계에 대한 이해를 증진하는 것이다.
3. 진로상담은 내담자의 합리적인 의사결정 능력을 증진하는 것이다.
4. 진로상담은 정보탐색 및 정보 활용능력을 함양할 수 있도록 하는 것이다.
5. 진로상담은 직업세계에 대한 올바른 가치관 및 태도를 형성하는 것이다.

진로상담의 목표는 내담자를 진단하는 틀로 활용할 수도 있으며, 각각의 내담자에게 필요한 개입기법을 선택하는 데에도 유용한 길잡이가 될 수 있다. (김봉환 외,2000)

3. 진로상담의 진행과정

진로에 대해 많이 고민하고 있으면서도 정작 상담실 문턱을 넘는 학생들은 제법 용기가 있는 학생들이다. 많은 경우 학생들이 선뜻 용기를 내지 못하는 것을 많이 경험하게 된다. 진로상담자로서 진로상담실이 따로 있다면 아이들의 이러한 부분을 세심하게 배려하여 상담실의 문턱을 낮춰 주는 지혜가 필요할 것이다. 예를 들면 상담실 앞쪽에 학생들에게 친밀감을 줄 수 있는 상담용 홍보 포스터를 붙여놓거나 아이들이 좋아하는 다과 등을 상담실 안쪽에 마련해 두는 것도 좋은 방법이다. 상담공간이 따로 없더라도 학생과 진솔한 대화를 나눌 수 있도록 분리된 장소를 마련하는 것이 좋겠다.

진로상담은 순서상 ①상담예약 → ②상담신청서 작성 및 초기 면접 → ③검사 실시 · 상담실시 → ④정보탐색 및 정보제공 → ⑤상담종결 → ⑥추수지도의 6단계 순서로 진행된다. 또 진로상담 과정을 상담 내용을 중심으로 분류하면 초기상담, 중기상담, 종결상담 3단계로 진행된다. 일반적으로 학교에서의 진로상담자는 교사, 내담자는 학생이다. 학교에서의 상담의 특징은 상담자와 내담자가 잘 알고 있는 관계일 경우가 많으므로 라포(Rpport) 형성에 주력하는데 드는 시간적인 에너지를 줄일 수 있다. 각 진행순서에 따른 상담의 방법은 다음과 같다.

1) 상담 과정에 따른 진로상담 6단계 과정

(1) 상담예약

진로상담은 학생이 진로상담을 예약하는 순간부터 상담이 시작된다. 진로상담의 경우 비교적 목표 및 문제가 확실한 경우가 많다. 따라서 진로상담을 예약할 때 상담을 신청하게 된 동기가 무엇인지에 대한 탐색이 반드시 선행되어야 한다. 상담 예약 시 교사는 학생이 상담을 신청하게 된 동기, 고민의 깊이, 고민의 내용, 상담목적, 상담경험유무, 검사경험 유무를 파악해야 한다. 간단한 양식지를 만들어 정리할 수 있도록 비치해 두고, 시간과 일정을 정한 뒤 일정에 따라 상담실을 이용할 수 있도록 한다.

(2) 상담신청서 작성 및 초기 면접

상담신청서를 상담 예약 시에 작성했을 경우 생략할 수 있으나 작성하지 않았다면 상담신청서를 작성하도록 한다.

초기면접을 통하여 내담자의 상담목적과 상담경위, 상담을 통하여 얻고자 하는 것 등을 파악한다. 학생의 상담 동기를 파악한 후, 단지 정보탐색 및 정보제공을 했을 뿐인데 상담이 마무리 되는 경우가 종종 있게 된다. 이때는 단회상담으로 상담을 바로 이끌 수 있으며, 학생의 핵심문제가 무엇인지를 파악하여 그에 대한 정보를 제공해주면 자연스럽게 고민이 해결될 수 있다.

(3) 검사 실시 및 상담실시

검사 실시 및 상담실시 단계는 상담이 구체적으로 이루어지는 시기이다.

(4) 정보탐색 및 정보제공

내담자에게 필요한 정보를 제공하고, 탐색해 볼 수 있도록 지도한다.

(5) 상담종결

내담자의 문제가 해결되어 감을 알리고, 상담을 마무리하는 단계이다.

(6) 추수지도

진로 상담을 마친 후의 지도를 의미한다.

다음은 상담 내용을 중심으로 초기상담, 중기상담, 종결상담 3단계의 과정이다.

2) 상담 내용을 중심으로 본 진로 상담 3단계 과정

(1) 초기상담

초기상담에서 내담자의 인상착의, 말투, 표정, 상담 중 특이사항 등은 잘 기억해 두도록 한다. 이런 요인들은 상담을 진행하면서 내담자의 의사결정이나 적응문제, 특징 등이 진술하게 반영되고 있는지에 대한 여부를 추정할 수 있고, 상담 후 변화에 대한 단서로서도 의미가 있다.

- 상담의 구조화

상담 구조화 단계에서는 상담실 및 상담원 소개, 상담시간 및 장소, 상담규칙 등을 공지한 후, 내담자가 제대로 인지하고 있는지를 확인하도록 한다. 또한 이 단계에서 내담자가 상담을 통해 기대하게 되는 문제해결, 정보탐색 등에 있어서 상담자가 충분한 도움을 줄 것이라는 신뢰를 가질 수 있도록 노력하고, 희망의 메시지를 주도록 한다. 그러나 또한 주의할 것은 마치 상담을 통해 모든 문제를 해결 할 수 있다는 과도한 기대를 갖지 않도록 해야 한다.

- 문제의 명료화

내담자들은 자신의 문제를 진술하고도 자신의 문제가 무엇인지 잘 모를 때가 있다. 이때 상담자는 내담자가 상담을 통하여 해결하거나 도움을 받고 싶은 문제를 명료화하여 상담흐름의 맥을 잡아 주어야 한다. 상담문제를 명료화하여 내담자를 정확하게 파악하고 상담의 방향을 잡을 수 있도록 한다.

- 상담목표 및 과정 합의

진로상담을 통하여 내담자가 이루고자 하는 목표를 정하고,

회기 수, 상담방법과 절차에 대해서 합의하는 과정을 거치도록
한다. 이때 내담자가 직접 상담 목표를 정하도록 하고, 상담자가
도와 줄 부분과 내담자가 직접 해야 하는 부분을 나누어 내담자
가 적극 참여하도록 유도한다. 상담을 진행하는 과정에서 목표
는 충분히 수정 가능하다는 것을 알려준다. 상담자는 이 단계에
서 상담전략과 상담 방법을 구상해 두는 것이 좋다.

(2) 중기 상담

중기상담은 초기 상담에서 상담목표와 과정에 대해서 논의한 바
를 기초로 상담을 진행하므로 본격적인 상담이 진행되는 시기이다.

• 자기이해 및 정보탐색

내담자가 올바른 진로선택을 하기 위해서 가장 먼저 진행되어
야 할 부분이 자기 자신에 대한 이해이다. 자신의 흥미와 적성
등에 대해 파악하게 되면, 그와 관련된 직업이나 직종을 찾을
수 있다. 굳이 검사를 활용하지 않고도 자기이해를 도울 수 있
는 활동은 많이 있지만, 이것이 쉽지 않을 경우 검사를 사용한
다. 검사를 사용하게 되면 시간을 절약할 수 있다는 장점이 있
지만 자기이해에 대한 깊은 탐색보다는 검사 결과에 의존할 확
률이 높다는 단점이 있음을 고려하도록 한다.

• 진로계획 수립 및 확인

상담자와 내담자가 구체적인 계획을 세워 지키는 과정이 진로
계획 수립 및 확인의 단계이다.

• 대안수립

어떤 상담에 있어서도 상담자가 정답을 제시할 수 있는 상담

은 없다. 따라서 여러 가지 대안을 마련하고 내담자가 옳은 선택을 할 수 있도록 도움을 주도록 한다. 대안과 관련된 정보를 수집하도록 돕는 과정이 필요하다. 진로상담을 통하여 학습된 폭넓은 정보탐색은 내담자로 하여금 다른 진로문제를 해결할 수 있는 힘을 키울 수 있도록 하며, 진로에 대해 여러 각도로 접근할 수 있는 대안을 마련해 줄 수 있다.

(3) 종결상담

상담의 종결은 상담이 마무리 되고 있거나 마무리되어 감을 알리는 과정이다. 내담자와 종결에 대해서 논의하고 지금까지 상담과정에 대해서 다시 한 번 되짚어 보는 시간을 갖도록 한다. 또한 종결 이후에 상담자와 어떤 방법으로 상호작용이 가능한지에 대해 알려 주도록 한다. 종결 직전 까지 상담 과정을 총 정리 하고 상담 성과 및 진로 계획 수립에 대한 내담자의 의견을 듣는 시간을 거쳐 상담을 마무리해 나간다.

(4) 종결 이후(추수지도)

상담자는 종결이후에도 내담자가 도움을 필요로 한다면 언제든지 재방문, 재상담을 받을 수 있음을 알린다. 직접 내방하지 못하는 경우 사이버 상담이나 전화상담을 이용하도록 권하거나, 내담자에게 도움이 되는 프로그램에 대해서 권하도록 한다.

진로계획의 출발은 자기이해이다!

- ㅇㅇ중학교 2학년, 여
- 상담 동기: 고등학교 진학을 앞두고 자신의 진로에 대한 고민이 생김
- 상담 경위: 담임선생님의 추천

초기 면접을 할 때 진경(가명)이는 진로상담에 대한 기대감을 많이 가지고 있음을 표현했다. 그동안 자신이 무엇을 해야 할지 모르겠는 것이 너무 힘들고 답답했다고 호소했다. 고등학교 진학을 앞두고 특성화 고등학교 미용과를 추천하신 담임선생님의 권유로 그것이 정말 자신에게 맞는 길인지 알고 싶다며 상담을 신청하게 되었다고 한다. 공부를 못하는 것은 사실이지만 부모님의 기대도 있고, 특성화 고를 가는 것이 자존심도 상하고, 자신의 원래 꿈은 교사가 되는 것이라며 상담을 신청했다.

- 문제의 명료화 – 자신의 흥미와 적성이 선생님께서 추천하신 특성화 고등학교, 미용과에 적합한지 알고 싶고 그것을 선택 했을 때 진로를 알고 싶음.

(1) 초기 상담 – 자기탐색을 통해 자신과 만나라!

이미 진경이는 최근에 학교에서 단체로 진행된 홀랜드 흥미검사를 진행한 적이 있다고 한다. 관련 자료를 담임선생님께 부탁하여 확인해 보니 홀랜드 흥미검사 RS(실재형, 사회형)이 나왔다. 그런데 시큰둥한 반응을 보이는 것이다. "선생님, 이거 하나도 안 맞아요. 저랑 맞는 게 없어요. 그래서 집에 가서 구겨버렸어요." 왜 그렇게 생각하느

냐고 물으니, 실재형에 해당하는 직업군이 군인, 농부, 기술자 등인데 자기는 그런 종류 직업에는 관심도 없고, 자신에게 맞지도 않다는 것이다.

간혹 학교에서 진행하는 흥미검사나 적성검사에 대해 진경이와 같이 생각하는 학생이나 부모님들을 만나게 된다. 이는 흥미검사가 잘못되어 그렇다기 보다는 흥미검사에 대한 이해가 부족하고, 검사 결과를 단지 문서로만 전달하고 제대로 풀어주지 않아 오해가 생긴 것이다. 또한 직업에 대한 잘못된 편견도 여기에 한 몫을 하고 있다. 이런 오해를 진경이가 풀 수 있도록 홀랜드 흥미유형에서 각각의 유형이 어떤 특징을 갖고 있으며 어떤 데 흥미가 있는지를 알아보는 작업을 하기로 하였다. 그전에 포스트 잇을 준비하여 왠지 모르게 내가 좋아하고, 관심이 가는 것을 써보도록 하였다. 처음에는 머뭇거리더니 이내 연필을 들고 포스트 잇을 채워갔다. 진경이가 쓴 것은 대략 이렇다. 체육시간, 쇼핑, 수다떨기, 여행하기 등이다. 싫어하는 것을 써보라는 것에는 사회시간, 지루한 것, 비오는 날 등을 썼다. 좀 더 확장시키기 위해서 홀랜드 흥미유형들에 해당하는 사진이미지 모아놓은 것 중에서 맘에 드는 것을 골라보게 하였다. 진경이가 고른 카드는 거의가 실재형과 사회형에 해당하는 카드였다. 해당직업을 설명하기보다 진경이의 흥미유형에 대한 설명을 충분히 해주었다. 진경이는 자기가 오해한 부분을 바로잡게 되었다.

(2) 중기상담

담임선생님이 특성화고의 미용과를 추천하신 이유는 진경이 성적 문제도 있지만, 앞으로의 전망이 좋다는 의견이 있으셨다고 한다. 미용과가 진경이의 흥미유형에 잘 맞는지는 지난 상담에서 이미 확인을 하였다. 그렇지만 그 일을 통해 어떤 직무를 주로 하게 되고, 급여와 근무환경, 만나게 되는 사람, 어떤 어려움이 있는지에 대한 정보탐색이 필요하다. 그리고 진경이는 특성화고를 갔을 경우 어떤 수업을 하게 되는지도 알고 싶다. 그 외에도 자신에게 맞는 다른 직업의 세계도 알고 싶다고 하였다.

직업세계의 정보를 탐색할 수 있는 여러 가지 방법이 있지만 진경이는 직업카드를 살펴보는 방법을 선택했다. 그리고, 담임선생님이 추천하신 학교를 직접방문하고, 선생님의 소개로 그 학교 선배를 만나 인터뷰를 하게 되었다.

진경이는 인터뷰를 통해 자신의 진로가 보이기 시작했다는 말을 하게 되었고, 목표가 생겼으니 이제 자신이 무엇을 준비해야 할지 알겠다고 했다. 이에 진로로드맵을 작성할 것을 권했고, 진로로드맵을 그린 후 단계별 목표와 계획까지 세워 보기로 했다.

진경이는 그동안은 자신이 목표가 없어서 시간을 낭비하고 지냈지만 미용과에 먼저 들어간 선배의 말을 듣고는 앞으로의 진로를 계획할 힌트를 얻은 것이다.

진경이의 진로로드맵은 다음과 같다

00고등학교 미용과 진학 → 00전문대학 미용과 진학 → 한국방송통신대학 교육학과 편입 → 00대학 교육대학원 미용교육과 입학 → 00대학원 미용교육과 석사 → 미용교사 교원자격증 취득 → 00고등학교 미용과 교사

(3) 상담종결

앞으로의 계획을 실행에 옮길 것을 다짐하고, 격려하며 상담 마무리함.

상담자로서 이렇게 단기간 내에 자신의 목표와 꿈을 찾고, 진로로드맵을 그려온 친구를 만난다는 것은 정말 행운이고 축복이다. 자신이 설계한 진로의 지도를 따라 한 걸음 한걸음 내딛는 이 아이를 볼 때마다 상담자로서 뿌듯함을 느끼게 된다!

진로상담 사례

Ⅰ. 진로상담이론

학교에서 수업시간에 아이들과 만날 경우 담임선생님이 유난히 말썽꾸러기라고 말씀하시는 아이들이 의외로 진로 시간에 더욱 모범적이거나 열심인 경우가 있다. 아마도 학습적 능력이 아닌 있는 그대로를 보려는 수업임을 느끼기 때문이라고 생각된다. 그래서 학습능력이나 평소 수업태도와는 상관없이 자신의 긍정적인 모습, 미래의 되고 싶은 바람직한 모습을 스스로도 열망하고 있다는 것을 드러내려는 것으로 보인다.

처음 아이들과 만나는 날, 항상 아이들에게 "선생님은 사실……. 초능력이 있단다." 라고 말하면 코웃음을 치는데. 진지하게 초능력이 있다고 거듭 말하면, 선생님의 얼굴을 의심반 호기심 반으로 쳐다본다. "선생님은 열심인 모습과 나와 끊임없이 눈빛을 마주하는 눈 속에서 너희들의 멋진 미래를 찾아 낼 수 있단다."라는 말을 해주면 아이들은 더 많은 것을 말하고, 보여주려 애쓴다.

학교에서는 주로 홀랜드 흥미검사나 다중지능, 성격검사 등 검사를 실시하고 해석하며 상담을 시작하게 된다. 아래와 같이 진로상담에 대한 것을 살펴보자.

1. 진로상담이란

진로상담은 아이들 개인의 보물찾기처럼, 각자가 갖고 있는 가능성을 알아보고 격려해주는 일이다.

진로상담은 상담이라는 차원에서 어떻게 아이들의 진로를 도울 것인가를 생각해보는 영역이라고 볼 수 있다. 그래서 상담이라는 영역에서 잘 등장하는 용어가 바로 ' 돕는다. 라는 의미이다. 진로상담을 할 때 결정해주는 것이 아니라, 아이들이 진로를 잘 선택할 수 있도록 또는 의사결정을 확실하게 할 수 있도록 돕는 일이다. 이 '돕는다. 라는 용어는 상담에서 굉장히 중요한 용어이고 '돕는다'것은 아이들이 자신의 잠재의식과 자기 자신의 가능성을 생각해보게 해주며 자존감을 높이고 이 사회의 한 일원으로서 살아가는 데 있어 귀한 일을 한다. 그래서 진로상담을 통해서 아이들을 잘 도와 진로가 잘 결정될 수 있도록 촉진할 필요가 있다.

진로상담의 목표를 Parsons는 세 가지로 압축을 했다. 자기 자신에 대한 이해, 직업세계에 대한 이해, 합리적인 의사결정이다. 학생들 스스로 보다 정확한 이해를 증진시키는 것과 직업세계는 어떤지 직업세계에 대한 정보나 직업세계에 대한 이해를 증진시킨 후 (내 자신을 알고 직업세계를 알았다면) 의사결정을 해야 되는 것이다. 이렇게 합리적인 의사결정을 하는데 있어서는 아주 중요한 요소는 정보탐색이라고 볼 수 있다. 정보탐색 뿐만 아니라 활용 능력을 함양시키는 것도 아주 중요하다. 마침내 궁극적으로는 일과 직업에 대한 올바른 가치관과 태도를 형성하도록 돕는다. 청소년들은 지금 발달 심리적으로 자아 정체감이 형성되는 시기이기 때문에 자기가 좋아하는 것과 잘하는 것을 잘 모른다. 이것을 심리검사를 통해서 자기를 이해할 수 있도록 도와주고 또 실제로 지금 직업세계에 대해 막연하게 생각하기 때문에 보다 구체적으로 도움이 되는 현실적인 조언이 필요하다.

좋아하는 것과 잘하는 것이 다르고 좋아하고 잘하지만, 그것이 가치 있느냐에 대한 생각을 해보는 것 이것이 진로상담의 목표라고 할 수 있다. 이 목표를 가지고 학교 수준별 진로상담의 내용에 대해서 확인해보자. 초등학생과 중학생과 고등학생과 대학생이 심리적 발달 특성이 다 다르기 때문에 학령 수준별 진로상담 내용이 당연히 달라져야한다.

2. 초등학생 진로 상담

자신에 대한 이해에서 자기 이해 및 긍정적인 자아개념을 형성하는데 초등학생은 자신이 소중한 존재임을 인식해야 한다. 그 인식으로부터 진로 개념을 인지하고, 건강한 진로 인식이 생겨 주도적으로 진로 탐색의 시기를 맞이할 수 있기 때문이다.

대인관계에 있어서도 초등학생들은 긍정적인 대인관계의 중요성을 인식을 하고, 이를 통해 대인관계에 요구되는 능력을 키울 기초를 세워간다.

시기별로 진로 인식의 발달과정을 보면, 초등학생들은 진로인식의 시기라고 할 수 있다. 초등학생들은 직업선택의 아주 초보적인 지식이나 기능을 습득하고 일에 대한 기본적인 태도와 가치관을 형성하는데 그 내용을 담고 있다. 초등학생 때는 꿈이 하루에도 몇 번씩 바뀌는 게 당연하다. 그것은 초등학생들이 꿈이 많기 때문에 그럴 수도 있지만 아직 진로에 대한 인식이 부족하기 때문에 그렇다고 볼 수 있다. 그래서 직업카드를 통해서 다양한 일의 세계, 다양한 직업의 세계를 인식할 수 있도록 도와주면 좋다.

3. 중학생 진로 상담

중학생들은 진로탐색기이다. 물론 이 진로탐색기에는 고등학생들도 포함이 된다. 중학생 때는 일단 사춘기가 시작이 되면서 현실을 조금 알게 되면서부터 자기가 해야 될 것과 하고 싶지만 할 수 없는 것과 하면 안 될 것들 사이에서 갈등하게 된다. 그래서 중학생들한테 "너는 꿈이 뭐냐" "너는 진로가 뭐냐" 라고 물으면 아이들이 간단명료하게 대답합니다. "몰라요" "잘 생각 안 해봤어요." "없어요." 라고 이야기 하는 것은 그만큼 진로인식의 시기를 거쳐서 탐색을 하는 과정에서 직업에 대한 지식이나 진로 결정에 기술을 확립하도록 지도하는 것이 핵심사항 이라는 것을 간접적으로 알려준다. 중학생들은 마치 꿈이 없는 것처럼 보이지만 머릿속으로 굉장히 역동적으로 자기진로에 대해서 생각하고 있다. 그런데 내가 얘기하는 그 진로가 너무 허무맹랑하다고 평가 받을까 걱정하고, 어른들, 선생님이나 부모님들이나 가족들한테 무시를 당할까, 인정받지 못할까 두려워 처음부터 얘기를 안 하는 경우가 많다. 그래서 중학생들이 침묵하는 진로에 대해서 끌어낼 필요가 있다. 여러 가지 진로 프로그램들을 통해서 스스로를 깨닫고, 깨달은 바를 통하여서 자기가 앞으로의 인생을 어떻게 이끌고가야 되는지 동기 유발을 시켜주면 학업에도 아주 많은 도움이 될 것이다.

중학생 시기에는 자신을 알고자 노력하고 긍정적인 자아개념을 형성하는 것이 아주 중요하다. 사춘기에 있는 중학생들은 긍정적인 자아개념보다는 부정적인 자아개념을 형성하는 경우가 훨씬 더 많다. 그렇기 때문에 우리는 의도적으로 진로상담을 통해서 중학생들이 긍정적인 자아개념을 형성하도록 도와주어야 한다.

4. 고등학생 진로 상담

고등학생들은 이제 조금 더 성장이 됐기 때문에 긍정적인 대인관계에서 요구되는 능력을 향상시킨다. 고등학생들은 자신을 객관적으로 이해하고 긍정적인 자아개념을 형성한다. 그래서 고등학생들은 초등학생이나 중학생보다 자기 자신을 객관적으로 볼 수 있는 시각이 있다고 볼 수 있다. 직업세계의 이해 및 탐색에서 일과 직업의 이해 부분에서 초등학생들은 일의 중요성을 인식을 해야 하고, 중학생은 일의 중요성을 인식할 뿐만 아니라 사회의 경제적 환경과 자신과의 관계를 이해해야 한다면, 고등학생들은 사회경제적인 환경변화가 일과 직업에 끼치는 영향을 이해하게 된다. 고등학생은 직업생활에서 요구되는 긍정적이고 적극적인 태도와 습관을 함양해야 하는데, 고등학생은 대학 입시라는 관문 때문에 한정되는 부분이 있어 아쉽다. 어쨌든 고등학생은 일과 직업세계의 다양한 측면을 탐색하고 해석하고 평가하고 활용할 수가 있다. 따라서 고등학교 1학년, 2학년 시기의 진로상담은 중학생보다 훨씬 더 효과적일 수가 있다. 중학생 때보다 스스로 현실적으로 탐색하고 해석하고 평가, 활용을 할 수 있기 때문이다.

II. 다양한 상담 사례들

1. 아무 흥미 없는 6학년 남학생

보통의 초등학생 남자아이는 생기와 장난기가 넘치며 활동적인데 처음 이 학생의 첫 인상은 마치 권태기의 남자 같은 시들한 모습이었다. 엎어져 있으려 하고, 눈빛은 아무 흥미 없다는 듯 풀려있었다. 그렇지만 예의없이 굴거나 반항적 태도를 보이지도 않았고, 학습능력이 부족한 것도 아니었다.

조금씩 관계형성이 되고 제법 고개를 들고 대답하는 모습을 보고 아이에게 직접 이유를 물어보았더니, 공부가 무조건 싫다고 하였다. 엄마의 강요로 하는 공부가 너무 싫어서 아무 것도 하기 싫다는 것이 이유였다. 엄마의 과도한 관심과 기대에 아이는 숨이 막히는 지 도대체 흥미를 느끼지 않았지만, 수업은 열심히 참여했다.

아이에게 홀랜드 흥미 검사를 실시하였더니 매우 충격적인 것은 육각형의 모형이 거의 점처럼 나와 있었다. 이것은 모든 분야에 흥미없음으로 기재되었음을 뜻한다. 지금 아이에게 필요한 자신감 회복과 흥미를 찾는 일은 둘째치고 부모와의 대화임이 분명했으나, 현실적으로 부모님과 상담이 병행되기 힘든 상황이었다. 더욱이 이 학교 내에 상담선생님이 따로 계셔 상황을 말씀드리고 진행을 부탁드렸는데 지금도 안타까운 사례로 남아있다.

2. 감정기복이 심한 5학년 여학생 진로코드 AS (예술형, 사회형)

아주 잘 울고 잘 웃으며, 수다스럽고 덤벙대지만 귀여운 여학생이었다. 모든 것에 의욕적이라 흥미가 예술형과 사회형으로 나왔지만, 두드러진 흥미유형을 가진 것은 아니었다.

과학수사드라마를 보고 인체 해부하는 사람이 되고 싶다고 했고, 좋아하는 것은 노래 부르고 춤추는 것이라 하였다. 잘하는 것을 꼽으라고 했더니, 과학을 100점 맞았고, 우는 연기를 아주 잘한다고 하였다. 아직 자기 탐색이 진행되는 중인 초등학생의 전형적인 유형이었다.

좀 더 정확한 검사를 위해 커리어넷의 진로검사를 하자고 했으나, 상담 날짜와 시간을 맞추지 못해 지지부진한 채로 시간을 보내야 했다. 그러나 아이와 함께 흥미 있는 직업과 잘하는 것과 좋아하는 것들의 공통점을 찾아보자고 했더니, 자신은 연기자가 되고 싶다고 하면서 오히려 내 눈치를 살피며 자신이 연기자가 될 수 있겠냐고 되물었다. 학원에서 열심히 공부해서 과학을 100점 맞자 과학수사대의 해부학자가 관심이 가긴 하는데, 자신은 연기를 잘한다는 소리를 들을 때가 더 좋은 것 같다는 것이다.

당연히 나는 열심히 노력하고 성실히 임한다면 연기자가 될 수 있다고 말해주었다. 이 아이는 분명 많은 변화가 있지만, 적어도 자신의 가능성 중에 하나는 발견한 셈이다.

3. ○○중학교 3학년 남학생 진로코드 RE (실재형, 기업형)

소위 말하는 문제아, 학교 짱으로 불리던 아이였으며, 수업시간에는 대부분 늦게 들어가고 수업 시간 중에는 잠을 자든지 빠지며 거의 매일 지각하였다. 친한 친구들을 제외하고는 다른 학생들은 무서워하고 두려워하였다. 그러나 지속적인 관심을 보이고, 믿음으로 지켜보자 조금씩 수업시간에 눈을 마주치며 수업이 가능해졌다. 이때 흥미검사를 실시하여 결과를 알려주었다. 실재형이라 말보다 행동, 무언가를 만지거나 만드는 것을 좋아하고 기업형이라 리더십도 있었다. 그러나 이 학생은 직접 만나 상담하기가 점점 어려워졌기 때문에 이후 휴대전화로 문자를 주고 받기 시작하여서 더욱 친밀한 관계를 형성하였다. 단순히 직접 상담을 고집했다면 이룰 수 없는 성과였다. 이후에도 지속적으로 문자로 상담을 대신하여 결국 공업 관련 특성화고에 진학하였고 누구보다 열심히 노력하고 있다.

III. 상담 시 주의사항

우리는 아이들을 가르치며, 상담하며 알게 모르게 잘못을 저지르는 경우가 있다. 일일이 따져 적어서 스스로를 점검하는 것도 중요하지만, 상담시 주의해서 생각해야 할 가장 기본적인 것을 알면 모든 것에 적용할 수 있을 것이다. 아래 사항을 주의하여 보고 그 큰 틀에서 상담에 임하도록 하자.

- 상담은 지시적이거나 가르치는 것이 아니라 학생 스스로가 찾아가도록 돕는 것임을 잊지 말아야 한다.
- 심리검사는 상담시작을 원활하게 하기 위한 도구일 뿐이다. 아이의 생각을 먼저 듣자.
- 심리검사 해석을 항상 단정적이거나 결과를 맹신하지 않도록 한다.
- 상담을 통해 학생이 원하는 목표를 정하게 하여 함께 고민하는 것이 좋다.
- 진로 상담의 접근 방식은 검사 이외에 견학이나 체험활동을 통해서도 적용할 수 있다.

- 진로 상담 시 학생의 자율성이 전제되어야 한다. 상담 진행이 부담
  스러워 하는데도 억지로 참여시키는 것은 상담의 실패를 가져옴을
  잊지 말자.
- 상담시간을 어기는 경우가 있으니, 항상 연락을 긴밀히 하며, 부득
  이한 상황에는 반드시 연락하도록 알려준다. 그리고 어기더라도 매
  번 화내지 말고 이해하는 모습을 보이며, 참여를 유도하고 언제든
  기다린다는 모습을 보이는 것이 좋다.
  물론 계속되는 경우에는 적절히 그 문제에 대해 짚어주어야 한다.

두근두근
나의 **진로**
나의 **진학**

초판 발행	2014년 11월 10일
초판 2쇄	2015년 12월 20일

저자	이강석, 류경신, 이성옥, 이남현, 김경미
발행인	이진곤
발행처	씨앤톡
	출판등록 제 313-2003-00192호(2003년 5월 22일)
	주소 서울특별시 서대문구 연희로5길 82 2층
	전화 02-338-0092
	팩스 02-338-0097
	홈페이지 www.seentalk.co.kr
	E-mail seentalk@naver.com

ISBN 978-89-6098-213-0 13370